Von Jörg :-)

Bettina Feldweg (Hg.)

Sattel-Fest

Die besten Radgeschichten

Mit 16 Seiten Farbbildteil

MALIK NATIONAL GEOGRAPHIC

Mehr über unsere Autoren und Bücher:
www.malik.de

Bibliografische Information der Deutschen Nationalbibliothek
Die Deutsche Nationalbibliothek verzeichnet diese Publikation in der Deutschen Nationalbibliografie; detaillierte bibliografische Daten sind im Internet über http://dnb.d-nb.de abrufbar.

MALIK NATIONAL GEOGRAPHIC

Überarbeitete und erweiterte Taschenbuchausgabe
Mai 2010

Umschlaggestaltung: Dorkenwald Grafik-Design, München
Umschlagfotos: Remi Benali/Corbis (vorne), fuxart/Fotolia (hinten links), Ted Levine/Corbis (hinten rechts)
Innenteilfotos: Petra Dorkenwald/Georg Stangl
Satz: Uhl + Massopust, Aalen
Papier: Naturoffset ECF
Druck und Bindung: CPI – Clausen & Bosse, Leck
Printed in Germany ISBN 978-3-492-40384-9

Das Papier wurde aus chlorfrei gebleichtem Zellstoff hergestellt.

Inhalt

Teil I

Fest im Sattel – Schnelle Sprints und ferne Ziele

Teil II

Aus Lust und Liebe – Genussradler und Hobbybiker

Vorwort

Vom gemäßigten Stadtradler bis zum Mountainbiker, der querfeldein durchs Gelände pflügt und beeindruckende Steigungen bewältigt; vom sportlichen Rennradfahrer, der auf dünnen Reifen seiner Passion huldigt, bis zum Urlauber auf Radfernwegen und zum Weltumrunder: Radfahren boomt wie nie zuvor. Allein in Deutschland werden im Jahr 35 Millionen Radausflüge unternommen und brechen jährlich fast sechs Millionen Menschen zu einer Radreise auf, um ihr Ziel naturbewusst und mit allen Sinnen zu erleben.

Fahrradfahren als Freizeitvergnügen und Breitensport ist indessen keine Errungenschaft unserer Zeit; seit bald zweihundert Jahren erfreut es sich ständig wachsender Beliebtheit. Ende des 19. Jahrhunderts kam das Hochrad aus der Mode, die Geometrie wurde immer ausgefeilter, Federung und Bremsen wurden immer benutzerfreundlicher. Im Sommer 1922 war das Radeln dann bereits so populär, dass eines Samstags auf der Kugler-Alm, einem bekannten Ausflugslokal vor den Toren Münchens, unter dem Besucheransturm das Bier auszugehen drohte – woraufhin der clevere Wirt es kurzerhand mit Zitronenlimonade verlängerte und so das erfrischende Mixgetränk »Radler« erfand.

In den 1990-er Jahren war es vor allem der Leistungssport, der dem Radfahren neuen Glanz verlieh: 1999 wurde die Welt atemlos Zeuge, wie der Amerikaner Lance Armstrong den Krebs bezwang, bei der Tour de France triumphierte und damit eine unglaubliche Serie von Erfolgen eröffnete. Schon zwei Jahre zuvor hatte der junge Rostocker Jan Ullrich für den ersten deutschen Sieg gesorgt und dem Radsport in Deutschland zu ganz neuem Ansehen verholfen. Umso größer musste die Enttäuschung sein, als Idole wie Ullrich, Rolf Aldag, Jörg Jaschke und Erik Zabel des Dopings überführt wurden und eine der aufsehenerregendsten Sportarten in Misskredit geriet.

Dabei stand gerade die Tour de France immer schon für besondere Siege und Sternstunden, Erfolge und Glücksmomente, aber auch für dramatische Unfälle und Niederlagen, Leiden und persönliche Tragödien. Bis heute überschattet Tom Simpsons Tod dieses bedeutendste Radrennen. Der Engländer war 1967 am Mont Ventoux, nur zwei Kilometer vor dem ersehnten Gipfel, einer gefährlichen Mixtur aus Hitze und Amphetaminen zum Opfer gefallen; seine letzten Worte waren: »Put me back on my bike ...«.

Bewegend und fesselnd vermitteln in diesem Buch passionierte Radfahrer ihr »Best of Bike« – etwa die Marathongröße Hubert Schwarz, der die Faszination des Rausches auf zwei Rädern dokumentiert, oder der Kanadier Colin Angus, der es sich zum Ziel gemacht hat, als erster die Erde allein mit Muskelkraft zu umrunden. Abenteurer und Reisende berichten von den weltumspannenden Seiten des Radfahrens: Tilmann Waldthaler, der in den letzten drei Jahrzehnten über 430 000 Kilometer mit dem Fahrrad zurücklegte. Axel Brümmer und Peter Glöckner, die gleich nach dem Fall der Mauer aufbrachen, sich ihren Traum, Grenzen zu überwinden, kurbelnd wahr machten und so unter anderem das Land der Massai erforschten. Lynette Chiang, die sich die Welt ausgerechnet mit einem Klapprad erobern will; Bettina Selby, die mit ihrem Velo den Himalaya, Schwarzafrika und die berühmteste Pilgerroute, den Jakobsweg, erkundete. Oder Maria Coffey, die es sich nun einmal in den Kopf gesetzt hatte, die Schönheiten Vietnams per Boot und Pedal zu erleben …

Und schließlich die Autoren, die dieser reizvollsten aller Fortbewegungsarten literarischen Tribut zollen: Für Henry Miller, den unglücklich Verliebten, wird das Rennrad – im Madison Square Garden erstanden und schon bei Sechstagerennen bewährt – mehr und mehr zum Symbol der Unabhängigkeit und zu seinem besten Freund; ihm widmet er eine ungewöhnliche Liebeserklärung. Wir lesen ergreifende Kindheitserinnerungen wie die Maarten 't Harts an seinen Vater, der hoch zu Stahlross, mit dem Sohn auf dem Lenker, stolz und wortkarg übers Land radelte, und Andrea Camilleris literarische Reminiszenz an das Kriegsjahr 1943, als er mit dem Drahtesel seiner Tante Concettina zur Reise durch das von Alliierten besetzte Sizilien aufbrach, um seinen Vater zu suchen.

Philippe Delerm fasst die Glücksgefühle in poetische Worte, die das Surren des Dynamos oder die Perfektion eines Hollandrads auszulösen vermag. Tim Moore schildert die kuriosen Erfahrungen bei seiner ganz persönlichen und eigenwilligen Tour de France. Matt Seaton, der passionierte Londoner Hobby-Rennradler, schwärmt von Scheibenbremsen, dem runden Tritt und der unvergleichlichen Erotik rasierter Männerbeine. Die Auswüchse des Bike-Booms werden bei Andreas Münzner soghaft literarisch verarbeitet; Thomas Grasberger und Christian Ude nehmen dieses Phänomen satirisch aufs Korn. Und Christof Siemes zeigt, dass der echte Mountainbiker vor allem eines können muss: richtig stürzen.

Dass Fahrradfahren, Radeln, Biken als Trendsport unvergleichlich attraktiv ist, dass es Naturerlebnis, Freiheitsliebe und Individualismus, Abenteuerlust, maximalen Spaß und Romantik ideal vereint, davon legt dieses Buch Zeugnis ab: mit einer Auswahl der besten Texte von Sportlern, Weltenbummlern und Schriftstellern.

München, im März 2010
Bettina Feldweg

Teil I

Fest im Sattel – Schnelle Sprints und ferne Ziele

Dirk Rohrbach

Die zermürbendste Küstenstraße der Welt

Und ich habe gedacht, nach den Bergen und der Wüste hätte ich das Schlimmste erst mal hinter mir und in Kalifornien beginne der gemütliche Teil der Tour. Tolle Landschaft entlang der Küste, angenehme Temperaturen und gut ausgeschilderte Radwege. Teilweise trifft das ja sogar zu, also das mit der Landschaft und den Temperaturen. Die liegen jetzt je nach Tageszeit und Bewölkung bei 15 bis 25 Grad und damit rund 20 Grad unter denen von letzter Woche in der Wüste. Auch das mit den Schildern funktioniert verhältnismäßig gut. Meistens ergeben die Hinweise auf die Pacific Coast Bike Route auch Sinn, und man findet sich halbwegs zurecht. Was aber die Strecke betrifft (ich will nicht schon wieder jammern und tue es jetzt doch ...), das muss das Härteste sein, was ich bisher gefahren bin.

Ständig geht es in Serpentinen auf und ab. Man fängt morgens auf Meereshöhe an, dann ganz schnell rauf auf 300, 400 Meter, gleich wieder runter, wieder rauf, wieder runter ... Jeden Tag sammelt man so 1500 Höhenmeter und mehr, und am Ende des Tages campiert man doch wieder auf Meereshöhe. Dazu heftiger Wind aus Nord, Nordwest, yep, das heißt von vorne. Frustrierend und zermürbend. Mehr als durchschnittlich 15 Stundenkilometer geht nicht, und so schaffe ich kaum 100 Kilometer am Tag. Eigentlich ein Klacks, selbst in den Bergen und der Wüste, die hinter mir liegen.

»Die Rockies sind wenigstens ehrliche Berge!«, drücken Thomas und Wilm es treffend aus. Die beiden bärenstarken Norddeutschen kommen mir ebenso dick bepackt wie ich entgegen. Von Vancouver Island wollen sie nach San Diego und haben die Schnauze gewaltig voll.

»Das soll ja die schönste Küstenstraße der Welt sein hier. Aber irgendwann hat man's auch gesehen, die Landschaft verändert sich ja nicht wirklich, und dann will man eigentlich nur noch durch, ankommen und Urlaub machen.«

Wie gut das tut, wenn einem jemand aus der Seele spricht. Elende Plackerei, und das über 2000 Kilometer. Bin ja nur froh, dass es Tom und Wilm genauso geht, obwohl sie aus der »richtigen« Richtung kommen. In jedem Radführer steht nämlich, dass man die Westküste gefälligst von Nord nach Süd fahren soll, wegen der sonst heftigen Gegenwinde.

Nachdem wir uns alle mal ordentlich den Frust von der Seele geredet haben, fühlen wir uns gleich besser und feiern diesen Moment mit einem riesigen Muffin, den wir genüsslich verdrücken.

Da fällt mir ein, dass ich noch gar nicht übers Essen gesprochen habe. Eines meiner Lieblingsthemen – also, wenn Sie gestatten, ich finde, das wäre jetzt ein passender Zeitpunkt.

Ausgewogene Ernährung ist ja extrem wichtig bei körperlicher Betätigung. Regelmäßige, kleine Mahlzeiten, die leicht verdaulich sind. Mehrfachzucker, wie sie in Getreideprodukten enthalten sind, geben länger Energie, also Müsli, Vollkornbrot, dazu viel Obst und Gemüse wegen der Vitamine und Mineralstoffe. Und Wasser, viel Wasser, um den

Flüssigkeitshaushalt auszugleichen. Klingt das nicht total vernünftig… und extrem langweilig?

Ich sehe das ja so: Wenn ich schon den ganzen Tag schufte, mich mit gebrochenen Speichen und zermürbenden Gegenwinden rumärgern muss, will ich mich dafür wenigstens belohnen. Und das funktioniert mit Essen ganz ausgezeichnet. Also, morgens einen fetten Muffin, einen Donut und einen Riesencookie mit Schokolade. Und zwar nicht entweder oder, sondern alles, zusammen, auf einmal. Dazu ein Liter Milch. Zwischendrin dieser leckere Trailmix aus Nüssen und bunten Schokodragees, ein paar Kekse, Cola aus der *soda fountain* oder einen Blizzard. Von dieser unfassbar großartigen Eiscremespezialität möchte ich Ihnen später noch ein wenig ausführlicher berichten. Das würde im Moment aber zu weit führen. Gegen Nachmittag stoppe ich dann an einem Supermarkt, decke mich in der Bäckerei und Delikatessenabteilung mit überbackenen Käsebagels, *popcorn chicken* oder *corn dogs* ein und freue mich schon auf die abendliche Vesper mit all diesen Leckereien. Der mitgebrachte Benzinkocher bleibt meist unangetastet. Habe ihn auf der ganzen Tour keine zehn Mal benutzt. Braucht man ja auch nicht, in Amerika gibt es alles im Überfluss, fast überall. Das Shoppen in den überdimensionalen Supermarkttempeln ist das Highlight des Tages, auf das ich jedes Mal mit großer Vorfreude hinfiebere. In Deutschland macht mir Einkaufen hingegen keinen Spaß. Wahrscheinlich alles nur eine Frage der Präsentation. Und das haben die Amis einfach drauf. Wie appetitlich schon das Obst glänzt, von Hand einzeln poliert, in Intervallen mit feinem Wasserstaub benetzt. Es lebe die Gentechnik. Kein Vergleich zu den traurig welken Salatblättern in den heimatlichen Regalen, die einen ähnlich lustlosen Eindruck machen wie die meisten Kassiererinnen. In Amerika hingegen überall verlockende Angebote. Kaufen Sie zehn Joghurt zum Preis von neun. Und der Gipfel für Schnäppchenjäger sind die Kundenkarten, die jede Supermarktkette anbietet. Zu Hause habe ich weder eine Payback-Karte, noch sammle ich Treueherzen. Aber hier in den USA bin ich stolzer Besitzer von rund zwanzig verschiedenen Preferred-Customer-, Max-Savings-, Plus-Shoppers-, Advantage-Rewards- oder MVP-, also Most-Valuable-Person-Karten. Einfach beim Bezahlen Formular ausfüllen, und schon wird man zum *very important customer.* Ein tolles Gefühl, wenn dann der Kassierer einem mit Stolz in der Stimme die Rechnung überreicht.

»Sie haben heute 2,37 Dollar gespart. Einen schönen Tag noch und danke, dass Sie bei uns eingekauft haben!«

Beschwingt und sehr zufrieden schnappen Sie sich dann die Berge von Plastiktüten, die fleißige Helfer für Sie schon mit den eben erworbenen Leckereien bestückt haben, und schlendern zum Rad, das draußen wartet, wie ein Gaul, den man nicht anzubinden braucht, weil er seinem Herrn so ergeben ist. Mal ehrlich, daneben fällt doch »Wir lieben Lebensmittel« gewaltig ab, oder?

Aber zurück zur Ernährung. Ich stehe auf dem Standpunkt, die Kalorienbilanz muss stimmen, egal wie. Und nirgendwo werden so viele Kalorien in einem Nahrungsmittel konzentriert wie in den USA. Nehmen wir noch mal mein reguläres Frühstück: Muffin, Donut, Cookie und der Liter Milch. Macht zusammen rund 1500 Kalorien. Normalerweise reichen unserem Körper ja 2000 bis 2500 Kalorien pro Tag aus, um alle wichtigen Funktionen und Aufgaben zu erfüllen.

Wenn ich jetzt noch die Snacks zwischendrin, das Eis, die viele Cola und das abendliche Picknick dazurechne, komme ich locker auf 4000 bis 5000 Kalorien, die ich da so jeden Tag in mich reinstopfe. Ganz schön viel, aber man gönnt sich ja sonst nix. Und nichts ist besser, um sich nach einem harten Tag zu belohnen, als essen, was und so viel man will. Bis man merkt: Hoppla, um 5000 Kalorien zu verbrennen, muss man schon ganz schön strampeln. Und weil das nicht immer gelingt, wächst die Wampe im Lauf der Zeit.

Unterm Strich nehme ich bis zum Ende der Tour einige Kilo zu, und das liegt nicht nur an den Oberschenkeln, die dicker werden, auch wenn Muskeln mehr wiegen als Fett. Schlimm sind besonders Pausentage, an denen man nahezu nichts an Kalorien verbraucht. Aber der Magen hat sich inzwischen so an die Unmengen Nahrungsmittel gewöhnt, dass er einen sofort mit Hunger plagt, wenn mal eine Mahlzeit ausbleibt.

So weit mal für den Moment, und nun zurück zur Pacific Coast Bike Route. Zweifelsohne der populärste Fernradwanderweg der USA, trotz der mörderischen Strecke und der Tatsache, dass man größtenteils auf Highway Number One oder dem Seitenstreifen des mehrspurigen Highway 101 unterwegs ist. Keine idyllischen Pfade, die ausschließlich für Radfahrer oder Wanderer bestimmt sind, wie in Europa. Hier muss man überall mit gewaltigen Limousinen, SUVs (*sport utility vehicles*, ganz schön alberner Name für einen Jeep, oder?) und *pickup trucks* teilen. Und das sind nicht wenige, schließlich wissen die Autofahrer auch, wie atemberaubend die Pazifikküste ist. Mir machen besonders die gemieteten Wohnmobile Angst, deren Fahrer oft unerfahren sind und die Ausmaße ihrer rollenden Ferienwohnung nicht abschätzen können. Manchmal setzen sie dann zu brisanten Überholmanövern an und ziehen haarscharf an einem vorbei. Da brauchste echt gute Nerven und fleißige Schutzengel.

Der Radverkehr nimmt jetzt auch erstaunliche Ausmaße an, erinnert mich streckenweise fast an den Donauradweg, wo es ja in der Hochsaison an manchen Stellen sogar zu Staus kommen kann. Nach der Einsamkeit im Süden, wo mir nur Flor aus Belgien auf seinem Weg nach Miami entgegenkam, bin ich echt überrascht, was hier los ist. Allerdings sind alle Kollegen, die ich treffe, von Nord nach Süd unterwegs. Zumindest bei den abendlichen Camps hat man dann Gelegenheit, sich auszutauschen. Meistens darüber, wie es denn auf der weiteren Strecke so aussieht. Wie steil, wo kann man einkaufen, wo am schönsten zelten. Ist auch nett, wobei man jetzt natürlich als Radler nicht mehr so exotisch wirkt wie im Süden. Viele haben sich da überhaupt nicht vorstellen können, was einen dazu bewegt, mit dem Rad eine Reise zu machen. Wenn überhaupt, ist das Rad ein Sportgerät, mit dem man Rennen fährt oder in den Bergen unterwegs ist. Aber als Fortbewegungsmittel? Der Typ muss echt arm sein, dass der sich kein Auto leisten kann. Mal schauen, ob wir ihm irgendwie helfen können …

Und jetzt an der Küste wirst du kaum noch wahrgenommen. Wobei das schon auch Vorteile hat, also die vielen Radfahrer. Denn die Infrastruktur für unsereins ist hier wirklich deutlich besser als im Rest Amerikas. Da gibt es dann so tolle Einrichtungen wie *hiker/biker sites* für Wanderer und Radfahrer auf den Campingplätzen. Die liegen meist im schönsten Teil des Geländes und kosten zwischen 2 und 5 Dollar die Nacht. Normalerweise würde man durchaus 20 bis 30 Dollar zahlen. Entlang dem Highway stehen an besonders brenzligen Stellen Hinweisschilder: *»Bicycles share the road!«* Und in Oregon, weiter oben, gibt es Schalter, die man als Radfahrer betätigen kann, bevor man in einen schmalen Tunnel fährt. Dann fängt ein großes Schild über dem Eingang an zu blinken, und die nachfolgenden Autofahrer wissen, dass sie gefälligst langsam und vorsichtig fahren sollen, weil irgendwo in der düsteren Röhre vor ihnen ein wackerer Pedalritter um sein Leben strampelt.

Die Tunnel existieren in Oregon übrigens wegen der teils steilen Berge an der Küste. Was im Klartext für mich bedeutet, dass das ständige Auf und Ab sich fortsetzen wird. Ach, Kalifornien sei dagegen Kinderkram, macht mir Ben aus Seattle Mut, den ich kurz vor San Francisco treffe. Er ist die Strecke schon mehrfach gefahren. Und Wind und Steigungen in Oregon seien noch viel schlimmer als hier, echte Killer. Na, da fang ich doch gleich mal an, mich drauf zu freuen. Wobei das Heftigste an Steigungen überhaupt in San Francisco selbst auf mich wartet. Die Stadt ist ja quasi auf Hügeln gebaut. Jeder kennt die Lombard Street, die steilste Autostraße der Welt, durch deren Serpentinen sich permanent die Touris schlängeln. Ich komme an mehreren anderen Stellen auch auf 25 Prozent Steigung, laut Bordcomputer. Das heißt, auf 100 Meter gewinnt die Strecke um 25 Meter an Höhe. Das fühlt sich mit 50 Kilo Gepäck an wie senkrecht. Mit letzter Kraft und im Stehen tretend, wuchte ich das Rad auf den Scheitelpunkt und sause auf der anderen Seite runter bis zum nächsten Hügel. Irgendwo zwischendrin werde ich im Feierabendverkehr von einem Auto angefahren. Die Frau am Steuer merkt es nicht mal, so sehr ist sie damit beschäftigt, im Straßengewirr die richtige Route zu finden. Glücklicherweise passiert nichts, die prall gefüllten Packtaschen wirken wie Airbags, und bei Schrittgeschwindigkeit kriege ich rechtzeitig den Fuß aus der Pedalbindung und auf den Boden und kann einen Sturz verhindern. Irgendwann stehe ich vor der Golden Gate Bridge. Ein wahrhaft majestätischer Anblick, vor allem für einen mickrigen Radfahrer. Ich staune noch mit offenem Mund, als Ryan auf seinem Rennrad neben mir hält.

»Willst du rüber?«

So weit bin ich mit meinen Gedanken noch gar nicht, aber ja, sicher.

»Ist nämlich gar nicht so einfach zu finden, der Einstieg für Radfahrer. Ich kann's dir zeigen …«

Ryan kommt gerade von der Arbeit, wohnt auf der anderen Seite der Bucht. Fast jeden Tag fährt er die Strecke, morgens hin, abends wieder zurück. Macht über einhundert Kilometer jeden Tag, Respekt. Ich habe Mühe mitzuhalten. Erst geht es unter der Brücke durch. Wir schlängeln uns an unzähligen Hobbyfotografen vorbei, die auf der Suche nach dem optimalen Bildausschnitt den Weg blockieren. Dann sind wir tatsächlich drauf!

Mythos Golden Gate. Kaum ein anderes Bauwerk steht so sehr für die USA wie diese Brücke. Das Tor zur Freiheit, Symbol für kühne Architektur, Lieblingsmotiv der Touristen. Und da rolle ich gerade mit meinem Rad drüber. Wow. Schon irgendwie ein erhebendes Gefühl, ein Moment, der hängen bleiben wird. Leider kann ich ihn nicht voll auskosten, weil der Wind vom Meer her so heftig bläst, dass ich Mühe habe, den Lenker gerade zu halten, und an einer Stelle sogar Ryans Empfehlung folge und absteige. Auf der anderen Seite kommen wir bald durch die Künstlersiedlung Sausalito mit den vielen Hausbooten und Kneipen, von deren Terrassen man einen sensationellen Blick auf die Bucht und die Skyline von San Francisco hat. Ryan verabschiedet sich, sind noch ein paar Meilen bis nach Hause, und es dämmert schon. Es wird wieder ein langer Tag für mich. Erst nach 22 Uhr erreiche ich in der Finsternis den State Park, den Ryan mir empfohlen hat. Ich stelle mein Zelt im fahlen Lichtkegel der Stirnlampe zwischen mächtige Redwood-Bäume, durch die selbst der Vollmond kaum durchdringen kann. Toller Platz. Dafür hat sich die Schufterei gelohnt.

Und falls bei dem ganzen Gejammer vorhin ein falscher Eindruck entstanden ist: Es macht schon auch Spaß, hier Rad zu fahren an der Westküste! Kurz vor Big Sur finde ich den vielleicht schönsten Lagerplatz der gesamten Tour. Es ist schon wieder spät geworden, fast dunkel. Habe zuvor bei den Seelöwen gestoppt, die sich dicht aneinandergedrängt in einigen Buchten fläzen und die Sonnenstrahlen genießen. Wenn es zu heiß wird, schaufeln sie sich mit Schwung eine Ladung feuchten Sand über den Pelz, und dann wird weitergeschnarcht. Selbst von dem permanenten Klicken der Fotoapparate lassen sie sich nicht stören. Sehr drollig und verlockend. Was für ein Leben …, träume ich für einen kurzen Moment. Ich muss weiter, will noch einen der State Parks erreichen. Bald aber wird klar: keine Chance. Die Strecke ist zu hart. In Gorda breche ich ab. Eigentlich nur ein idyllisch gelegenes Motel mit Tankstelle, Souvenirladen und Restaurant. Der Koch macht gerade Zigarettenpause auf der Treppe und schlägt mir vor, doch auf der anderen Straßenseite zu campieren. Da gebe es ein idyllisches Plateau unter einer riesigen Pinie, mit atemberaubendem Blick auf den Pazifik, der hier an die schroffe Steilküste brandet. Ein Traum. Habe selten besser geschlafen. Und das für ganz umsonst.

In Lompoc nördlich von Santa Barbara nehme ich an der *Flower Parade* teil, das Highlight des Jahres in dem kleinen Ort. Die Bewohner haben überall ihre Klappstühle aufgebaut. An einer zentralen Stelle ist ein kleines Podest errichtet für die Juroren, die die schönsten Wagen prämieren sollen. Gegen 11 Uhr beginnt der Umzug durch die breite Hauptstraße, angeführt von einer feierlich gekleideten Blaskapelle. Dahinter ein Konvoi aus Oldtimern verschiedener Jahrgänge, deren Motorhauben mit prächtigen Blumengestecken dekoriert sind. Auf dem Einsatzwagen der örtlichen

Feuerwehr sitzen die Highschool-Cheerleader und winken mit ihren silbernen und blauen Büscheln ins Publikum. Reiter folgen, die obligatorischen Veteranen, Vertreter des militärischen Fliegerhorstes in der Nähe, und am Schluss noch mal eine Blaskapelle. Kleiner Vorgeschmack auf den 4. Juli, den amerikanischen Unabhängigkeitstag, nächste Woche.

Immer öfter stülpe ich jetzt die Beinlinge über und ziehe ein langärmliges T-Shirt an, trotz strahlender Sonne ist es durch den Wind kühl. Kaum mehr als 15 Grad tagsüber. Erst als ich hinter Fort Bragg von der Küste ins Hinterland abbiege, kehrt der Sommer zurück. Highway Number One klettert hier noch mal über zwei Pässe auf rund 600 Meter, ehe er endet und mit Highway 101 fusioniert. Für 150 Kilometer bleibt die Route jetzt im Landesinneren, weit weg von der Küste. Dafür geht es durch beeindruckende Redwood-Haine und idyllische Täler. Besonders schön entlang der Avenue of the Giants, die sich über 50 Kilometer parallel zum Highway durch die Landschaft schlängelt. Überall preisen Holzschnitzer ihre Arbeiten an. Überdimensionale Figuren, Bären, Adler und kunstvoll verzierte Totempfähle wachen reglos am Straßenrand.

Vom *Independence Day* bekomme ich außer ein wenig Lärm, der vom Open-Air-Konzert im Nachbarort herüberdröhnt, nicht viel mit. Schade, aber ich habe mein Lager wohl an der falschen Stelle aufgeschlagen. Manchmal wären die Karten und Radführer, die die Adventure Cycling Association rausgibt, doch hilfreich, weil man mehr Infos zu den Orten bekommt, die auf der Strecke liegen. Wie viele Einwohner, welche Infrastruktur, Einkaufs- und Übernachtungsmöglichkeiten, *bike shops*, Ärzte und Krankenhäuser sind schön übersichtlich vermerkt. Auch das Streckenprofil mit Steigungen kann man erkennen. Gut, das will man vorher vielleicht gar nicht wissen. Aber alles in allem sind die Informationen doch wesentlich ausführlicher als bei meinem klassischen *Rand McNally Road Atlas*, dessen Seiten ich jeweils herausnehme und in die Kartenhülle auf meiner Lenkertasche falte. Andererseits hätte ich mich mit speziellen Radkarten in detailliertem Maßstab für die gesamte Route ja dumm und dämlich geschleppt. Da muss man halt Einschränkungen in Kauf nehmen, und es bleibt immer spannend und überraschend. Verhungern und verdursten muss man jedenfalls als Radler hier selbst in den einsamsten Gegenden nicht.

Nach über zwei Wochen entlang der kalifornischen Küste komme ich jetzt nach Oregon. Vorher aber will ich mich in Crescent City noch mit Proviant eindecken. Erinnere mich noch sehr gut an diese Stadt. Als ich 1988 bei meiner ersten Reise in die USA von Norden aus mit dem Greyhound nach Kalifornien einreiste, wurde unser Bus erst mal von Mitarbeitern des Landwirtschaftsamtes inspiziert. Sehr befremdlich, aber offenbar hatte man Angst vor Krankheiten, die die fragilen genmanipulierten Kulturpflanzen gefährden könnten. Außerdem war das Wetter damals echt enttäuschend. Ich hatte blauen Himmel, strahlenden Sonnenschein erwartet. *»It never rains in Southern California …«* und so. Und was gab's? Nieselregen aus grauen Wolken und für Hochsommer verdammt kalte 10 Grad. Hätte vielleicht genauer hinhören sollen auf den Text. Schließlich singt Albert Hammond ja ausdrücklich von Southern California, und Crescent City liegt eindeutig in Nordkalifornien.

Ich steuere einen Safeway-Supermarkt an der Hauptstraße an. Bemerke beim Abschließen des Rades einen anderen Biker, der gerade in eine Banane beißt. Wir grüßen uns wortlos. Als ich zurückkomme, futtert er immer noch. Erstaunlich, dabei wirkt er so hager, Kategorie Bergtrikot. Wir stellen uns vor.

Leon ist Australier, hat für ein paar Jahre bei einer Firma in San Francisco gearbeitet und sich jetzt eine Auszeit genommen. Wie lange, ist noch unklar und nicht so wichtig. Seit Mai tourt er durch Kalifornien, vor allem in den Bergen jenseits des Sacramento Valley. Jetzt will er nach Norden. Der Erste, der in meine Richtung fährt. Wir überlegen nicht lange und beschließen, zusammen weiterzufahren. Gesellschaft tut uns beiden nach Monaten der Einsamkeit gut. Bis zur Stadtgrenze funktioniert das auch. Dann ist Leon zu schnell für mich, vor allem bei Steigungen. Komme mir vor wie ein träges Walross. Er hingegen erklimmt die Pässe mit der Leichtigkeit einer Gazelle. Egal, dann verabreden wir uns halt zum gemeinsamen Camp am Abend, und tagsüber fährt jeder seinen eigenen Rhythmus. Der ist ohnehin sehr unterschiedlich. Leon ist Frühaufsteher, meist vor sechs Uhr auf den Beinen und eine Stunde später schon unterwegs. Ich hingegen schlafe normalerweise bis acht, mit Frühstück und Packen komme ich nicht vor zehn los und fahre dann bis 20 oder 21 Uhr. Da hat Leon es sich schon seit vier, fünf Stunden im Camp gemütlich gemacht und die Gegend erkundet. Vielleicht gar nicht so schlecht. Wer früher aufbricht, ist früher am Ziel und hat noch was vom Tag. Mal ganz abgesehen davon, dass ständig bis in die Dunkelheit zu fahren, ohne richtige Beleuchtung am Rad, ja nicht wirklich Spaß macht und zudem nicht ungefährlich ist. Am nächsten Morgen stehen wir gemeinsam früh auf und sitzen gegen sieben Uhr auf den gepackten Rädern. »Vorsicht, starke Winde auf den nächsten 27 Meilen!«, warnt ein Schild an der Straße, das wir bald passieren. Wie gut, dass wir zu zweit sind, dann können wir abwechselnd den Windschatten des anderen ausnutzen und kommen insgesamt besser voran. Trotzdem brauchen wir fast vier Stunden für die ersten 40 Kilometer. Danach trennen wir uns, jeder fährt seinen Stiefel, und wir freuen uns aufs gemeinsame Camp und Lagerfeuer am Abend. Wir erzählen von unseren Plänen. Leon will so weit nach Norden wie möglich, Kanada, Alaska und dann weitersehen. Ein wirkliches Ziel oder einen Zeitplan hat er nicht. Einfach unterwegs sein, sich treiben lassen. Für die ganz harten Momente hat ihm eine Lady, bei der er ein paar Tage pausierte, ein Schild gemalt, das er hinten auf seine Packtaschen schnallen kann: *Tired Aussie needs a ride!* (Müder Australier sucht Mitfahrgelegenheit.) Er setzt es nur selten ein. Aber wenn, dann funktioniert es prima.

Das Schöne daran, plötzlich Gesellschaft zu haben, sind nicht nur die Gespräche, der Austausch. Man unternimmt ja auch Dinge, die sich allein nicht lohnen würden oder zu aufwendig erscheinen. Grillen zum Beispiel. Zwar gibt es auf den Zeltplätzen überall *barbecue pits*, also Feuerstellen mit Grillrost. Aber man müsste ja noch Kohle oder Holz besorgen, Grillgut, und dann allein, ach nee ... Dann doch lieber einen Grillburger oder BBQ-Sandwich unterwegs. Jetzt aber sieht das natürlich ganz anders aus. Und so decken wir uns mit original grober »Bratwurst« (so steht es tatsächlich auf der Packung) aus dem Fertigfleischregal ein, kaufen Kartoffeln und ein Bündel Brennholz beim Ranger. Während das Feuer zu knistern beginnt, beträufeln wir die Kartoffeln zärtlich mit Öl, das Leon in eine kleine Kunststoffflasche abgefüllt hat, bestreuen sie liebevoll mit Salz, Pfeffer und Gewürzen, die er in Filmdosen dabeihat, und wickeln sie schließlich sorgfältig in Alufolie, die er, richtig, auch mit sich trägt. Kleiner Gourmet, wobei er an einer Glutenunverträglichkeit leidet und viele Getreideprodukte nicht essen kann. Da ernährt man sich bewusster, und das Zubereiten von Nahrung bekommt noch mal einen ganz anderen Stellenwert.

So recht will das Feuer nicht, es qualmt mehr, als es brennt. Wahrscheinlich auch wegen der hohen Luftfeuchtigkeit vom Meer her. Jetzt am Abend wird alles schnell klamm. Irgendwann ist der Hunger größer als die Geduld, und wir legen die Würstchen auf den Grill, zwei große Packungen, für jeden ein halbes Dutzend. Und zwar keine mickrigen Nürnberger oder Thüringer. Unsere haben eine amtliche Größe und Dicke, fast wie eine gut gewachsene Banane. Ordentlich Fleisch halt und vom Geschmack überraschend nah am Original. Sonst ist Wurst in den USA ja eher mit Vorsicht zu genießen. Die Gewürze und Räuchermethoden sind äußerst gewöhnungsbedürftig. Wir nagen uns um die verkohlten Stellen, die das zwischenzeitlich auflodernde Feuer hinterlassen hat, und freuen uns auf die Kartoffeln, die wir noch ein wenig länger schmoren lassen.

Am nächsten Morgen setzen wir noch eins drauf, hauen zwanzig Eier in die Pfannen, dazu ein Pfund *bacon* und starten herzhaft gestärkt und zuversichtlich in die nächste Etappe. Komm nur, Wind, heute schaffst du uns nicht, wir haben gerade 3000 Kalorien in die Speicher gefüllt.

Colin Angus

Zwischen Tschita und Irkutsk

Nach zwei Nächten und einem vollen Tag in Tschita hatte ich ein neues Zweimannzelt und diverse andere Dinge aufgetrieben, die ich brauchte. Ich trug mein Fahrrad in die Eingangshalle des Hotels und sah hinaus auf den feuchten, pappigen Schnee. Zwanzig Zentimeter Schneematsch waren in der Nacht gefallen. Die Straßen waren in einem fürchterlichen Zustand. Ich hatte nicht übel Lust, noch eine Nacht in dem Hotel zu bleiben. Aber ich zwang mich hinaus in einen Tag, der einer der deprimierendsten werden sollte, an die ich mich erinnern kann.

Die Lufttemperatur lag bei knapp unter null Grad, sodass das von meinen Reifen hochspritzende schlammige Wasser am Rahmen gefror und eine Eiskugel von der Größe einer Honigmelone bildete. Die Kette verschwand in der Nähe des Tretlagers in einem Loch in der Eiskugel und kam am anderen Ende wieder zum Vorschein. Weil der Matsch auf der Fahrbahn so tief war, konnte ich nicht nahe am Straßenrand fahren. Stattdessen musste ich in den beiden Spuren bleiben, die der starke Verkehr hinterließ. Die Autos schleuderten und schlitterten jedes Mal nur wenige Zentimeter an meinem Fahrrad vorbei.

Ich trat kräftig in die Pedale, um dem gefährlichen Stadtzentrum zu entkommen und die ruhigeren Vororte zu erreichen. Ein plötzliches Zischen machte mich auf meinen

Hinterreifen aufmerksam, der Luft verlor. Mir fiel ein, dass ich eine der Routinearbeiten auf meiner Liste vergessen hatte: alle löchrigen Schläuche zu reparieren, solange ich noch den Komfort meines Hotels genoss.

Ich schob mein Rad in ein Bushäuschen aus Beton, das an drei Seiten geschlossen war. Ich befand mich in einem wüsten Teil der Stadt, und verschleierte Blicke betrachteten mich abweisend, als ich mein Fahrrad neben einer hölzernen Bank mit einer Durchfallpfütze am einen Ende hinlegte. Ich zündete den Campingkocher an, um den Schlauch zu trocknen und zu erwärmen. Ich brauchte eine halbe Stunde, um das Eis vom Rahmen abzuschlagen, damit ich das Rad ausbauen konnte. Als ich den Schlauch flickte, tauchte ich ihn versehentlich in den nicht ganz gefrorenen Durchfall, der sich anschließend einen Weg auf meinen Handschuh bahnte.

Endlich, zwei Stunden später und nach Scheiße riechend, schob ich mein Fahrrad fort von der mürrischen Gruppe, die auf den Bus wartete, und zurück in den Matsch und den Verkehr. Weil ich Benzin für meinen Kocher brauchte, hielt ich an einer Tankstelle, zahlte im Voraus meine 20 Rubel und steckte den Zapfhahn in die MSR-Flasche für Flüssigbrennstoff. Die Flüssigkeit schoss unter dem extrem hohen Druck sogleich aus der Flasche wieder heraus, und ich erhielt eine ordentliche Benzindusche. Als ich anschließend zu meinem Fahrrad zurückging, stellte ich fest, dass der Tankstellenköter gerade die letzten von den *prjalnekes*-Keksen fraß, die ich zuvor gekauft hatte und die mir als Proviant für den Tag hatten dienen sollen.

Inzwischen nach Scheiße *und* Benzin riechend, war meine Stimmung mehr als düster, als ich die Tankstelle verließ und 30 Kilometer gegen den Wind durch Matsch und Schnee strampelte.

Immerhin hatte ich jetzt ein Zelt. Während der nasse Schlabber den ganzen Abend wie aus Kübeln herunterkam, baute ich mein neues, einfach konstruiertes Kuppelzelt auf und war erleichtert, dass unabhängig davon, was sonst noch an diesem Tag passiert war, zumindest eine Sache geklappt hatte: Das Zelt war wasserdicht.

Einheimische hatten mir erzählt, dass die 1100 Kilometer lange Asphaltstraße, die Tschita mit Irkutsk verbindet, eine ziemliche Buckelpiste sei. Da ich einige der grässlichsten Oberflächen auf dem Planeten bereist hatte, kam mir die mit Schlaglöchern übersäte Fernstraße unter meinen Reifen vor wie das Paradies. Immer wieder fanden sich Cafés entlang der Strecke, sodass ich an meiner Gewohnheit festhalten konnte, zwei bis drei Mahlzeiten pro Tag einzunehmen.

Am westlichen Ende des Tals, drei Tagesreisen von Tschita entfernt, erklomm das Asphaltband einen hohen Pass, wo mir Winde und heftiges Schneetreiben einen stürmischen Empfang bereiteten. Ich wärmte mich in einem gemütlichen Café auf, wie man sie auf allen Gebirgspässen findet, und schlug mir den Bauch voll, bevor ich an der anderen Seite der Passhöhe zu Tal rollte und in das Gebiet der Jenissei-Wasserscheide kam, die von besonderer Bedeutung für mich war.

Ich hörte das erste Plätschern eines Bachs, der parallel zur Straße verlief. Dieses Wasser, wusste ich, würde in den mächtigen Jenissei fließen, den fünftlängsten Fluss der Welt. In der nördlichen Mongolei entspringend, fließt der Jenissei mehr als 5500 Kilometer* quer durch Sibirien, bevor er

* Die Länge des Jenissei hängt von der Art der Messung ab. Ohne den »Kleinen Jenissei« (seinen längsten Quellfluss) ist er 3412 km lang, mit dem »Kleinen Jenissei« sind es 4092 km. 5539 km umfasst das gesamte Jenissei-Flusssystem (Ider, Selenga, Angara, Jenissei-Unterlauf). Diesen Längen kann man jeweils noch die 435 km lange Jenissei-Bucht hinzufügen.

in die Karasee des Nordpolarmeers mündet. Im Jahr 2001 hatte ich mich einem Team von drei anderen Abenteurern angeschlossen, und wir befuhren als Erste den Jenissei auf seiner ganzen Länge. Während dieser fünfmonatigen Reise erlebte ich zum ersten Mal die unaufdringliche und unterschätzte Schönheit Sibiriens.

Über das ganze Tal verstreut lagen zahlreiche Dörfer und Bauernhäuser, die des besseren Schutzes wegen oft den Fuß der benachbarten Berge bevorzugten.

Im Gegensatz zur Bauweise in Nordostsibirien – größtenteils Betongebäude, entworfen von einem zentralen Planer, der einen Kontinent entfernt saß – bestanden die Häuser hier im Süden fast durchweg aus Holz und sahen so aus, als seien sie von den Bewohnern selbst errichtet worden. Angesichts der Abgeschiedenheit des unwirtlichen Landes ringsherum war ich erstaunt, welchen Wert die Leute auf ihr eisiges Zuhause legten. Fast alle Häuser waren mit knallbunt bemalten und oftmals kunstvoll geschnitzten Fensterläden geschmückt. In den Fenstern standen knallrote Geranien oder Tomatenpflanzen.

Zu den Hänsel-und-Gretel-Häusern gehörten ausnahmslos ein oder zwei Kühe, die sich bei den Hühnern herumtrieben. In den Dörfern wurde Wasser mit Schwengel und Eimer aus einem Brunnen geschöpft – genau wie in den Märchen –, und auch ich pflegte hier mein Wasser zu holen, um mein Fünf-Liter-Gefäß zu füllen. Die alten Babuschkas beobachteten mich jedes Mal unruhig, während sie eine Kuh auf die Weide führten oder sich unter dem Gewicht eines Astes auf den Schultern beugten, an dessen Enden jeweils ein Eimer Wasser hing. Ihre hageren, ungepflegten Ehemänner waren meist unter einer Brücke oder neben einem klapprigen Traktor versammelt und tranken Wodka.

Ausgefahrene Feldwege führten zwischen den Häusern hindurch. Diese Pfade rumpelte ich jedes Mal entlang und suchte den Dorfladen. Drinnen drückte sich meist eine weibliche Matrone hinter einem Rechenbrett herum. Alle Lebensmittel lagen hinter der Theke, sodass ich in holprigem Russisch jedes Produkt einzeln verlangen musste. Die Dorfbewohner hinter mir sahen belustigt zu, als erfreuten sie sich gerade der besten Unterhaltung, die sie seit Monaten erlebt hatten. Je nachdem, was die oftmals leeren Regale boten, zog ich anschließend mit meiner Beute von dannen: ein paar verschrumpelten Äpfeln, chinesischen Nudeln und einer ordentlichen Ladung Schokoriegel (oft der gesamte Vorrat des Ladens).

Es war jetzt Ende April. Obwohl das Wetter noch immer scheußlich war und Regen und Schnee sich abwechselten, wirkte das Land wie ein großes Lebewesen, das im Begriff stand, zu neuem Leben zu erwachen. Felder wurden gepflügt, um die Aussaat vorzubereiten. Die gelegentliche Stechmücke belästigte mich mit leisem Summen – das schon auf den kommenden Albtraum hindeutete.

Sechs Tage hinter Tschita schlug ich mein Zelt am Rand eines Ackers auf, der an ein Kiefernwäldchen grenzte. Nach einer Mahlzeit aus chinesischen Nudeln und Kaffee schlief ich zum leisen Gemurmel eines Bewässerungskanals ein.

In der Nacht wachte ich auf und spürte, wie etwas Kleines auf meinem Bein herumkrabbelte. Sofort schaltete ich meine Petzel-Stirnlampe ein und fand meine größte Befürchtung bestätigt: eine Zecke. Obwohl sie noch nicht gebissen hatte, war es ein eindeutiges Zeichen, dass die Zeckensaison begonnen hatte. Südsibirien beherbergt die gefährlichsten Zecken der Welt. Jede Zehnte überträgt einen Typus von Enzephalitis, der für Menschen beinahe immer tödlich ist. Die meisten Russen wagen sich zu dieser Jahreszeit einfach nicht in die Wälder, weil die Gefahr so groß ist. Diese parasitären Geschöpfe ernähren sich, indem sie ihren Körper, der die Form eines Wassermelonenkerns hat, in eine Kerbe schieben, die sie in die Haut gebissen haben. Sie bleiben dann tagelang unter der Haut und saugen Blut, wobei nur die Spitze ihres Hinterleibs hervorsteht.

Nachdem ich die Zecke zerquetscht hatte, verbrachte ich die nächsten zwei Stunden damit, jeden Quadratzentimeter meiner kleinen Behausung abzusuchen. Ich schüttelte meinen Schlafsack und meine Kleidung aus, führte mit der Stirnlampe eine Art Rasterfahndung durch und befühlte gründlich Kopfhaut, Achselhöhlen und Schritt – die Lieblingstreffpunkte von Zecken. Nichts.

Ich lag schlaflos in meinem Schlafsack. Von jetzt an würde ich sorgfältige Zeckenvorkehrungen treffen müssen. Ich müsste mir die Hose in die Strümpfe und das Hemd in die Hose stopfen, mich selbst und meine Ausrüstung mit Insektenspray einsprühen, das Lager so schnell wie möglich aufschlagen und bei ständig geschlossenem Netzgewebe im zeckendichten Zeltinnern bleiben.

Ich nahm eine neuerliche Untersuchung von Leistengegend, Achselhöhlen und Kopf vor. Ein schorfartiger Knubbel im Nacken deutete auf eine weitere Zecke hin. Ich drehte sie heraus, zusammen mit einem Büschel Haare, und wartete auf den Morgen.

Mehrere Stunden nachdem ich mein von Zecken befallenes Lager abgebrochen hatte, radelte ich weiter, während die Straße sich nach einem steilen Anstieg einen Weg abwärts bahnte und sich ein gewaltiger Fluss ins Bild schob: die Selenga. Ich hielt an und bewunderte den unerbittlichen braunen Strom, der sich zwischen niedrigen, baumlosen Bergen hindurchwand.

Ich hatte eine spannende Weggabelung in meinem Leben erreicht. Die Selenga ist der wichtigste Nebenfluss des Jenissei. Vor drei Jahren war ich zusammen mit Ben Kozel und Remy Quinter dem Verlauf dieses Flusses von der Quelle – einem schmelzenden Gletscher im mongolischen Changai-Gebirge – zuerst zu Fuß und dann, sobald er tief genug wurde, mit Kajaks und Wildwasserflößen gefolgt.

Auf unserer Expedition hatten wir von dem träge fließenden Strom zu dem ständig wechselnden Panorama emporgeblickt. Jetzt auf denselben Fluss hinunterzublicken, nachdem ich die halbe Welt ausschließlich mit Muskelkraft durchquert hatte, war berauschend. Ich legte mein Rad am Straßenrand hin und beobachtete wie in Trance den Fluss. Diese Belohnung hatte ich mir verdient, und es war ein gutes Gefühl.

Die Straße führte hinab zu den Ufern der 700 Meter breiten Selenga und dann weiter zur Hauptstadt Burjatiens, Ulan-Ude, einer Stadt, die sich der größten Leninbüste der Welt rühmt. Die Strecke nach Irkutsk umgeht Ulan-Ude, indem sie eine gewaltige Stahlbrücke überquert und dem Ostufer der Selenga folgt. Ich erinnerte mich, dass wir auf unserem gelben Floß unter genau dieser Brücke hergetrieben waren. Heute, fast drei Jahre später, kreuzte ich diesen Weg. Zur Feier des Tages kaufte ich mir eine Ein-Liter-Flasche Bier, das in Ulan-Ude gebraut worden war, zeltete an einer malerischen Stelle in der Nähe der Gleise der Transsibirischen Eisenbahn und nur Meter vom Fluss entfernt und trank auf das Wohl der Jenissei-Expedition. Kaffeefarbenes Wasser wirbelte in mäandernden Strudeln vorbei. Zufrieden schlief ich ein, trotz des Dröhnens der Züge, die alle fünfzehn Minuten vorbeifuhren. Und die Zecken ließen mich in Ruhe.

Zwei Tage später kam ich zwischen Baikalsee und Irkutsk von den Bergen herab. Ich radelte durch Dörfer und Städte, die allmählich zu den Außenbezirken der Großstadt verschmolzen. Der Verkehr wurde stärker, und während ein weiterer Regenguss niederging, quälte ich mich an riesigen Reklametafeln vorbei in Richtung Stadtzentrum.

Irkutsk wurde im Jahr 1652 als Pelzhandelsposten gegründet und erhielt 1686 offiziell die Stadtrechte. Diese geschichtsträchtige Stadt hat mehr als eine halbe Million Einwohner und liegt an den Ufern der Angara, die bei dem Örtchen Baikal aus dem Südwestende des Baikalsees fließt. Die Stadt liegt an der Strecke der Transsibirischen Eisenbahn und ist ein beliebtes Reiseziel für alle, die den nahe gelegenen Baikalsee erkunden wollen.

Hunderte schlichter fünf- bis zehnstöckiger Wohnblocks bilden einen Ring um die Stadt – die typischen tristen Unterkünfte aus der Sowjetzeit. Einen auffälligen Kontrast dazu bildet das Stadtzentrum von Irkutsk mit seiner traditionellen Block- und Holzbauweise neben eleganten, modernen Glas-, Stahl- und Betongebäuden. Die wunderlichen Wohnkomplexe in Blockbauweise, die mächtig aufgeblasenen Bauernkaten ähneln, besitzen keine Wasserleitungen, weshalb die Bewohner sich ihr Wasser in Krügen an öffentlichen Leitungen auf der Straße holen. In den Straßen des Viertels verkehren auf Schmalspurgleisen Straßenbahnen nach dem Vorbild San Franciscos.

Ich freute mich, wieder in Irkutsk zu sein, hatte ich doch schöne Erinnerungen an diese Stadt; sie war ein wichtiger Halt auf unserer Jenissei-Expedition gewesen. Unser Team verbrachte hier drei Wochen damit, einen alten, verrotteten russischen Langkieler in etwas zu verwandeln, das geeignet war, den Rest des Jenissei damit hinunterzufahren.

Genau hier wollte ich auf Tim und Julja warten, während ich ein paar Wochen darauf verwendete, meine schriftlichen Aufzeichnungen auf den neuesten Stand zu bringen und ein bisschen zu filmen. Meine Ankunft in Irkutsk kam mir vor wie der Beginn eines lange erwarteten Urlaubs. Ich freute mich sogar darauf, Tim und Julja wiederzusehen. Nachdem ich so viel Zeit allein verbracht hatte, war ich froh über die Aussicht, wieder jemanden zu haben, mit dem ich Geschichten austauschen konnte.

Da ich nicht gebadet hatte, seit ich mich vor elf Tagen in Exkrementen und Benzin gesuhlt hatte, war ich nicht minder entzückt über die Aussicht auf eine Dusche. Völlig durchnässt und von Kopf bis Fuß mit Schlamm bespritzt, betrat ich die Eingangshalle des Hotels. Die Dame am Empfang gab mir zögernd einen Zimmerschlüssel und bestand darauf, dass mein dreckiges Fahrrad im Keller blieb. Das 20-Dollar-Zimmer war komfortabel und verfügte sogar über einen Farbfernseher, aber es gab kein Badezimmer. Nachdem ich die Räumlichkeiten ausgekundschaftet hatte, fand ich draußen im Freien eine Gemeinschaftstoilette und ein Waschbecken, aber keine Badewanne oder Dusche. Ich ging zurück zu der Empfangsdame, die kein Englisch sprach, um mich nach den Einrichtungen zu erkundigen.

»Gde douche?«, fragte ich. »Wo ist die Dusche?«

»Njeto«, sagte sie.

Ich war verdreckt. Schlamm bildete eine Kruste auf meinem Gesicht, und elf Tage Schmutz hatten sich angesammelt, doch ich konnte mich nirgends richtig säubern. Schließlich bat ich um einen Eimer, füllte ihn an dem Waschbecken und wusch mich mit einem Schwamm auf meinem Zimmer. Alle anderen russischen Hotelgäste sahen makellos rein aus, und dennoch trugen sie nie Eimer mit Wasser auf ihre Zimmer. Es war mir ein Rätsel. Ich schaltete den Fernseher ein und sah mir einen Werbespot für einen »Sauna-Gürtel« an, eine wunderbare Erfindung, die fettleibige Menschen in Sexgöttinnen und Sexgötter verwandelt.

Nachdem ich mich am nächsten Tag zunächst an fettigem Hähnchen und scharfen Krautwickeln gütlich getan hatte, begab ich mich zu einem Internetcafé. Der Eigentümer begrüßte mich herzlich, ohne mich jedoch wiederzuerkennen, und ich spürte, wie die drei Jahre sich verflüchtigten, seit ich seinen Laden zuletzt besucht hatte.

Ich las zuerst Julies E-Mail, der ich das Neueste darüber entnahm, wie die Dinge zu Hause liefen. Julie teilte mir mit, dass Iridium per Kurier eine neue Antenne für das Telefon habe verschicken können, die nun unterwegs zu Juljas Mutter hier in Irkutsk sei. Außerdem hatte Julie Kontakt mit Oberschulrat Denny Kemprud vom Schulbezirk 51 aufgenommen, um ihn wissen zu lassen, dass das Telefon bald wieder funktionieren würde und wir in der Lage seien, sibirische Schüler mit den Kindern in Kanada zu verbinden. Um Julies eigene Träume von einer Abenteuerreise nur per Muskelkraft stand es hingegen nicht gut. Enttäuscht informierte sie mich, dass ihre Ruderpartnerin einen Rückzieher gemacht hatte. Beiden war es bislang nicht gelungen, Geld für ihre beabsichtigte Expedition aufzutreiben, und Cathy fand es zu riskant, sich für ein derart gefährliches Unternehmen Zehntausende von Dollar zu leihen.

Dann klickte ich eine E-Mail von Tim an. Ich las seine Worte mit wachsender Bestürzung. Er war immer noch in Nerjungri und total pleite. Sein Bruder hatte kein Geld geschickt. Tim erläuterte nicht näher, warum, außer dass er erklärte: »Ich dachte, es wäre dir lieber, wenn ich zuerst dich fragte. Außerdem gäbe es eine bessere Story, wenn das Geld aus dem Team käme.« Dann behauptete er, dass die Übersicht über Einnahmen und Ausgaben, die ich geschickt hatte, fehlerhaft sei, weil sie eine große Spende von seiner Familie nicht enthalte. »Du hast verschiedene Angaben gemacht (eine finanzielle, die, weil sie einen finanziellen Beitrag meiner Familie von mehr als 17 000 Dollar nicht berücksichtigt, allerdings ähnlich viel Sinn macht, als würde man behaupten, einem Gedächtnis könne man wie auch einem Schiff nur trauen, wenn es leckt).«

Ich las seine Worte langsam, dachte dann ein paar Minuten darüber nach und traf eine Entscheidung. Die 17 000 Dollar, von denen er behauptete, seine Familie habe sie gespendet, waren so fiktiv wie Monopoly-Geld. Es war an der Zeit, die Bande zu jemandem zu lösen, der mir das Leben mit seinen Lügen vergällte. Wir brauchten immer noch Tausende von Dollar, um zurück ins heimatliche Vancouver zu kommen. Für die demnächst folgende Etappe hatten wir noch kein Geld aufgetrieben. Aller Wahrscheinlichkeit nach müsste ich mir über meinen Dispokredit, über Kreditkarten und wer weiß woher noch 50 000 Dollar oder mehr leihen. Ich konnte den Gedanken nicht ertragen, weiter für Tims Reise zu bezahlen, während ich mir gleichzeitig Beschimpfungen von ihm und seiner Familie anhören musste. Die Lösung war einfach. Es wurde Zeit, den großen Schritt zu tun. Ich fing an, eine Antwort zu tippen.

Hubert Schwarz

China – Aufbruch ins Reich der Gegensätze

SCHATTENBOXEN AM FRÜHEN MORGEN

»Lakeside Hotel« heißt unsere Unterkunft in Chaohu, aber den größten See der Provinz Anhui bekommen wir am frühen Morgen nicht zu sehen. Auf der Zufahrt zum Hotel sammeln sich zahllose alte Menschen zum gemeinsamen Schattenboxen. Zur Musik aus dem Kassettenrecorder üben sie Walzer und Tango. Danach haben uns die Reisfelder wieder.

Nach rund 30 Kilometern erreichen wir einen Marktflecken, wo wir ein kleines Frühstück einnehmen: Youtiao (frittierte Teigstangen), Xifan (wässrige Reissuppe ohne jeglichen Geschmack) und natürlich den obligaten grünen Tee – dabei werden wir umringt von Dutzenden neugieriger Menschen. Anhui gehört traditionell zu den ärmeren Provinzen, umso erstaunlicher sind die gewaltigen Anstrengungen für eine neue Infrastruktur. Die Straßen bis zum Etappenziel Gushi sind hervorragend ausgebaut. Ich komme schnell voran. Unterwegs begegne ich immer wieder aufgeregten Menschen, die bereits durch unsere Begleitfahrzeuge aufmerksam geworden sind und die »seltsame« Kolonne bestaunen. Darunter viele Kinder, die herzlich und aufgeregt um mein für chinesische Verhältnisse »komisches« Fahrrad herumstehen. Noch größer werden Menschenmenge und Neugier bei kurzen Reparaturen oder wenn wir aus dem Mercedes heraus filmen. Am Nachmittag sinken die Temperaturen. Ich passiere Orte mit so merkwürdig klingenden Namen wie Liu'an oder Yeji. Plötzlich fahre ich in das Verkehrschaos von Gushi ein, ein Stau aus Fahrrädern, Lastenziehern, Fußgängern und Autos. Morgen geht es noch tiefer in die Provinz. Leider hat die Polizei eine Routenänderung verordnet.

CHINESISCHE FRÜHAUFSTEHER

Am nächsten Morgen ist die Temperatur ideal, 22 Grad Celsius. Allerdings ist es so schwül, dass man bei jeder Bewegung schwitzt. Das hindert eine Gruppe von etwa 30 älteren Damen und Herren nicht, beim Sound eines Kassettenrekorders eine Art Aerobic zu machen. Überhaupt ist es erstaunlich, wie viele Menschen um diese frühe Zeit bereits auf den Beinen sind. Mit Lastenfahrrädern werden Waren zum Markt gebracht, Frühaufsteher gehen zum Einkaufen, und Garküchen werden aufgebaut. Bei einer treffe ich auch mein Team, als ich nach etwa 30 Kilometern ein kleines Dorf passiere. Eine große Menschenmenge schaut dabei zu, wie die ausländischen »Teufel« oder »Langnasen« essen. Angenehm ist die Herzlichkeit der Chinesen, die keine Berührungsängste haben.

Wie immer ist das Chaos auf den Straßen der kleinen Ortschaften unvergleichlich, doch dann passieren wir ein traditionelles Dorf, in dem die Zeit stehen geblieben zu sein scheint. Ein Bauer führt uns in sein Haus, das aus Lehm gebaut ist. Innen ist es angenehm kühl, und an einem kleinen Brunnen kann ich mich mit kühlem Wasser erfrischen, bevor es weiter auf der Straße durch die Reisfelder geht.

Ein nächster Höhepunkt erwartet uns in der Kleinstadt Huangchuan. Unsere kleine, aber auffällige Kolonne stoppt an einer Kreuzung vor einer Brücke, auf der ein unglaubliches Geschiebe und Gedränge herrscht. Hupende Busse balgen sich mit völlig überladenen Lkws um den letzten Millimeter Straßenfläche, und der restliche Platz wird von einer Unzahl nach Kunden heischender Rikschas ausgefüllt. Dazwischen versuche ich, meinen Weg auf die andere Flussseite zu finden, und bin froh, wieder aus der Stadt heraus zu sein.

Die nächste Abwechslung wird uns erst wieder in Xinyang geboten, einem wichtigen Straßenknotenpunkt zwischen der Provinz Anhui und der Provinz Hennan. Entsprechend rollen Kolonnen von hupenden und stinkenden Lkws nach Norden. Erst 120 Kilometer weiter, hinter dem Ort Zhumadian, lässt der Verkehr nach. Als wir nach rund 345 Kilometern in Xuchang eintreffen, bin ich jedoch so schwarz wie ein Schornsteinfeger. Vielleicht bringt uns das ja Glück für die morgige Strecke.

Die Luft am nächsten Morgen ist angenehm kühl und nicht schwül, die besten Bedingungen für einen guten Start. Erfreulicherweise ist auf den Straßen wenig los, sodass wir ohne große Verzögerung nach etwa 70 Kilometern die Provinzhauptstadt Zhengzhou erreichen. Eine nagelneue Umgehungsstraße erspart uns die mühsame Durchfahrt durch die Innenstadt. Wir fahren anschließend auf einer alten verkehrsarmen Straße in Richtung der alten Kaiserstadt Luoyang, während der Hauptverkehr über die Autobahn fließt. Plötzlich ändert sich auch das Landschaftsbild: Endlose Reisfelder werden abgelöst von einer leicht bergigen und trockenen Landschaft, in der Maisfelder überwiegen. Am Horizont ragen große Zementfabriken über die flachen, wie Canyons steil abfallenden Berggrate. Wir essen zu Mittag in einem Fernfahrerlokal, an dessen völlig fehlende Ausstattung und nackte schmutzige Betonwände man sich gewöhnen muss. Das Essen ist jedoch ausgezeichnet, würzig bis scharf, dazu gibt es eine sättigende Nudelsuppe und endlich einmal kalte Getränke, denn die Menschen in dieser Region trinken sowohl Bier als auch Softdrinks im Sommer am liebsten warm, was für uns gewöhnungsbedürftig ist. Vielleicht liegt es auch daran, dass die Kühlschränke für die Lagerung der Lebensmittel benötigt werden. Und da Strom sehr teuer ist, können sich die Restaurants keinen zweiten für Getränke leisten. Nun ist es auch nicht mehr weit bis Luoyang, wo ich an den berühmten buddhistischen Grottenheiligtümern von Longmen vorbeiradle. Im Jahr 494 wurde mit dem Bau der Grotten begonnen. In 400 Jahren wurden 1300 Grotten und Nischen mit mehr als 100 000 Buddha- und Heiligenfiguren in den Fels gemeißelt. Besonders interessant für das Motto meiner Tour ist der Zukunftsbuddha, an den sich Chinesen mit ihren Opfern wenden, wenn sie Fragen und Wünsche hinsichtlich ihrer Zukunft haben. Was mögen sich wohl die alten Chinesen für die Zukunft erhofft haben?

DER EINFLUSS DES ISLAM

Am nächsten Morgen haben wir kaum Zeit, den schönen Park zu genießen, in dem unser Hotel steht. Diese chinesischen Parks sind frühmorgens hochinteressant. So treffen wir auf eine Gruppe älterer Damen, die zu chinesischer Musik Schattenboxen üben. Sie erzählen, dass sie das ganze Jahr täglich von 6 bis 7 Uhr gemeinsam praktizieren und von 7 bis 8 Uhr neue Techniken bei einer Tai-Chi-Meisterin trainieren.

Als ich die Stadt Sanmenxia verlassen habe, fällt mir auf, wie sehr sich die Landschaft gegenüber Ostchina verändert hat. Nach einer kurzen Fahrt passieren wir die Provinzgrenze nach Shanxi, die Wiege der chinesischen Zivilisation am Gelben Fluss. Auf dem gewaltigen Lössplateau befindet sich einer der fruchtbarsten, ja reichsten Ackerböden Chinas. Unverkennbar ist der mongolische Einfluss. Auffallend ist, dass der Islam immer präsenter wird. Viele Dörfer haben Moscheen. Ich hätte nicht gedacht, dass der Einfluss des Islam so weit in den Osten reicht.

Am späten Vormittag öffnet sich vor mir das weite Flusstal des Huang He, des Gelben Flusses. Sedimentgesättigt und träge fließt er nach Osten, wo seine Ablagerungen große Tiefebenen geschaffen haben. Der nächste Höhepunkt lässt nicht lange auf sich warten.

120 Kilometer hinter Sanmenxia tauchen am Horizont seltsame Berggipfel auf. Es ist ein gewaltiges Felsmassiv. Wie ich erfahre, handelt es sich um den Hua Shan, einen der fünf heiligen mythischen Berge Chinas. 2100 Meter hoch ist sein Gipfel, den man über Treppen erreichen kann, die vor mehr als 1000 Jahren angelegt wurden. Die Straße führt direkt auf den Hua Shan zu, wo wir am Fuß des Berges im gleichnamigen Ort zu Mittag essen. Zahlreiche Tempel säumen den Weg nach oben, und alle bekommen Lust, diese faszinierende Landschaft zu durchwandern.

Parallel zum Hua Shan führt die Straße weiter nach Osten. Dank einer neuen Autobahn ist die Straße fast 100 Kilometer verkehrsfrei. Dafür bläst mir der heiße Wind ins Gesicht. 80 Kilometer hinter dem Hua Shan passieren wir den absoluten Höhepunkt des Tages, die weltberühmte Terrakottaarmee des ersten Kaisers von China, Qin Shihuangdi. Schon von Weitem sieht man den gewaltigen, künstlich aufgeschütteten Grabhügel. Die gesamte Grabanlage umfasst eine Fläche von sagenhaften 56 Quadratkilometern.

Wir gönnen uns den Besuch der Tonkriegerarmee, die aus rund 8000 lebensgroßen Kriegern und Pferden besteht. Jede der Figuren wurde individuell gestaltet. Es laufen einem Schauer über den Rücken, wenn man bedenkt, dass 750 000 Arbeiter mehr als 30 Jahre an dem Bau des Grabes und der Figuren gearbeitet haben. Von hier sind es noch 30 Kilometer bis zur alten Kaiserstadt Xi'an. Das lustigste Erlebnis an diesem Tag haben wir mit den Masseuren vor unserem Hotel. Jeden Abend bauen rund ein Dutzend Männer Liegen vor dem Hotel auf und kneten die Passanten richtig durch, so auch meine gesamte Crew.

STRASSEN ALS DRESCHPLATZ

Die erste Hälfte der Tagesetappe führt uns durch flaches fruchtbares Land in Richtung der Industriestadt Baoji. Unterwegs treffen wir auf Zeugnisse aus der großen Vergangenheit der Region: 18 Kaiser der Tang-Dynastie und zahlreiche Kaiser aus der Han-Dynastie sind hier bestattet. Immer wieder sieht man die gewaltigen Grabhügel.

Ein Taxifahrer lotst uns durch die unattraktive Stadt Baoji auf die Nebenstrecke nach Tianshu. Ein Glücksfall, denn sie entpuppt sich als eine der schönsten Landschaften, die wir bisher erlebt haben. Über eine wenig befahrene Landstraße radle ich durch kleine Dörfer. Sie sehen aus, als lebten ihre Bewohner noch im Mittelalter. Genauso stellt man sich das alte China vor. Momentan ist Erntezeit, und die Bauern breiten das geerntete Korn auf den Straßen auf, funktionieren sie zum Dreschplatz um. So fahre ich mehr über dicke Lagen Stroh als über Asphalt. Das »Hallo« ist jedes Mal groß. Als wir in einem Ort namens Longxian stoppen, erzeugen wir einen Riesenauflauf. In dieser Region hat man noch nie Ausländer gesehen. Wir sind natürlich die Tagessensation.

Ab Longxian hört die asphaltierte Strecke auf. Der Himmel ist bedeckt, und die Temperatur wird angenehmer. Die Straße windet sich durch eine tiefgrüne baumbewachsene Schlucht, als mir plötzlich Reiter entgegengaloppieren. Hinter der nächsten Biegung dann die große Überraschung: So weit das Auge reicht, blicken wir auf saftige Almen und Wälder, die sich im Nebel verlieren. Die Reiter begleiten mich bis zu einer großen Wiese, wo meine Crew bereits wartet und sich die Zeit mit Reiten vertreibt. Unter großem Gelächter der Pferdetreiber versuchen Oliver Zimmermann, Frank Kauper und Lutz Gabriel ihre Pferde zum Laufen zu bringen. Nur zwei Kilometer weiter erreichen wir ein Tor und fahren nunmehr in den Guanshan-Nationalpark hinein, der sich auf einer Höhe von rund 2600 Metern befindet. Mitten im Nationalpark breitet sich ein großes, buntes Jurtencamp aus, und entlang der Piste reihen sich zahlreiche, nach vorne geöffnete Zelte, in denen man Tee trinken und essen kann. Wir sind die einzigen Besucher in der Weite und trinken in großer Runde Tee zusammen. Nach 50 weiteren Kilometern ändert sich die Landschaft, und ich radle in eine Bergwelt hinein, die an Dramatik nicht zu überbieten ist. Jeder einzelne Berg ist bis zum Gipfel kultiviert, und die Täler sind so tief, dass man kaum hinunterschauen kann. Wie viele Jahrhunderte es wohl gebraucht hat, diese unglaublichen Terrassen anzulegen? Links und rechts stürzen die Berghänge mal steil ab, mal schieben sie sich majestätisch wie Treppenstufen hinab. Ich komme mir vor wie in einem gigantischen Amphitheater. (…)

Maria Coffey

Reisen wie die Einheimischen

Highway One, die Küstenstraße, die Saigon mit Hanoi verbindet, ist die wichtigste Transportader des Landes. Während des Amerikanischen Kriegs war die Straße stark bombardiert worden, und seitdem hatten kaum irgendwelche Mittel zu ihrer Erhaltung zur Verfügung gestanden. Wir stießen etwa zwei Kilometer hinter Tu Buong auf den Highway, der nicht breiter als eine normale Landstraße ist. Die Fahrbahn war mit Buckeln, Rissen und Schlaglöchern übersät. Es gab keine Markierungen, und der Seitenstreifen bestand aus einer kleinen Kiesbahn, die größtenteils in die daneben liegenden Reisfelder abbröckelte. Wir wussten damals noch nicht, dass wir auf einem der besseren Abschnitte gelandet waren, doch das sollten wir bald herausfinden.

Es herrschte kein starker Verkehr, aber die wenigen Fahrzeuge, die unterwegs waren, fuhren dafür umso rasanter. Lastwagen und Busse rasten an uns vorbei und drängten uns auf den Seitenstreifen. Sie bedachten uns mit ohrenbetäubendem Hupen, nebelten uns mit Auspuffgasen ein und besprühten uns mit Wasser. Nur die wenigsten der Lastwagen und Busse auf dem Highway One besaßen einen funktionierenden Kühler. Stattdessen war auf dem Dach ein Tank befestigt, von dem Wasser über Schläuche durch den Motor lief. Dieses warme und dreckige Wasser spritzte dann während der Fahrt heraus und ergoss sich, wenn wir Pech hatten, über uns unglückselige Radfahrer. Aber wenigstens fuhren diese Fahrzeuge schnell vorbei. Motorroller hingegen verlangsamten oft ihre Fahrt und ratterten dann für einen kleinen »Plausch« neben uns her.

»Hallo! Wie Ihr Name?«, riefen sie uns zu, während sich eine Wolke blauen Rauchs von ihrem minderwertigen Benzin um uns bildete. »Woher kommen? Wie alt? Wie viele Kinder? Was für Job?«

Doch alle Unbill konnte unsere Euphorie nicht dämpfen oder uns des berauschenden Freiheitsgefühls berauben, das wir empfanden. Wir bahnten uns auf eigene Faust einen Weg nach Norden entlang des Highway One!

Nach einigen Kilometern stieg die Straße zum Co-Ma-Pass an. Die Steigung war ziemlich sanft, und Dag war mir bald weit voraus. Tapfer trat ich in die Pedale und holte auch bald ein Mädchen ein, das ihr Fahrrad schob.

»Stopp!«, befahl sie mir.

Ich gehorchte, und dann marschierten wir beide eine Stunde lang aufwärts. Sie war eine hübsche junge Frau und trug eine Bluse mit rundem Kragen, weiße Baumwollhandschuhe und einen Strohhut, in dem ein Strauß Kunstblumen steckte. Während ich mich schwitzend abplagte, blieb sie kühl und gelassen und schob ihr Rad scheinbar mühelos bis fast auf die Passhöhe.

»Sie sind wunderschön«, sagte sie ernsthaft, bevor sie auf einen schmalen Pfad abbog, der zu einem kleinen, aus Lehm gebauten Bauernhaus führte. »Aber nicht stark.«

Dag wartete auf der Anhöhe auf mich. Unter uns lag der Ort Dai Lanh. Das Dorf schmiegte sich an einen steilen grünen Hang und lag an einer halbmondförmigen, von Kasuarinen gesäumten Bucht. Es war ein wundervoller Anblick, und der Ort erschien uns nach den Anstrengungen des ersten Tages, an dem wir zwanzig Kilometer auf unseren Fahrrädern zurückgelegt hatten, sehr einladend. Wir fuhren im Leerlauf die Straße hinunter und genossen dabei den Wind auf unseren Gesichtern. Doch in Dai Lanh gab es nur ein Hotel, das halbfertig gebaut und dann verlassen worden war, sodass der dreistöckige Rohbau nun als Ruine vor uns stand. Das Restaurant am dahinter liegenden Strand sah verlassen aus; drei Kellnerinnen hatten sich auf der Bartheke ausgestreckt und schliefen tief und fest. Die Toilette des Restaurants war völlig verwahrlost. Als wir schwimmen gehen wollten, mussten wir feststellen, dass das Wasser mit Quallen verseucht war. Enttäuscht setzten wir uns in den Sand und überlegten, was wir tun sollten. Es war fast drei Uhr nachmittags, und Tuy Hoa, die nächstgrößte Siedlung, lag fünfundvierzig Kilometer entfernt. Am Strand zu zelten kam nicht infrage, denn Campieren war verboten, und außerdem waren inzwischen mehrere zwielichtige Typen vorbeigegangen, die uns eingehend beobachtet hatten. Wir beschlossen also, bis zum Einbruch der Dunkelheit weiterzufahren und auf eine bessere Gelegenheit zu hoffen.

Wir hatten gerade wieder den Highway erreicht, als uns ein junger Mann mit dem Fahrrad einholte. Er trug einen Bürstenschnitt und war mit einem frischen weißen Hemd und seiner grauen Hose recht gut angezogen. Er stellte sich als Linh vor und erzählte uns, dass er Englisch studiere. Geduldig ließen wir die üblichen Fragen nach unseren Namen, Alter, Ehestand, Jobs und Kindern über uns ergehen. Dann erklärten wir ihm unsere Lage und fragten ihn, ob er uns eine sichere Unterkunft für die Nacht empfehlen könnte.

»Sie können in meinem Haus schlafen«, sagte er. »Es gibt aber kein Badezimmer. Und wir machen viel Lärm. Wir verkaufen Bier die ganze Nacht.«

Sein Haus stand auf der anderen Straßenseite am Fuß des Hügels und hinter einer Eisenbahnlinie.

»Dieses Haus neu«, sagte Lingh. »Letztes Jahr großer Sturm kommt in Monsunzeit, und das Meer kommt an Land und bedeckt altes Haus. Wir laufen auf Berg, und wenn wir zurückkommen, ist Haus weg.«

Um den zweiräumigen Neubau zog sich rundum eine breite Veranda. Ein Teil der Veranda beherbergte eine kleine Bar. Bierflaschen und alkoholfreie Getränke standen hinter einer Glastheke. Gäste hatten sich noch nicht eingefunden, aber auf jedem der drei niedrigen Tische lag ein schlafender Hund.

»Deine Eltern?«, fragte ich Linh.

»Nha Trang«, erzählte er mir. »Begräbnis.«

Ich wusch mich und zog mich in dem strohverkleideten Badehaus neben dem Brunnen um. Dann luden wir Linh zum Abendessen ein und gingen gemeinsam zum Restaurant am Strand, wo er eine der Kellnerinnen aufweckte und überredete, uns eine Mahlzeit aus gebratenem Fisch, Reis und Gemüse zu machen. Wieder zu Hause angelangt, trafen wir auf seine Eltern, die inzwischen aus Nha Trang zurückgekehrt waren. Mit großem Misstrauen begutachteten sie gerade unser Zelt, das wir auf der Veranda an der Seite des Hauses aufgestellt hatten. Nervös stellte uns Linh seinen Eltern vor.

»Ich sage ihnen, ihr seid Lehrer«, sagte er. »Ihr sollt etwas zu trinken kaufen.«

Sein Vater scheuchte einen der Hunde vom Tisch und servierte uns Gläser mit eisgekühltem Bier. Dann setzten sich alle drei hin und beobachteten uns beim Trinken.

»Sie sagen, ihr müsst schlafen gehen«, sagte Linh zu uns, als wir ausgetrunken hatten. »Bald kommen Leute, werden betrunken, machen Lärm.«

Um acht Uhr lagen wir in unserem Zelt. Wir hörten den Verkehr auf der Straße, einen Güterzug, der vorbeidonnerte, Musik aus einem Ghettoblaster im Haus und das asthmatische Schnarchen eines der Hunde, der es sich in unserer Nähe bequem gemacht hatte.

»Ich glaube nicht, dass sie wirklich Kunden erwarten«, sagte Dag. »Sie sind nur paranoid wegen der Polizei und möchten, dass uns niemand sieht.«

Doch Dag hatte unrecht, wie sich nach etwa einer Stunde herausstellte. Einige Hondas fuhren vor und parkten fünf Meter neben unserem Zelt. Die Leute kletterten herunter, breiteten hinter dem Haus Matten aus und bestellten Bier. Aus dem Ghettoblaster dröhnte die philippinische Version von »My Boy Lollipop«. Immer mehr Motorroller fuhren vor und streiften mit dem vollen Licht ihrer Scheinwerfer unser Zelt. Die Musik wurde lauter, Bierflaschen rollten herum, derbes Lachen erfüllte die Luft, Leute taumelten am Zelt vorbei, und hin und wieder glotzten auch Gesichter zu uns herein. Ich hatte schon Angst, dass es die ganze Nacht so weitergehen würde, aber um Punkt elf Uhr ging das Licht aus, die Musik verstummte, und die Unterhaltung verlief plötzlich im Flüsterton. Endlich schliefen wir ein und wurden nur zwei Stunden später noch einmal geweckt, als fünfzehn Hondas neben unserem Zelt mit viel Getöse starteten und große Staubwolken durch das Mückennetz ins Zelt wirbelten.

Linh machte am Morgen nicht den Eindruck, als hätte etwas seinen Schlaf gestört. Seine Frisur saß perfekt, sein Hemd war frisch gebügelt, und er hatte sogar eine Abschiedsrede vorbereitet.

»Wenn ihr wieder in mein Land kommt und an diesem Haus vorbeigeht, bitte ehrt mich mit einem Besuch.«

Da seine Eltern noch schliefen, baten wir ihn, unseren Dank auszurichten und ihnen etliche Dollar für ihre Gastfreundschaft zu überreichen. Linh sah uns erleichtert an und platzte dann mit dem Rest seiner Ansprache heraus, den er offensichtlich bis ganz zuletzt aufgespart hatte.

»Meine Familie sehr arm, meine Schulbildung sehr teuer, eines Tages werde ich für ausländische Firma arbeiten. Wenn ihr mir jetzt helfen könnt, ich danke euch.«

Wir hielten beim nächstbesten *pho*-Stand an, um zu frühstücken. Während wir unsere Suppe schlürften, gesellte sich ein älterer Mann zu uns.

Er erzählte, dass er im Amerikanischen Krieg gegen die Kommunisten gekämpft habe.

»Ich war Oberst«, sagte er stolz.

»Sind Sie danach in ein Umschulungslager gekommen?«, fragte ich ihn.

Lächelnd schüttelte er den Kopf.

»Ich war wie Sie. Ich fuhr mit dem Rad ganz schnell von Ort zu Ort, und niemand hat mich erwischt.«

Uns hätte an diesem Morgen jeder erwischen können. Wir näherten uns nun der Zentralküste, die ihre heiße Trockenzeit erlebt, während das übrige Land dem Monsunregen ausgesetzt ist. Um acht Uhr morgens war es schon ziemlich warm. Nachdem wir weniger als eine halbe Stunde gefahren waren, stieg die Straße an und wand sich einen steilen Berg hinauf. Es dauerte nicht lange, bis wir unsere Räder schieben mussten. Libellen schwirrten in Wolken um unsere Köpfe. Doch der lange, zermürbende Aufstieg zum Pass in dieser mörderischen Hitze wurde durch den Ausblick auf die herrliche Landschaft wettgemacht. Am Straßenrand brannten Bündel von Räucherstäbchen in kleinen Schreinen, und Scharen langohriger Ziegen knabberten an den dornigen Sträuchern. Auf den Hängen unter uns hoben sich Grüppchen ockerfarbener Lehmhäuser vom roten Boden ab. Weit darunter lagen über die gelben Sandstrände bunt bemalte Boote verstreut, die die Fischer vor der Flut an Land gezogen hatten. Und hinter den Stränden erstreckte sich die schillernde Weite des Ozeans, die hier und dort von bewaldeten Inseln unterbrochen wurde.

Wir brauchten zwei Stunden bis zur Passhöhe. Dag kam vor mir an, und als ich ihn eingeholt hatte, sprang er schon wild umher und fotografierte.

»Die Ausblicke hier sind phantastisch!«, rief er.

Dann nahm er die Kamera vom Auge und sah mich verwirrt an. »Komisch, es riecht hier irgendwie nach Scheiße.«

»Das liegt daran, dass du mittendrin stehst«, sagte ich.

Er folgte meinem Blick und stöhnte entsetzt auf. Der große Haufen nassen Kots, der ganz offensichtlich menschlichen Ursprungs war, quoll über die Seiten seiner Sandalen und teilweise sogar zwischen seinen Zehen hervor. Ganz außer sich hüpfte er nun herum, auf der Suche nach etwas, womit er sich säubern konnte. Das einzige Wasser weit und breit befand sich in unserer Trinkflasche, und ich weigerte mich, es zu opfern. Blätter gab es nur in dem Gestrüpp am Wegrand, und die waren scharf und voller Dornen. In seiner Not griff er schließlich auf etwas zurück, das einem Kaktusblatt ähnelte, ihm aber zu allem Überdruss noch zu einer eindrucksvollen Ansammlung von Dornen verhalf.

Vom Pass herunter führte die Straße um den Berg herum, und wir konnten immer wieder verlockende Ausblicke auf ein Meer smaragdgrüner Reisfelder genießen, die sich über die riesige Tiefebene unter uns erstreckten.

»Nicht bremsen!«, schrie Dag, als er an mir vorbeiflog.

Der Rat war überflüssig, denn meine Bremsen funktionierten sowieso kaum. Immerhin griff die Hinterradbremse ein wenig, und so waren die Knöchel meiner rechten Hand bald ganz weiß, während ich krampfhaft versuchte, meine rasante Abfahrt etwas zu verlangsamen. Ich sauste um die steilen Kurven, und das Fahrrad unter mir begann wild zu klappern und zu wackeln. Ich hatte völlig die Kontrolle verloren und sandte vor jeder Kurve ein Gebet zum Himmel, dass ich keinem Bus begegnen würde, der mir auf der falschen Seite entgegenkam. Vor meinem geistigen Auge zogen Bilder schrecklicher Knochenbrüche und entsetzlicher Krankenhausstationen vorbei. Mehrmals schoss ich an Vietnamesen vorbei, die ihre Fahrräder den Berg hinunterschoben, aber erst als ich in der Ebene angekommen war und mein Rad völlig außer Atem zum Stillstand brachte, wurde mir bewusst, weshalb sie das taten.

»Das war total verrückt!«, protestierte ich, als ich Dag eingeholt hatte, der mich euphorisch angrinste. »Nur eine falsche Bewegung, ein Lastwagen auf der falschen Straßenseite, und mit uns wäre es aus gewesen.«

»Wie geht's deinem Fahrrad?«, fragte er mich vergnügt.

»Mir kommt es vor, als ob es jeden Augenblick auseinanderfallen würde«, sagte ich.

»Nur keine Angst, von hier bis Tuy Hoa sind es nur dreißig Kilometer durch flaches Land«, sagte er mit einem Blick auf die Karte. »Wir werden nicht mehr als ein paar Stunden dafür brauchen.«

Die Straße führte in gerader Linie durch die Ebene. Zu beiden Seiten erstreckten sich Reisfelder, bis sie am Horizont im schimmernden Dunst der Hitze verschwanden. Etwas erhöhte Dämme zogen sich schachbrettartig zwischen ihnen hindurch. Büffel zogen ihre Pflüge mühsam durch das wässrige Erdreich. Hier und dort waren Familiengräber zu sehen. Frauen arbeiteten gebeugt in den Feldern oder gingen mit schwer beladenen Schulterstangen die Dämme entlang. Die Ruhe wirkte fast einschläfernd, und wir freuten uns an der schönen Landschaft und unserer geruhsamen Fahrt. Doch dann kam ein starker Wind auf. Er blies von den Berghängen im Westen herunter und raste durch die Flussebene wie in einem Trichter auf uns zu. Mit einer Geschwindigkeit von fünfzig Stundenkilometern traf er mich in die Seite und warf mich vom Rad.

»Du musst dich gegen den Wind lehnen!«, rief mir Dag zu, als ich mich vom Boden aufrappelte.

Ich folgte seinem Rat, so gut es ging, landete aber in der nächsten halben Stunde noch dreimal unter meinem Fahrrad im Kies. Schließlich schob ich das Rad, anstatt zu fahren. Dies taten auch die Einheimischen, die neben ihren mit Töpfen, lebenden Enten und Reissäcken schwer beladenen Fahrrädern herstapften. Sie hielten ihre Gesichter vom Wind abgewandt und bahnten sich mühsam, aber gleichmäßig ihren Weg. Auch Dag war in einiger Entfernung vor mir abgestiegen.

»Das ist wirklich die Hölle«, sagte ich zu ihm, als ich ihn eingeholt hatte.

»Du sagtest doch, du möchtest wie die Einheimischen reisen«, bemerkte er scheinheilig. »Und noch authentischer geht es nicht mehr.«

Ich gab ihm absichtlich einen Vorsprung, damit ich mich ungestört meinem Elend hingeben konnte.

Nach einer Stunde erreichten wir eine kleine Siedlung, wo wir uns im Schatten einer Veranda etwas zu trinken kauften. Sofort waren wir von einer gaffenden Menge umringt. Der Besitzer des Restaurants war ein charmanter Mann, der gut Englisch sprach.

»Sie müssen uns entschuldigen«, sagte er. »Es ist ein paar Jahre her, dass wir Ausländer wie Sie sehen und mit ihnen sprechen konnten.«

Sprachlos vor Erschöpfung, überließ ich es Dag, sich mit dem Mann zu unterhalten. Ein paar Leute in der Menge lachten über mich und stießen einander an. Ich konnte es ihnen auch nicht verübeln, denn ich sah scheußlich aus. Schweiß und Schmutz hatten auf meiner Haut eine Kruste gebildet, die ich mit den Fingernägeln abkratzen konnte. Ich hatte meine Brille mit einer Schnur am Kopf festgebunden, damit sie mir nicht ständig die verschwitzte Nase hinunterrutschte. Dicke Strähnen meines Haars hatten sich aus meinem Pferdeschwanz gelöst und standen mir nun wild vom Kopf. Aber den netten Restaurantbesitzer schien mein lächerlicher Aufzug überhaupt nicht zu stören.

»Madam, Sie sind wunderschön«, sagte er, während ich ihn verblüfft anstarrte. »So, *so* wunderschön!« Den ganzen Vormittag über hatte mir der Wind andauernd meinen Strohhut vom Kopf geblasen. Dag band nun eine lange Schnur um die Krempe, sodass die beiden Seiten flach gegen die Krone lagen und die Krempe vorne überstand. Mein ehemals eleganter Hut ähnelte auf diese Weise eher einer zerknautschten Baseballmütze. Dag setzte sie mir auf den Kopf und band sie mit einer Schnur am Kinn fest.

»So«, sagte er. »Jetzt bist du *wirklich* wunderschön!«

Das Thermometer war inzwischen auf fünfunddreißig Grad geklettert, und der Wind blies so stark, dass ich mich auch beim Schieben des Fahrrads dagegenstemmen musste, nur um nicht umzufallen. Mein linkes Ohr schien voller Sand zu sein, und meine Kehle fühlte sich ausgetrocknet und rau an. Es gab keine Bäume, keine Getränkebuden und nichts, wo man vor den sengenden Strahlen der Sonne hätte

Schutz finden können. Hin und wieder blieb ich stehen, lehnte mich gegen das Fahrrad und ließ meinen Kopf auf die Lenkstange sinken – ein Bild totaler Erschöpfung. Dag war seltsamerweise in euphorischer Stimmung und trieb mich immer wieder an, indem er mir wie einer Dreijährigen irgendwelche Leckerbissen versprach. Ich hasste seine Fröhlichkeit. Ich hasste Vietnam. Und ich hasste mich selbst wegen meiner blöden Idee, die Fahrräder zu kaufen. Ich hasste die Bus- und Lastwagenfahrer, die uns anhupten, und die Leute auf den Motorrollern, die langsam an uns vorbeifuhren und uns irgendetwas zuriefen. Am meisten aber hasste ich die jungen ausländischen Touristen, die im vollklimatisierten Minibus von »Kim's Café« an uns vorbeirasten und sich beinahe den Hals verrenkten, während sie uns verwundert angafften.

Die Straße schien endlos. Es gab keinerlei Anzeichen, dass der Wind oder die Hitze nachlassen würde. Dag drängte mich, lieber zu fahren, als das Rad zu schieben.

»Umso schneller bist du aus diesem Höllenloch wieder heraus«, ermunterte er mich, aber schon nach ein paar Metern warf mich der Wind wieder um. Während des frühen Nachmittags kam ich immer langsamer vorwärts, und Dags Geduld begann sich zu erschöpfen. Immer wieder wartete er auf mich, bis ich ihn eingeholt, ein wenig gerastet und etwas getrunken hatte. Dann fuhren wir gemeinsam los, doch schon nach wenigen Minuten gewann er wieder an Vorsprung und ließ mich hinter sich. Ich spürte seine zunehmende Genervtheit und nahm sie ihm bitter übel.

»DU BRAUCHST ÜBERHAUPT NICHT DIE AUGEN ZU VERDREHEN, DU SCHEISSKERL!«, schrie ich ihm nach, als er mir wieder einmal davongefahren war.

Er hielt an und wandte sich mit erstauntem Gesichtsausdruck um. »Wie konntest du das *wissen*?«, fragte er.

Endlich kam eine winzige Getränkebude in Sicht. Sie bot etwas Schatten, aber keinen Schutz vor dem Wind, der durch alle Lücken und Ritzen blies. Einen halben Kilometer weiter begann eine Siedlung, die erste seit langer Zeit, deren von Bäumen gesäumte Straße ein wenig Schutz vor Wind und Sonne bieten würde. Ich wusste, dass es Dag als sinnlos erachten würde, Zeit an der Getränkebude zu vergeuden, wenn wir uns im Dorf richtig ausruhen konnten. Und mir war auch klar, dass er einfach an der Bude vorbeifahren würde, wenn ich ihn nicht vorher einholte. Ich kletterte also auf mein Fahrrad, trat in die Pedale und fuhr so schnell wie den ganzen Tag noch nicht, um ihn rechtzeitig zu erreichen. Er war schon fast bei der Bude angekommen und machte keine Anstalten zu bremsen. Ich trat noch kräftiger in die Pedale, und mit letzter Kraft schrie ich: »WIR BLEIBEN HIER!«

Die Worte kamen wie ein abgewürgtes Krächzen heraus, aber Dag hatte den Ernst der Lage erkannt. Er stieg vor der Bude ab und sah mir entgegen.

»Keine Frage, keine Diskussion – das ist ein Befehl – richtig?«, sagte er, als ich vor ihm vom Rad taumelte.

Trotz meines Huts und der Sonnencreme, die ich in regelmäßigen Abständen aufgetragen hatte, verbrannte meine Haut im Lauf des Nachmittags immer mehr, und ich hatte das Gefühl, dass sie sich bald in Pergament verwandeln würde.

»Nie wieder«, murmelte ich wie ein Mantra vor mich hin. »Nie, nie wieder.«

Ich war völlig in mein Selbstmitleid ergeben, als mir plötzlich eine junge Frau auffiel. Sie war jämmerlich dünn, trug einen schwarzen Pyjama und eine braune Jacke und lag zusammengekrümmt am Wegrand. Ihr Haar war über und über mit Staub bedeckt. Selbst aus einiger Entfernung wirkte sie leblos, aber die Radfahrer gingen ohne einen Blick auf sie an ihr vorbei, und auch die Fahrzeuge fuhren weiter, ohne langsamer zu werden.

»Ist sie tot?«, fragte ich Dag besorgt, als er neben ihr kniete und ihren Puls fühlte. Ihr Handgelenk wirkte unglaublich zerbrechlich.

»Nein«, antwortete er. »Aber sehr krank.«

Eine Gruppe von Leuten hatte sich schnell um uns versammelt, die alle auf uns, aber nicht auf das Mädchen starrten.

»Spricht jemand Englisch?«, fragte Dag.

Die Leute sahen sich gegenseitig erwartungsvoll an und kicherten scheu. Dag bahnte sich einen Weg durch die Menge und versuchte, ein Fahrzeug anzuhalten. Ein Autofahrer verlangsamte seine Fahrt, als er aber das Mädchen sah, trat er wieder aufs Gas. Dann kamen mehrere Motorroller. Auf einem saß ein Mann, der Englisch sprach.

»Woher kommen?«, fragte er Dag fröhlich. »Wie heißen?«

»Diese Frau muss zu einem Arzt«, sagte Dag zu ihm. »Gibt es in Tuy Hoa ein Krankenhaus?«

Der Mann zuckte hilflos die Achseln und fuhr weiter.

Die junge Frau hustete und stöhnte. Ein Windstoß blies durch die grünen Reispflänzchen, wirbelte sie zu hübschen Mustern und kräuselte das Wasser in den Bewässerungskanälen. Mir kam in den Sinn, wie eigenartig es doch war, dass jemand an einem derart poetischen Ort sterben könnte. Wir warteten eine Stunde lang. Leute starrten uns an, gingen weiter und wurden durch andere Neugierige ersetzt. Niemand schien die geringste Notiz von der jungen Frau zu nehmen.

Endlich blieb ein Minibus stehen. Laute Rockmusik dröhnte aus dem Wagen, in dem mehrere Männer saßen.

»Wo kommt ihr denn her?«, rief uns der Fahrer zu und lehnte sich dabei aus dem Fenster.

Er hatte vietnamesische Gesichtszüge, sprach aber mit einem amerikanischen Akzent und einem Kaugummi im Mund. Hinter ihm saßen zwei Männer, die eine Menge Goldschmuck trugen.

»Ich heiße Joe, ich wohne in Santa Barbara!«, fuhr er fort und reichte Dag die Hand.

»Wir müssen das Mädchen in ein Krankenhaus bringen«, sagte Dag zu ihm.

Joe besprach sich mit den Männern auf dem Rücksitz.

»Wir können sie nicht mitnehmen, das würde eine Menge Ärger machen. Aber wir holen die Polizei.«

Er sprach mit einem der Bauern, der uns anstarrte, und drückte ihm etwas Geld in die Hand.

»Es könnte ein paar Stunden dauern, bis die Bullen kommen. Der Typ da kümmert sich bis dahin um sie. Nur keine Sorge, okay?«

Er fuhr los und winkte uns durchs Fenster zu. Wir saßen noch eine halbe Stunde am Straßenrand.

»Wir können hier nichts mehr tun«, sagte Dag schließlich. »Wir sollten uns wieder auf den Weg machen.«

Ich hob mein schwer beladenes Fahrrad mühsam auf und begann es zu schieben. Doch dann setzte ich mich in den Sattel und trat mit aller Kraft gegen den Wind in die Pedale. Ich wollte so schnell wie möglich weg von diesem Ort. Nur einmal sah ich mich noch um. Die junge Frau lag ganz still da, und der Bauer stand neben ihr. Sie sahen aus wie Figuren auf einem Gemälde. Nichts hatte sich geändert. Und auf unserer heißen, staubigen und ermüdenden Fahrt nach Tuy Hoa begegneten wir auch keinem Polizeiwagen.

Axel Brümmer und Peter Glöckner

Radsafari zwischen Giraffen und Massai

In Kairo erfuhren Axel und ich, dass die Chancen auf eine Einreise in den Sudan immer noch äußerst gering waren, zumal die politische Situation – im Süden des Landes tobte ein Bürgerkrieg – ohnehin nichts Gutes ahnen ließ. Unsere Visa würden wir, wenn überhaupt, frühestens nach sechs Wochen erhalten. Die Anträge und eine Empfehlung von der deutschen Botschaft in Kairo hatten wir gerade erst vor reichlich zwei Wochen eingereicht. Das Schreiben hatte uns zwanzig Mark, aber auch die Erfahrung gekostet, dass der deutsche Bürokratismus im Vergleich zum sudanesischen überraschend erträglich ist.

Trotz Empfehlung und unserer vorschriftsgemäß eingereichten Einreiseformulare machte uns die sudanesische Botschaft nicht viel Hoffnung, nur eine ungenaue Angabe der möglichen Wartezeit. Zeit, die wir nicht hatten, weil in einem Monat die Regenzeit beginnen sollte. Außerdem hatten wir längst den Glauben an eine Einreise verloren. Sudan und Ägypten standen sich infolge der Auswirkungen des Kuwaitkonflikts schon zu verfeindet gegenüber. Notgedrungen stiegen wir auf ein anderes Verkehrsmittel um. Als erschwinglich erwiesen sich nur die Flüge nach Nigeria oder Kenia – beide kosteten je knapp vierhundert Dollar. Die Entscheidung fiel zugunsten Kenias aus, weil bei diesem Flug der Transport der Fahrräder umsonst war.

Während wir flogen, riss der bis dahin noch dichte Wolkenteppich auf und gab uns den Blick auf die Wüste frei, die wir eigentlich vom Fahrradsattel aus kennenlernen wollten. Eingeschlossen vom Wüstensand, windet sich der Nil, sein Ufer ist gesäumt von Feldern und Bewässerungskanälen. Wir genossen den Blick auf das Sandmeer mit all seinen zauberhaften Landschaften, geformt von Cañons, Flugsand, Salzkrusten und Wind. Felsige Schluchten, Ebenen, trockene Seen. Wie schön wäre es gewesen, dieses Land mit dem Fahrrad zu durchqueren. Bis heute habe ich diese unvergleichlichen Bilder im Kopf.

In Kenia angekommen, gefielen mir die Landschaft und die Straßen auf Anhieb. Das Land unterschied sich vom schmutzig grauen Ägypten – hier war alles grün. Ich vermutete damals, dass die üppige Vegetation Folge einer gerade vorübergegangenen Regenzeit gewesen sein könnte.

Glücklicherweise blieb in Kenia auch das Hupen der Lastwagen aus, und so konnten Axel und ich ganz entspannt mit unseren Rädern auf den guten Straßen in Nairobis Zentrum rollen. Allein der Linksverkehr war anfangs etwas ungewohnt. Die Stadt machte einen modernen Eindruck, die Häuser aber waren alle abgesichert, die Fenster vergittert. Es war die erste Stadt, in der wir uns als Weiße fremd vorkamen.

Den Äquator hatten wir bereits überquert. Mich ließen die Temperaturen von etwa 24 Grad Celsius erschauern – im Vergleich zu Ägypten, wo ich von vierzig bis fünfzig Grad geradezu verwöhnt worden war, empfand ich das als empfindlich kühl. Auf dem Weg in die Stadt fielen dann auch die ersten Regentropfen seit Jugoslawien.

In Nairobis Zentrum trafen wir zwei Studentinnen, mit denen wir ins Gespräch kamen.

»Wisst ihr, wo man hier schlafen kann?«, fragte Axel.

»Zwei Kilometer weiter gibt es ein Hotel.«

»Geld wollten wir fürs Übernachten eigentlich nicht ausgeben«, erinnerte ich Axel.

»Stimmt. Kann man nicht irgendwo draußen schlafen?«

»Schon. Ihr könnt es versuchen. Aber ihr solltet vorsichtig sein, eure Sachen im Blick haben und am besten immer ein Auge offen halten. Die Kriminalität in der Stadt ist ziemlich hoch. Wir haben schon oft gehört, dass hier Reisende mindestens einmal bestohlen und im schlimmsten Fall Opfer eines bewaffneten Überfalls geworden sind.«

Wir bedankten uns. Diese Auskunft war wichtig, wenn auch nicht überaus ermutigend. Nun blieb uns nichts anderes übrig, als bei der Suche nach einem geeigneten Schlafplatz besonders auf unsere Sicherheit zu achten. Ohne Grund brachte sicher niemand Gitter vor den Fenstern an.

Auch das Haus, vor dem wir auf der Straße schlafen wollten, wurde von zwei Wächtern Tag und Nacht »beschützt«. Wegen der schwarzen Kleidung und ihrer Hautfarbe waren sie in der Dunkelheit kaum zu ahnen. Beide hatten Pfeile und Bogen geschultert. Die Pfeile hatten Stahlspitzen mit hässlichen Widerhaken. Überflüssig zu erwähnen, dass wir uns in dieser Nacht sicher fühlten.

Der nächste Tag wartete mit einem unvergesslichen Erlebnis auf uns. Nairobis Stadtzentrum lag vierzig Kilometer hinter uns. Wir durchquerten die Grassteppe, vorbei an vereinzelt wachsenden Büschen.

»Wir sollten einfach mal anhalten und den Fotoapparat herausholen.«

Axel stieg vom Rad, und seine Idee, eine Pause einzulegen, kam ihm tatsächlich im richtigen Moment.

»Mensch, Axel«, rief ich. »Da vorn stehen Giraffen.«

Anstelle eines freudestrahlenden Gesichts erntete ich nur einen Zeigefinger an Axels Stirn.

»Kaum in der Steppe, und schon geht deine Phantasie mit dir durch.«

Ich ließ mich trotzdem nicht abbringen.

»Ich kann es ja selbst nicht fassen, aber da vorn stehen wirklich zwei Giraffen!«

Wir stürzten los, Axel auf dem Rad, ich zu Fuß. Durch Dornengestrüpp und hohes Steppengras. Von Weitem hatte ich nur die Giraffen mit ihren langen Hälsen sehen können. Je näher wir aber kamen, um so mehr Tiere wurden sichtbar. Antilopen, die offensichtlich einen ganz bestimmten Sicherheitsabstand einhalten wollten und sich mit uns wegbewegten. Zebras, die erst davonstoben, als wir uns schon bis auf wenige Meter genähert hatten.

Wir begannen unseren fotografischen Amoklauf. Giraffen aus hundert Meter Entfernung, achtzig Meter, sechzig und weniger. Zwei komplette Filme mussten herhalten.

Langsam und bedächtig zupften die Giraffen, denen das hohe Steppengras bis an die Knie reichte, die Blätter von den Bäumen. Ebenso majestätisch galoppierten sie davon, als wir ihnen zu nahe kamen. Ihre Körper bewegten sich kraftvoll fort, die Hälse schwangen leicht mit, aber die Köpfe verblieben ruhig in derselben Position. Ein zeitlupengleicher Anblick. Und mittendrin standen Axel und ich. Wir fühlten uns wie im Traum. Besser noch, wie im Paradies. Ich sprach aus, was wohl auch Axel dachte.

»Wenn die Welt überall so schön ist wie hier in Afrika, brauchen wir für unsere Reise noch drei Jahre länger.«

Dieser Moment war ein guter Zeitpunkt für Axel, zumindest den zeitlichen Teil seines akribisch vorbereiteten Reiseplans aufzugeben.

»Du hast recht«, meinte er. »Garantiert werden wir auch woanders solche schönen Überraschungen erleben. So etwas kann man einfach nicht planen.«

Wir fuhren bereits durch Massailand. Die Massai hatten damals durch den Mau-Mau-Aufstand von sich reden gemacht und sollen auch jetzt noch sehr rabiat gegen Weiße vorgehen. Sie lassen sich nach unseren Erfahrungen nur äußerst ungern fotografieren. Nach der Unterdrückung durch die englischen Kolonialherren empfindet dieser afrikanische Völkerstamm jetzt tiefes Misstrauen gegenüber Fremden, vor allem aber Fotoapparaten. Sie glauben, dass ihre Seele durch das Klicken des Auslösers gestohlen wird. Nur selten konnte Axel einen vom Gegenteil überzeugen – meist wollten sie als Gegenleistung Geld. In der Steppe trafen wir auf einen Massai, der uns für ein Foto wie geschaffen schien. Uns war klar, dass dies ohne seine Zustimmung gefährlich werden konnte. Wie viele andere seines Stammes war er mit Speer, einer handlichen Keule und einem großen Messer bewaffnet. Weil wir uns anders schlecht verständlich machen konnten, hob Axel seinen Fotoapparat langsam in Brusthöhe. Der Massai antwortete mit einer unmissverständlichen Gebärde, indem er seinen Speer, den Mguki, über seiner Schulter auf uns gerichtet hielt. Wir empfanden diese Geste aber nicht etwa als Drohung. Das Ganze war einfach nur ein Dialog ohne Worte und ohne Emotionen, den wir entspannt fortführen konnten, als die Fronten geklärt waren.

Die Massai sind Hirten, ein Nomadenvolk. Sie sind vom Norden her in diese Gegend eingewandert, von der die meisten Wissenschaftler vermuten, dass hier der Ursprung der Menschheit ist. Die Kuhherden der Massai sind in der Steppe nicht zu übersehen. Ihr Volk hat weltweit den höchsten Milchverbrauch.

Die Farbe Rot dominiert in den bunten tuchartigen Gewändern der Leute. Sie tragen Unmengen Messingschmuck um den Hals und in den Ohren, und fast alle haben Sandalen an, die offenbar aus alten Autoreifen gefertigt wurden.

Außer dem Fotografieren machten die Massai Axel und mir auch das Übernachten nicht leicht. Wenn jemand ungefragt auf ihrem Land übernachtet, können sie recht unfreundlich reagieren. Angeblich glauben die Massai, dass Menschen, die in der Steppe schlafen, etwas zu verbergen haben. Ein vernünftiger Mensch schläft im Dorf, wo er vor Löwen, Unwetter und anderen Gefahren geschützt ist.

Vor einigen Rundhütten aus Lehm und getrocknetem Kuhmist, in denen Massai lebten, konnten wir an diesem Abend unser Lager aufbauen. Natürlich erst, nachdem wir sie um Erlaubnis gefragt hatten. Zu meinem Erstaunen erwiesen sich die Massai hier als ungemein aufgeschlossen und freundlich. Sie interessierten sich vor allem für den Inhalt unseres Gepäcks. Sie packten einfach alles aus.

»Braucht ihr das noch?«, fragte einer und hielt mir einen Kugelschreiber vor die Nase.

Ich verneinte. Er steckte ihn ohne ein Wort ein.

»Brauchst du das noch?«

Die Zeltstangen, mit denen wir unser Moskitonetz stützten – natürlich brauchte ich die.

Er steckte sie zurück. Das Spiel setzte sich ewig fort mit Sicherheitsnadeln, leeren Blechbüchsen – all das konnten sie gebrauchen. Allerdings nahmen sie es, nachdem sie gefragt hatten, ohne ein Wort des Dankes an sich. Schließlich durfte ich die gesamte Familie auf Film bannen.

Ein wenig verwunderte uns diese Art der Bereicherung anfangs schon. Je mehr wir darüber nachdachten, umso besser verstanden wir die schlichte Logik, die sich hinter diesem Verhalten verbarg. Was sollten wir mit Dingen, die wir sowieso nicht brauchten? Die ohne wirklichen Nutzen für uns und für die Massai doch so wichtig waren? Erfahrungen wie diese sollten wir in den folgenden Jahren noch oft machen.

In dieser Nacht schliefen wir wie im siebenten Himmel, abgesehen von den ägyptischen Flöhen, die immer noch unsere Schlafsäcke bewohnten. Am frühen Morgen lag ein schwerer Nebel im Tal zwischen den Hügeln. Erst allmählich lichtete er sich und gab den Blick auf die von uns so verhasste Wellblechpiste wieder frei.

Unmittelbar hinter Namanga hatte sich schlagartig der Untergrund verschlechtert. Aus der Sandstraße wurde eine unangenehme, bucklige Piste. Den Vergleich mit dem Wellblech ziehe ich zu Recht, denn er beschreibt das Dilemma, mit dem wir zu kämpfen hatten. Axel und ich kamen nur noch mit Mühe vorwärts. Die ungleichmäßigen Stöße, die ich ständig zu spüren bekam, wurden von meinem Rad nur wenig abgefedert. Zusätzliche Unterbrechungen lieferte der lockere Sand, der die Piste bedeckte. Immer wieder zwang er uns zum Schieben und wenige Kilometer weiter schließlich auch zur Aufgabe.

Wir waren wütend, ließen unsere Fahrräder fallen. Erst viel später, in Australien, konnten wir uns mit den Wellblechpisten versöhnen. Man muss sie mit einer besonderen Technik fahren. Langsam und ganz nahe am Rand, wo die Huckel nicht mehr so hart sind. Und am wichtigsten ist, nicht dagegen anzukämpfen, sie hinzunehmen wie etwas Unvermeidliches, wie Gegenwind zum Beispiel. Aber hier in Afrika war es zum Verzweifeln. Es dauerte nicht lange, und wir bekamen Kopfschmerzen. Den größten Teil der Strecke zum Amboseli-Nationalpark legten wir schiebend zurück, weil sie einfach nicht besser wurde. Der Park liegt südlich von Nairobi, nicht weit entfernt von der Grenze zu Tansania, die wir in den nächsten Tagen bei Loitokitok überqueren wollten. Am Abend konnten wir schon den von Schnee bedeckten Kilimandscharo im Dunst über der Steppe aufragen sehen, obwohl er jenseits der Grenze liegt.

Es gab aber noch einen anderen Grund dafür, dass wir nicht recht vorankamen. Ständig warfen wir unsere Räder an den Rand der Straße, um mit dem Fotoapparat irgendwelchen Giraffen hinterherzurennen. Oder wir folgten irgendeiner Piste und setzten uns hin, um dem Vogelzwitschern zu lauschen. Manchmal starrten wir auch einfach nur in die Ferne, dorthin, wo der Regenwald die Berge umgab. Oft schoben wir unsere Räder, und selbst dann waren wir noch zu schnell, um die Schönheiten dieser Gegend zu erfassen.

Die restlichen Kilometer bis zum Nationalpark bewältigten wir mit ein wenig Glück in relativ kurzer Zeit. Zwei junge Pärchen aus England nahmen uns in ihrem Kleinbus zum Park mit. Dort ist das Radfahren wegen der wilden Tiere verboten. Zwei Tage verbrachten wir mit ihnen auf »Safari«. Die Gegend war weitläufig und kahl. Schon hier war fast die Hälfte des Bodens unter uns mit Vulkangestein bedeckt, obwohl der Kilimandscharo noch weit entfernt war.

Am letzten Morgen im Amboseli-Park mussten wir uns den Vorwürfen der Polizei stellen, die uns für die Nacht einen Raum zum Schlafen gegeben und uns die Räder zur Sicherheit abgenommen hatte. Schließlich durften wir damit nicht im Park fahren. Die Parkranger hatten wohl die ganze Nacht gebraucht, um sich irgendetwas einfallen zu lassen, das sie nun gegen uns verwenden konnten. Es war ganz offensichtlich, dass sie auf Schmiergeld aus waren.

»Sie hätten in einem Hotel übernachten müssen«, rief einer von ihnen.

Axel konnte diesen Vorwurf schnell entkräften. Einerseits waren die Zimmerpreise für uns wirklich unerschwinglich, und außerdem waren alle Betten belegt. Es wurde aber noch besser.

»Es war doch aber Ihre Absicht«, setzte ein anderer an, »mit den Rädern im Park herumzufahren.«

»Wir waren die ganze Zeit gemeinsam mit unseren englischen Freunden im Kleinbus unterwegs«, sagte Axel ruhig. »Unsere Fahrräder haben wir ja bei Ihnen stehen lassen.«

Beim letzten und verblüffendsten Vorwurf ließen sich die Beamten nur schwer von etwas anderem überzeugen. Das Horn einer Antilope, das Axel kurz hinter Nairobi am Straßenrand aufgelesen hatte und das seitdem am Fahrradlenker sein Dasein fristete, war der Stein des Anstoßes und wurde konfisziert.

»Es ist verboten, Überreste von Tieren aus dem Nationalpark mitzunehmen«, erklärten uns die Polizisten, die nicht glauben wollten, dass Axel es gefunden hatte.

Nun passierte etwas Erstaunliches.

»Entweder ihr schnitzt uns aus Holz einen Ersatz, oder ihr gebt mir das Horn zurück«, sagte Axel betont konsequent. »Ich brauche es als Fahrradständer.«

Seltsamerweise ging Axels Rechnung auf. Solche Schmiergeldspielchen sollten sich in anderen Ländern wiederholen.

Mit dem Antilopenhorn und unseren Fahrrädern erschienen wir wenig später bei den Engländern. Wir starteten gemeinsam, nachdem wir die Räder auf dem Dach des Busses verstaut hatten, und ließen uns wegen der schlechten Straße noch bis Loitokitok mitnehmen.

Über Feldwege radelten wir nach Tansania und meisterten das kleine Problem an dem winzigen Grenzübergang, der eigentlich gar nicht für Ausländer bestimmt war.

Nicht nur die Landschaft hatte sich mit unserer Ankunft in einem weiteren afrikanischen Land verändert. Sie erinnerte mich an den Nadelwald, den ich von zu Hause kannte.

Hier, im Osten Afrikas, lebte ein völlig anderer Völkerstamm. Die Frauen trugen wunderschöne, farbenfrohe Stoffe, bunte Röcke und Tücher. Jede schien eine andere sorgfältig durchdachte Wickeltechnik zu haben. Die eine trug ihr Tuch wie einen Poncho. Die andere schlug es sorgfältig um ihre Hüfte oder band es über der Brust zusammen. Auf Schmuck verzichteten Frauen wie Männer hier fast vollständig. Bunte Hemden und Kopftücher vollendeten ihr Erscheinungsbild. Die meisten trugen nicht nur das Kopftuch, sondern noch irgendetwas darüber. Einen Eimer oder Bananenstauden, die unglaublich groß sein können.

Die Schulkinder stecken allesamt in kleinen Schuluniformen. Zu Dutzenden von Schulen weisen Schilder mit Aufschriften wie »school«, aber auch »shul« – Überbleibsel aus Zeiten englischer und deutscher Kolonialzeit.

Die Rinderzucht spielt für das Überleben in dieser Gegend Tansanias keine Rolle mehr. Die Menschen betreiben Ackerbau und leben dort, wo es sich lohnt, vom Holzfällen.

Die Piste hatten wir gleich zu Beginn unserer neuen Tagestour gegen Waldpfade getauscht und kamen anfangs auch deutlich besser voran. Mit den kleinen Feldern, welche die waldigen Strecken unterbrachen, wurden aber auch die Wege zusehends schlechter. Wir entschlossen uns also, wieder mit der Piste vorliebzunehmen. Die war anfangs zwar in bedeutend besserem Zustand, als wir es von Kenia kannten, machte uns aber bald mit ihrer feinen Staubschicht zu schaffen. Später wurde sie dann unerträglich holprig.

Glücklicherweise wurden wir auf unserer Reise für die zahllosen Anstrengungen immer wieder entschädigt, durch Dinge, die wir neu kennenlernten, durch die Landschaft und Menschen, die uns mit köstlichen landestypischen Mahlzeiten verwöhnten. Am Abend kamen wir in einer katholischen, sehr gepflegten Mission unter, die sich mit einer Kirche in einem leicht gotischen Stil schmückte; wahrscheinlich die schönste, die ich bis dahin auf diesem Kontinent gesehen hatte. Der Priester gab uns nicht nur ein Zimmer, das uns vor dem am frühen Morgen einsetzenden Regen bewahrte, sondern lud uns zu Abendbrot und Frühstück mit den Missionsangehörigen ein. Die Auswahl war unendlich. Wir probierten zum ersten Mal die Passionsfrucht und erfuhren, dass hier 15 verschiedene Bananenarten wachsen. Für Wein, Bier und zum Kochen.

In Marangu wollten wir endlich Geld tauschen. Es sollte dafür ein Hotel geben. Dort erhielten wir vom Mann an der Rezeption schließlich diese Auskunft:

»Ich tausche euer Geld, wenn ihr in meinem Hotel übernachtet.«

Für hundert Dollar pro Person. Das konnten wir uns wirklich nicht leisten. Axel gab ihm zu verstehen, dass wir schon seit Tagen mit unseren Rädern in Tansania unterwegs waren und ohne die passende Währung auch nichts kaufen konnten.

»Ich würde nie mit dem Fahrrad in Tansania herumfahren«, sagte er. »Und wie ihr das Geld tauscht, ist euer Problem.«

Weil wir weder den aktuellen Kurs kannten noch wussten, wie die tansanischen Geldscheine aussahen, war auch der Tausch auf der Straße keine wirkliche Alternative. So mussten wir ohne Geld weiterziehen.

Wir überprüften unsere Lebensmittelvorräte. Eigentlich stand einem Aufstieg auf den Kilimandscharo nichts entgegen. Noch war uns nicht ganz klar, wie wir die Wächter am Eingang und im Kilimandscharo-Nationalpark umgehen würden. Wir versuchten es einfach, indem wir unsere Räder durchs Tor schoben und so taten, als wüssten wir von nichts. Ganze zweihundert Meter weit kamen wir. Der Kassierer klärte uns freundlicherweise über die Eintrittsbedingungen auf, die an Kostspieligkeit schwer zu überbieten waren. Fahrräder waren im Park verboten. Vierhundert Dollar für obligatorische Übernachtungen in Hütten, Träger, Führer, Essen, Eintrittsgeld oder sogar Urkunden – als Beweis für die erfolgreiche Bergbesteigung. Unser Aufstieg rückte, nachdem wir die Preise erfahren hatten, erst einmal in weite Ferne.

Trotzdem hatten uns vor einiger Zeit Mitarbeiter der DDR-Botschaft in Daressalam Hoffnungen gemacht, die wir in der Gegend trafen.

»Wenn ihr es einmal durch das Tor geschafft habt, müsst ihr nicht mehr mit Kontrollen rechnen.«

Die Übernachtungen in den Hütten und alle anderen Angebote der Parks fielen damit natürlich auch weg. Kein großer Verlust für uns. Wenn wir irgendetwas gewohnt waren, dann wohl Nächte im Freien.

Unsere Räder ließen wir in einer Kirche zwei Kilometer unterhalb vom Eingang sicher einschließen und liefen nur mit dem allernötigsten Gepäck in Richtung Berg. Den skeptischen Wächter am Tor beruhigten wir, indem wir ihm von einer geplanten Übernachtung in einer Herberge unweit vom Eingang erzählten.

Es war früh am Abend. Bei Tageslicht kamen wir durch den Regenwald am Fuße des Berges. Ohne Machete oder ein anderes Hilfsmittel stürzten wir einfach drauflos. Wir merkten, dass es fast vermessen war, so den Dschungel bezwingen zu wollen. Immer wieder mussten wir vor Büschen und miteinander verwachsenen Bäumen haltmachen und einen Weg hindurch suchen. Es war ein regelrechter Kampf gegen das dunkle Grün des Waldes. Vorsichtig schlichen wir uns weit genug entfernt an der ersten Hütte vorbei, die am Rand zwischen Baum- und Grasgürtel lag. Bis kurz hinter die zweite Hütte schafften wir es. Dann verließ uns das Mondlicht und Axel die Kraft. Im Vorfeld waren wir natürlich auch gewarnt worden. Vor den Gefahren, den wilden Tieren im Wald. Wildkatzen sollte es hier zuhauf geben. Ich muss zugeben, dass sich meine besorgten Blicke in alle Richtungen nach Einbruch der Dunkelheit mehrten. War das nicht gerade ein funkelndes Augenpaar hinter den Baumstämmen? Ein Schreck durchfuhr mich. Was würden wir eigentlich tun, wenn uns so eine Raubkatze gegenüberstand? Ich jedenfalls hatte jetzt kaum noch Kraft zu laufen, geschweige denn auf einen Baum zu klettern. Wieder dieses Glühen, dieses Funkeln, diesmal in einer ganz anderen Ecke. Können Wildkatzen so schnell von einem Ort zum anderen laufen? Oder waren es gar mehrere? Sah ich Gespenster?

Axel hatte ich längst in meine Befürchtungen eingeweiht. Nun zitterten wir gemeinsam. Ich wurde mutig, vielleicht auch ein bisschen lebensmüde, und entschloss mich, der Sache auf den Grund zu gehen. Was sollten die Viecher schon an mir finden? Mager, wie ich war? Ich steuerte vorsichtig dieses Augenpaar an, bemüht, auch die Umrisse zu erkennen. Ohne Erfolg. Es war zu dunkel. Oder gab es gar keine Umrisse? Das war es. Jetzt hatte ich eine wahre Erleuchtung.

»Axel, es sind Glühwürmchen. Gemeine Glühwürmchen«, rief ich.

Ich konnte mir das Lachen kaum noch verkneifen. Sie waren einfach überall, unsere vermeintlichen Raubkatzen.

Es wurde Zeit, dass wir uns endlich ausruhten. Wir waren ganz offensichtlich völlig übermüdet.

Unter einem überhängenden Stein wollten wir die Nacht in 3900 Meter Höhe verbringen. Wir trugen alles an unseren Körpern, was wir zur Verfügung hatten, legten uns dicht aneinander und umwickelten uns gemeinsam mit Aluminiumfolie. Nur wenige Minuten vergingen, bis sich Kondenswasser am Boden der Folie gesammelt hatte. Wir ließen uns nicht stören – dank unserer atmungsaktiven Bekleidung, die in dieser Nacht wirklich ganze Arbeit leistete. Die wachen Minuten in der Dunkelheit füllten Dialoge wie diese:

»Los, Axel, wir müssen uns unbedingt mal wieder auf die andere Seite drehen.«

»Peter, komm, Seitenwechsel!«

Wir fanden tatsächlich etwas Schlaf, bevor uns die Kälte am Morgen aufscheuchte. Das Wasser, das sich am Boden unserer Plane gesammelt hatte, war zum größten Teil gefroren. Bei Axel stellte sich, kurz bevor wir an diesem Morgen aufbrechen wollten, die Höhenkrankheit ein – er hatte Kopfschmerzen, ihm war übel und schwindlig. Ich nahm sein Gepäck den weiteren Weg für ihn mit. Er würde sich früh genug revanchieren, was ich zu diesem Zeitpunkt aber noch nicht ahnen konnte. (…)

Wir waren immer noch sehr erschöpft. Im Moment konnte ich mir kaum vorstellen, dass wir uns an diese Temperaturen beim Radfahren – 35 Grad – schon einmal gewöhnt hatten. Eigentlich würde uns beiden Erholung von den körperlichen Strapazen der vergangenen Tage mehr als guttun. Auf dem Weg nach Moshi hielten wir schon Ausschau nach Kirchen oder Missionen, in denen wir sicher schlafen könnten. Ohne Erfolg. Bis eine Afrikanerin in einem Geländewagen an uns vorbeifuhr und wenige Meter vor uns anhielt.

»Ihr sucht sicher einen Platz, wo ihr über Nacht bleiben könnt?«, fragte sie in gebrochenem Englisch.

»Woher wissen Sie das?«, fragte Axel erstaunt.

»Ihr seht beide ziemlich abgekämpft aus. Ihr könnt gern bei mir und meinem Mann bleiben. Ich muss ihn nur fragen, wenn er von der Arbeit nach Hause kommt.«

Wir waren überglücklich. Die große üppige Frau mit dem kurzen krausen Haar zeigte uns den Weg zu ihrem Haus. Ohne dass wir ein Wort über unsere leeren Mägen verloren, stellte uns unsere Gastgeberin, Mama Ringo, etwas zu essen hin. Wir konnten uns auch waschen, und ich inspizierte endlich meinen schmerzenden Zeh. Das Ergebnis: zwei offene Blutblasen, aufgerissene Stellen ohne Haut. Der Nagel war abgebrochen. Der Zeh eiterte und war hoffnungslos verdreckt. Ich säuberte, schnitt heraus und desinfizierte. Antibiotika und ein leichter Verband ließen jetzt auf Heilung hoffen.

Es war spät geworden, und die Bekanntschaft mit Ringos Mann, einem »Bankier«, stand uns noch bevor. Er war entgegen unseren Befürchtungen sehr aufgeschlossen, hochinteressiert und lud uns ein, ein paar Tage zu bleiben. Wie sich herausstellte, war er vor knapp zehn Jahren in Deutschland und Ostberlin gewesen.

Ich begann, mich wohlzufühlen. In unserem angeschlagenen Zustand kam uns das Haus mit seinen netten Gastgebern, den weichen Betten und den üppigen Mahlzeiten wie ein Paradies vor. Ich war nicht weit davon entfernt, hier ewig Station zu machen.

Am nächsten Tag befasste ich mich mit unseren Testberichten zu den Fahrradmänteln, die wir während unserer Reise überallhin kostenlos nachgeschickt bekamen. Der

Hersteller war einer unserer wenigen Sponsoren, die Axel vor unserer Reise gefunden hatte. Als Gegenleistung erstellten wir Belastungskurven und Abnutzungsdiagramme über die Lebensdauer der Fahrradmäntel. Es hat uns Spaß gemacht, die Berichte zu erarbeiten. Irgendwie hat das Ganze unserer Reise auch einen Sinn gegeben. Und wir hatten den Eindruck, als würden die Mäntel im Lauf unserer Tour immer beständiger. Anfangs hielten sie etwa zweitausend Kilometer. Die letzten, die wir erhielten, brachten es auf 17 000 Kilometer – mehr als das Achtfache.

Nach fünf Tagen in Mama Ringos gastfreundlichem Haus wollten wir uns schließlich wieder auf den Weg machen. Am 3. Oktober 1990, dem Tag, an dem Deutschland wiedervereinigt wurde, radelten wir weiter in Richtung Arusha. (…)

Tilmann Waldthaler

Die indische Wirklichkeit

Noch an Bord der Fähre erlebte ich ein Schauspiel, das mich hätte einstimmen können, wenn ich es nur richtig verstanden hätte. Da wurde ein grüner Mercedes ausgeladen, ein nagelneues, lackglänzendes Fahrzeug, wie es 1979 im armen Süden Indiens etwa so häufig anzutreffen war wie ein Rolls-Royce in der DDR. Hunderte von Menschen bevölkerten den Kai. Und etliche von ihnen unterzogen das famose Automobil auch einer eingehenden optischen Prüfung. Wo aber ballten sie sich, wo gab es lautes Rufen, Fragen, ungeteiltes Interesse? Rund um mein Fahrrad, das irgendwann ebenfalls aus dem Bauch des riesigen Schiffes herausgeschoben wurde!

Man zog an den Bremshebeln, fingerte an der Schaltung herum, wackelte am angelöteten Gepäckträger und untersuchte die Funktion des Umwerfers über dem zweiten vorderen Kettenblatt. Trauben von Menschen, die sich da von etwas fasziniert zeigten, das in einer vergleichsweise spartanischen Form ein wichtiger Teil ihres Alltags war. Stellen Sie sich ein paar Kids von heute vor, die plötzlich Mr. Spocks »Beam-me-up-Scotty«-Apparatur als Weiterentwicklung ihres Handys vor sich haben! Nur dass die Inder viel neugieriger sind und deutlich temperamentvoller. Das Wort »cool« existiert für sie im heißen Süden nicht. Und ich schwitzte Blut und Wasser, bis ich mich endlich durch die Massen zu meinem lieben Fahrrad durchgekämpft hatte.

Zum ersten Mal erkannte ich da, dass die Inder überaus ehrliche Leute sind. Es war noch alles da! Nur schauen wollten sie, sich eine Meinung bilden, lauthals darüber diskutieren – und in der tröstlichen Gewissheit heimgehen, dass sie ja mit Leichtigkeit ein mindestens dreimal so gutes Fahrrad konstruieren könnten – wenn, ja, wenn sie nur die Möglichkeiten dazu hätten …

Damals in Madras amüsierte mich dieses Interesse noch. Kurz darauf aber raubte es mir den letzten Nerv. Denn das gleiche Schauspiel wiederholte sich, wo immer ich anhielt! Ich konnte nirgends nach dem Weg fragen, ohne Mittelpunkt eines Menschenauflaufs zu sein. Wenn ich vom Klo zurückkam oder aus einem der zahlreichen kleinen Läden entlang der Straßen – da waren sie, die sich ereifernden Inder. Sie fingerten an allen Teilen des Fahrrads herum, examinierten das Gepäck, versuchten es sogar zu öffnen. Einmal herrschte ich einen dieser allzu Neugierigen an, womit seiner Ansicht nach meine Packtaschen wohl gefüllt seien. Er schaute mich an und meinte dann ganz unschuldsvoll: »Mit Geld?«

Zu Anfang dachte ich noch, ich würde vielleicht weniger Aufmerksamkeit erregen, wenn ich mich landestypisch kleidete. Jeans und T-Shirt wanderten also in die Hecktaschen, stattdessen trug ich einen flatterigen Umhang und Beinkleider, wie sie durch Mahatma Gandhi auch im Westen zum Begriff wurden. Es half nichts. In äußerster Not beschloss ich sogar, auf Bart und Haupthaar zu verzichten – aber das sah dermaßen schrecklich aus, dass ich mich drei Wochen lang in einem Ashram verkroch, bis die kahlsten Stellen wieder von frischem Flaum bedeckt waren.

Apropos Ashram: Diese Orte der Innerlichkeit und Zurückgezogenheit waren tatsächlich die einzigen, an denen ich Ruhe vor den aufdringlichen Massen hatte! Auch das war sicherlich ein Grund, warum ich mich gerne dort aufhielt.

Kaum war ich jedoch »draußen« in der indischen Realität des Wuselns, Lamentierens, des hektischen Herumfingerns und Hinterherrufens, befand ich mich mehr oder weniger auf der Flucht. Doch entgehen konnte ich dem Ganzen selbst durch heftiges Pedalieren nicht. Viele Hunde sind des Hasen Tod.

Immer wieder diese Spielchen mit den einheimischen Radfahrern – auch sie allem Anschein nach voll auf dem Fahrradtrip!

Da sieht also solch ein Inder zum ersten Mal einen Europäer mit vollem Gepäck auf einem Velociped vorüberschweben, das ihm vorkommen muss, als wäre es einem leibhaftigen Science-Fiction-Film entsprungen. Und schon erwacht in ihm der innige Wunsch herauszufinden, ob er auf seinem tonnenschweren asiatischen Lastesel da wohl mithalten könne. Ob er am Ende, wenn er das Letzte aus sich herausholte, den Vorderreifen vielleicht sogar um ein paar Millimeter vorne haben könnte an irgendeinem imaginären Zielstrich am ersten Ortsschild von, sagen wir, Kanya Kumari.

Ich spürte, wie sie mir folgten. Wie sie zum Teil stundenlang hinter mir herfuhren. Einige schlossen auf, wechselten ein paar Belanglosigkeiten mit mir und blieben dann, solange sie konnten, an meiner Seite, stets sehr bemüht, mich nicht merken zu lassen, wie sie sich dabei verausgabten. Ich glaube, auch das ist internationales Radfahrerverhalten: Wenn sie dann spürten, dass sie sich unwiderruflich ihrem Leistungslimit näherten, brachten sie noch ein möglichst beiläufiges »Okay, Sir, ich glaube, ich muss dann jetzt weiter...« hervor, setzten zu einem furiosen Endspurt an und ließen sich erst einen halben Kilometer später wieder sehen. Unter irgendeinem Baum. Mit hochrotem Gesicht. Inmitten einer dichten Wolke Dampf.

Dabei hatten sie keine Chance! Sie mit ihrem verrosteten Stahlgestell ohne Schaltung, mit mahlenden Lagern und quietschenden Kurbeln gegen meinen maßgeschneiderten Randonneur mit kompletter Campagnolo-Ausstattung! Trotzdem probierten sie es. Und ich spielte ihr Spielchen mit, irgendwie.

Zugleich lernte ich, meine Kräfte einzuteilen. Ich durfte mein Tagesziel nicht völlig ausgelaugt erreichen, denn da galt es noch eine Bleibe zu finden, fürs Abendessen zu sorgen, vielleicht die Kleider zu waschen. Außerdem suchte ich ja den Kontakt zu den Menschen. Ich bemühte mich also darum, möglichst gleichmäßig zu fahren, ausdauerbetont. Mein Tagespensum lag bei 100 bis 120 Kilometern, manchmal etwas mehr, manchmal weniger. Solche Distanzen sind locker zu bewältigen, wenn es die Straßen und die klimatischen Bedingungen zulassen. Daran hat sich in all den Jahren nichts geändert: Auch wenn ich heute unterwegs bin, stehen in der Regel gut 100 Kilometer auf meinem Tagesprogramm. Inzwischen aber pausiere ich viel öfter. Ich nehme mir die Zeit, auch unterwegs mit den Menschen zu sprechen, und vor allem halte ich die schönen und die merkwürdigen Dinge rechts und links des Weges gern mit der Kamera fest.

In Indien ist alles öffentlich. Die Leute dort nehmen in Besitz, was ihnen begegnet. Sie belegen es mit Beschlag. Hellwach und wie elektrisiert reagieren sie auf alles, was aus ihrem träge dahinfließenden Alltag hervorragt – so, als trage jeder von ihnen seine eigene kleine Bild-Zeitung im Bewusstsein, die alles Ungewöhnliche umgehend bewertet und in zentimeterhohe Überschriften meißelt. Es wird also nicht nur wahrgenommen, sondern entweder mit enormer Begeisterung begrüßt oder ebenso nachdrücklich abgelehnt.

Bemerkenswert ist, dass ihre Wahrnehmung streng selektiert – und zwar nach Stand und Kaste. Wirkliche Resonanz ruft also nur etwas hervor, das einerseits engen Bezug zu den realen Lebensumständen der Menschen hat, sie aber in irgendeiner Form auch verzerrt. »Claudia Schiffer im Negligé auf dem Hamburger Fischmarkt«, wäre eine wunderbare Überschrift in der deutschen Bild-Zeitung. Die Inder hingegen erregten sich bei der Vorstellung: »Weißer bereist unser Land auf futuristischem Fahrrad«.

Vielleicht können Sie sich vorstellen, was auf besagtem Hamburger Fischmarkt los wäre, wollte Claudia Schiffer dort tatsächlich im Negligé erscheinen. Sollte dies geschehen, wäre jedoch dafür gesorgt, dass man ihr nicht zu nahe käme. Sie wäre geschützt. – Ich dagegen hatte keine Bodyguards, ich war zum Anfassen freigegeben.

Das sah dann ungefähr so aus: Ich fahre durch irgendeine kleine indische Stadt, entdecke eines der vielen Restaurants neben der Straße und beschließe, zwei, drei Rupien in eines jener formidablen vegetarischen Mittagessen zu investieren, die dort überall zu haben sind. Man behandelt mich voller Hochachtung, wie einen Politiker, wie einen bekannten Gelehrten. Mich, den Koch und Zuckerbäcker! Das Fahrrad darf ich mit in die Gaststube nehmen, manchmal sogar direkt bis an den Tisch.

So weit, so gut.

Dann aber dauert es keine drei Minuten, und der Raum beginnt sich zu füllen. Von überall her kommen die Neugierigen, und draußen auf der Straße geht es wohl um wie ein Lauffeuer: »Da sitzt er und isst – der mit dem futuristischen Fahrrad, der aus der Bild-Zeitung!« Während die weiter hinten drängeln, um etwas mitzubekommen, rücken die Vorderen näher und näher zu mir heran. Am Ende herrscht Tuchfühlung. Der Ober hat Mühe, mit dem bestellten Essen zu mir durchzukommen. Da sitzen sie und gaffen, kommentieren jede meiner Bewegungen, schauen mir zu, wie ich die Gabel zum Mund führe, wie ich kaue. Und schlucke.

50 Leute in einer winzigen indischen Gaststube! Und die Tatsache, dass ich mich an Papadam erfreue, den typischen Linsenwaffeln mit Minze und Tomaten, an einem opulenten Gewürzreis mit Safran, Kardamom und Rosinen, dass da eine gebackene Aubergine auf dem Tisch steht – mit Gemüse-Curry-Füllung! –, ich glaube, das weiß bald die ganze Stadt.

Ja, und dann wollen sie natürlich wissen, wie ich spreche. Wie es sich anhört. Was ich zu sagen habe. Denn das macht das Ganze ja noch viel exotischer! »Where are you from«, fragt der Erste, wo ich denn herkäme. Warum ich auf dem Fahrrad durch Indien führe und nicht in einem teuren Auto. Wie viel Geld ich hätte. Was in den Packtaschen sei. Wie teuer mein Fahrrad sei und was die ganzen Hebel zu bedeuten hätten.

Es war wie im Zoo – nur dass ich mich fühlte wie die Insassen hinter den Gitterstäben! Ich war nicht vorbereitet auf das Getümmel, es überforderte mich, es machte mich krank. Was machst du hier, fragte ich mich. Bist du jetzt übergeschnappt, verrückt geworden, dass du dich von wildfremden Leuten beim Essen angaffen lässt? – Und schon verschwand ich wieder für ein paar Tage in einem Ashram, meditierte, fand zurück in meine innere Mitte. Was mir dann sehr half, war die simple Erkenntnis, dass ich mich diesem ganzen Zirkus ja freiwillig aussetzte. Kein Mensch zwang mich! Mit den Wochen und Monaten meiner Reise entwickelte ich indische Gelassenheit, indischen Gleichmut. Ich überantwortete mich dem trägen braunen Fluss des Lebens, nahm das Chaos um mich herum in Kauf, ohne mich von ihm fortreißen und in Panik versetzen zu lassen.

Die Menschen, das war mir klar, konnte ich nicht verändern. Vielmehr musste ich mich anpassen. Ich machte mir klar, was sie in mir sehen mussten: die Verkörperung der äußersten nur vorstellbaren Freiheit! Keine Kaste, keine Abhängigkeit, keine Familie, kein Job, der die Lebenszeit regiert, offensichtlich auch keinerlei Probleme mit den Finanzen! Stattdessen reisen, fremde Länder und Menschen erfahren, ganz dem eigenen Antrieb folgen. Auf eine gewisse Weise war ich für sie wohl ein Guru.

Ja, und irgendwann begann ich dann, den Tiger zu reiten. Ich stellte mich ein auf die Leute, ich bediente ihre Träume. Ich löste mich von meinen so typisch europäischen Ängsten, man werde mich bestehlen, mich überfallen, ausrauben, mich mutterseelenallein und bargeldlos dem Schicksal überantworten. Ich wurde zum Inder und setzte mich frech an die Spitze des Spektakels. Ich vermietete mein Fahrrad!

Wichtigstes Accessoire für dieses revolutionäre neue Business war ein selbst gemachtes Schild: »Fahrrad mit Gangschaltung zu vermieten«. Mehr brauchte es nicht. Sobald ich mich morgens aus meinem Verschlag herausgepellt hatte, suchte ich einen einigermaßen offenen Platz, zog mit einem Stock einen großen Kreis und stellte das Schild neben mein Fahrrad. Das war schon alles an »Angebot«, der Rest war Nachfrage.

Die Sache war ein Selbstläufer. Eine Rupie kassierte ich, den Gegenwert einer indischen Cola. Das konnte sich der durchschnittliche Inder leisten. Zwei Runden innerhalb des Kreises durfte er dafür drehen, und als besonderer Clou galt, dass meine Packtaschen dabei »an Bord« blieben!

Der Zulauf war überwältigend. Kein charismatischer Wunderheiler hätte mehr Kundschaft in seinen Bann ziehen können. In Scharen standen die Inder um meinen Kreis herum, kommentierten die Versuche ihrer Landsleute, mit der rasselnden Schaltung klarzukommen, fingen sie auf, wenn sie nicht rechtzeitig die Kurve kriegten, lachten sie aus, wenn ihnen die Kette absprang und sie ins Leere traten. Ein herrlicher Spaß für alle.

Nach rund zwei Stunden packte ich mein Schild ein, bestieg mein Bike und radelte meiner Wege. In dieser Zeit hatten sich erstaunlicherweise stets zwischen 40 und 50 Rupien in meinen Taschen angesammelt, was damals in etwa zwei Dollar entsprach. Das reichte bequem zum Leben.

Ich gebe ja zu, zu Anfang hatte ich mein Fahrrad an einer Schnur festgebunden, während die kühnen Inder ihre Runden drehten. Dann wurde ich gefragt: »Warum die Schnur?« Ich erwiderte, ich hätte Angst, dass mir sonst jemand auf und davonfährt. Das provozierte ein entrüstetes »oh no, no-no-no-no«. »No-no-no, wir sind doch keine Diebe – wir wollen nur dein Fahrrad ausprobieren!« – Da ließ ich die Schnur eben weg. Jeder, der es versucht hätte, wäre nach 500 Metern brutalst gestoppt und wahrscheinlich niedergemetzelt worden, war ich mir sicher. Hier stand die indische Ehre auf dem Spiel – und wer weiß, was noch alles, wenn ich an das eherne Gesetz des Karmas denke, nach dem jede Tat ihren gebührenden Ausgleich nach sich zieht, gleich ob noch in diesem oder eben im nächsten Leben …

Jedenfalls stellte ich fest: Es macht Spaß, den Tiger zu reiten! Es macht frei! Nicht allein hatte ich auf einmal eine überaus bequeme Einnahmequelle, viel wichtiger war: Ich hatte losgelassen! Meine Panik war verschwunden, und ich hatte meinen Platz im indischen Getümmel gefunden. Ich und mein Fahrrad – wir waren Teil des allgemeinen Showbizz auf den Straßen geworden!

Die Inder haben unendlich viel Zeit; sie stellen sich vier Stunden lang an, nur um eine Kinokarte zu ergattern. Da wird enthusiastisch alles begrüßt, was die Sinne berührt und die Aufmerksamkeit fesselt. Man wollte eine Sensation, und ich lieferte sie – für eine kleine Rupie. Und ich glaube, auch ich schaute in dieser Zeit zum ersten Mal richtig hin. Mir wurde klar, wie die Leute dort leben, was sie interessiert und fasziniert. Mit wie wenig sie leben, leben müssen. Wie wenig sie daher auch brauchen! Da waren viele, deren einziger Besitz das zerschlissene Tuch war, das sie um ihren hageren Körper trugen. Sie wussten morgens nicht, woher die Mahlzeit kommt und ob sie abends einen Platz zum Schlafen fänden. Hatten diese Menschen Angst? Ich konnte keine feststellen. Sie waren Teil des großen Stroms, und irgendwie trieben sie mit ihm dem großen Meer der Einheit entgegen, das für sie das Nirwana war, jener Zustand, in dem sich alle Gegensätze auflösen.

Wer das erfährt, wer so weit hinspürt, dieses große Geheimnis des indischen Subkontinents auch in seinem Herzen zu erfassen, dem ist das bisschen an Besitz, das in die vier Packtaschen eines Fahrrads passt, plötzlich auch nicht mehr so wichtig. So jedenfalls erging es mir. Und siehe da: Auf einmal entpuppte sich auch der so schmerzhafte, nervenaufreibende Prozess, sich mit der indischen Wirklichkeit erst abzufinden und dann anzufreunden, als Teil meines spirituellen Weges. Ich hatte erkannt, dass allein ich zu entscheiden hatte, ob mir etwas wichtig zu sein hätte oder nicht. Solange ich dem Inhalt meiner Packtaschen diese enorme Bedeutung beimaß, beherrschte er mein Denken und Fühlen. Ich lebte konstant in Angst. Als ich dann anfing zu vertrauen, verlor ich diese Ängste, ohne dass je eingetreten wäre, was ich so gefürchtet hatte.

Ist es nicht wunderbar, auf welch verschlungenen Wegen man zur Erkenntnis geleitet wird?!

Doch hinter der Erkenntnis liegt die Erkenntnis – und inzwischen glaube ich, das setzt sich immer und immer weiter so fort. Kaum hatte ich verinnerlicht, dass ich in diesem Land nun leben könnte – leben wie ein Inder –, da wurde mir auch klar, dass ich genau dies nicht tun sollte! Wie soll ich das erklären? Vielleicht kann die Musik ein Beispiel sein: indische Musik mit Tablas und einer Sitar, jenem erhabenen Instrument, das im Wesentlichen aus 20 Saiten und einem großen Kürbis als Klangkörper besteht.

Meister wie der auch im Westen bekannte Ravi Shankar improvisieren ihre Musik, wobei sie sich an vielschichtig miteinander verwobene Melodien halten, an wiederkehrende rhythmische Elemente und natürlich an ihre hoch entwickelte Intuition. Ein klassisches Sitarstück, eine Raga, kann etwa den Anbruch des Tages nachzeichnen – vom weichen, verträumten melodischen Part über die Ankunft der Farben in der Welt bis hin zum mehr oder weniger dramatisch erlebten Sonnenaufgang. Die Tiere und Menschen erwachen, nehmen ihre Beschäftigungen auf, und all die Zeit begleitet sie das Licht als gemeinsamer Nenner des Lebens. So ähnlich erfährt man auch den Alltag. Das aufgeregt Dynamische, das heftig Fordernde, teils schon Hysterische – das hatte ich zur Genüge kennengelernt. Aber seine Basis – in der Musik wie auch im wirklichen indischen Leben – waren die schwingenden Resonanzen, das Dunkle, Tiefe, Schwebende. Und ich war jetzt bereit festzustellen, dass dies das eigentlich Machtvolle ist, das einen umfängt und kaum mehr freigibt – wiederum in der Musik wie auch im Leben.

Eine Sitar verfügt, wie gesagt, über 20 Saiten. Doch nur maximal drei davon werden gespielt! Die übrigen 17, allesamt feinstens gestimmt, weben das Universum des Klangs, der die Seele ins Schweben und das Bewusstsein zum Abheben bringt. Es sind die subtilen Veränderungen in der Schwingung – initiiert und ausgeführt auf der Ebene ungezählter Obertöne –, die die eigentlichen Botschaften Indiens überbringen. Und es ist überaus leicht, sich ihnen anzuvertrauen. Man gleitet unmerklich davon, umhüllt und beschützt von der vibrierenden, in allen Klangfarben changierenden, der alles überlagernden erhabenen Frequenz. Irgendwann ist man die 21. Saite der Sitar. Oder einer von rund 800 Millionen Indern, die den Subkontinent Ende der 1970er-Jahre bevölkerten.

Freilich ist's dann vorbei mit dem Tigerreiten, dem Freisein, dem Spaß am Abenteuer. Das hat man dann weitgehend hinter sich. Vielmehr verbringt man sein Leben im Brausen der Frequenz, mag man es nun als Mantra erfahren oder als die Verwirklichung äußersten Gleichmuts. Ich hatte Leute aus dem Abendland getroffen, die sich und ihre Kultur, ihre Erziehung und all ihre Pläne fahren ließen, um zu leben wie ein Inder. Bitterarm und ohne Perspektive, trotzdem als Fremde nie völlig integriert und so wahrscheinlich einer der unzähligen Illusionen folgend, mit denen der Buddhismus die Tendenz zur Anhaftung ans Äußerliche beschreibt: Maya.

Doch das war nicht mein Weg. Eindeutig nicht mein Weg. Ich wollte schon noch ein paar Illusionen enttarnen in meinem Leben! Viel zu neugierig war ich, um künftig alles dem Autopiloten zu überlassen.

Was aber gibt es sonst für Möglichkeiten, um als Abendländer in Indien zu leben?

Nun, man braucht Geld dazu, schlicht Geld. Mit harter Münze schafft man sich eine wunderbar bequeme Parallelwelt, in der man allen Luxus genießt und über dessen Kehrseiten man ebenso arrogant wie nonchalant hinwegsieht. Dieses Geld hat man entweder, oder man verdient es sich, indem man es auf irgendeine Weise aus dem Land »erlöst«, um es behutsam auszudrücken. Oder weniger behutsam: Eine Menge gleichmütiger Hungerleider sorgt mit ihrer Arbeit dafür, dass ein weißer Sahib sein koloniales Leben stilvoll lebt.

Es gibt Menschen, die stört so etwas nicht. Sie bevölkern die weißen Villen und Teepartys, sie spielen Polo und verbringen die Monsunzeit ganz selbstverständlich in Gebieten mit angenehmerem Klima.

Ein Koch und Konditor aber passt nicht in solche Kreise und ein enthusiastischer Radfernfahrer erst recht nicht.

Einmal mehr spielte das Geld die Rolle eines Katalysators in meinem Leben. Wieder einmal war es weitgehend verbraucht, und ich musste eine Entscheidung fällen. Zurück nach Australien, um dort für eine Weile Koch zu sein? Nun, dazu hatte ich eine zu hohe Dosis Indien abbekommen – in diese gepflegte, sortierte, absolut langweilige westliche Welt passte ich derzeit partout nicht. Also als Fahrradverleiher in Indien bleiben? – Nein, da traute ich mir selbst zu wenig. Zu groß schien mir das Risiko, als Extrasaite an der Sitar zu enden. So wählte ich die dritte Möglichkeit, meinen Weg des Herzens: weiter Rad fahren, mehr von der Welt sehen, aufbrechen in Richtung Europa!

Wie aber nur die Reisekasse auffüllen? In Indien als Koch zu arbeiten hätte wohl kaum dazu beigetragen, denn Geld war dort definitiv nicht zu verdienen. Also schickte ich eines schönen Tages meinem Bruder Dankwart einen Brief, der bei ihm schwere Turbulenzen ausgelöst haben dürfte. Ich bat ihn, meine Lebensversicherung, zu deren Abschluss er mich gedrängt hatte, aufzulösen und das Geld nach Indien zu überweisen. Dankwart war ja Versicherungsagent, und er lebte in einer Welt, in der die Risiken schon aus Prinzip abgesichert zu werden hatten. Zeitlebens hat er nicht nachvollziehen können, dass ich ein solches Vagabundenleben führte. »Mein Gott, was da alles passieren kann«, schauderte es ihn schon bei der Vorstellung. Und das noch ohne Lebensversicherung?! Der Schritt muss schwer für ihn gewesen sein, aber er erfüllte meine Bitte.

Fast hätte ich das Geld – immerhin rund 9000 Mark – dann nie bekommen. Einer meiner verehrten Swamis, in dessen Ashram ich mich damals gerade aufhielt, versicherte mir nämlich überzeugend, dass es für Ausländer ohne festen Wohnsitz geradezu unmöglich sei, in einer indischen Bank ein Konto zu eröffnen. Da er aber meine missliche Lage verstehe, sei er bereit zu helfen: Mein Bruder könne das Geld ja auf sein Konto überweisen.

Gesagt, getan. Die Bankformalitäten in Deutschland wurden einwandfrei ausgeführt, wie die spätere Rückfrage ergab, nur bei der Bank meines Gurus wollte und wollte man offenbar keinen Eingang verbuchen. Wochenlang verzögerte sich das Ganze! Immer wieder fragte ich meinen Swami, ob er mein Geld denn nun erhalten habe, und immer wieder erhielt ich zur Antwort, nein, es sei noch nicht angekommen. Schließlich begann ich ernsthaft Verdacht zu schöpfen. War es denn möglich, dass dieser so spirituelle Mensch, mein Lehrer und Vorbild, dass dieses vergeistigte

Wesen sich in einem unwiderstehlichen Anflug menschlicher Gier meine Lebensversicherung unter den Nagel gerissen hatte?!

Es war eine Vertrauenskrise. Als ich die hinter mir hatte, wurde ich massiv. Und als ich drohte, ich würde die Behörden einschalten, würde publik machen, wie er bei sich bietender Gelegenheit seine Schüler ausplünderte – da dauerte es noch zwei, drei Tage, bis mein Geld auf wundersame Weise schließlich doch erschien. Hurra. Die Reisekasse war wieder gefüllt, freilich um den Preis des naiven Glaubens an das rückhaltlos Gute in der indischen Guruszene.

Lynette Chiang

Auf dem Weg nach Westen

Maruca ist in höchster Sorge: »Sie werden von *borrachos* (betrunkenen Kubanern) überfahren. Warum bleiben Sie nicht bis Silvester und fahren am Neujahrstag?«

Ich belade mein Fahrrad, das an der Kommode lehnt. Obgleich ihre Worte vernünftig sind, leide ich unter dem Syndrom des eingesperrten Frettchens. Das kommt davon, wenn man zu viel Zeit in einem kleinen Apartment mit vergitterten Fenstern verbringt. Sobald ich meinen rotschwarzen Fahrradanzug aus Lycra angezogen habe, setzen sich meine inneren Räder in Bewegung.

Ich habe Fahrradbekleidung stets abgelehnt. Sie schien mir von denselben Leuten gemacht, die auch Clownskostüme verkaufen, nur ohne die gerüschte Halskrause. Mit ihr fällt man auf, als hätte man eine misslungene Nasen-Schönheits-OP hinter sich. Ich hatte mir überlegt, dass es für eine Radfahrerin das Beste sei, Schwarz zu tragen und sich in die Zwischenräume des Straßenpflasters zu verkriechen, um keine ungewollte Aufmerksamkeit zu erregen. Doch mittlerweile habe ich festgestellt, dass Fahrradbekleidung viele Vorteile hat: Man weiß immer, was man anziehen soll (und ist immer und für alle Gelegenheiten richtig angezogen). Man weiß, welche Sachen gewaschen werden müssen (ebendiese). Man kümmert sich nicht darum, ob die Hose zum Oberteil passt.

Auf dieser Tour trage ich ein grellrotes Oberteil von Assos, auf dem vorne und hinten ein großes, weißes Schweizer Kreuz prangt und das farbenblinde Menschen zu der Einschätzung veranlassen könnte, ich arbeite für das Rote Kreuz. Dieses Missverständnis erweist sich in manchen Situationen als nützlich; an Grenzposten winkt man mich oft mit großem Respekt einfach durch.

Die Radlershorts sind ein notwendiges Übel. Dank ihrer erhalte ich eine merkwürdige Bräunung, und mitten durch meinen Oberschenkel verläuft eine deutliche Linie zwischen Weiß und Braun, was Englisch sprechende Insider auch gerne als *»Jell-O tan«* (Puddingbräune) bezeichnen. Ich habe diesem Phänomen den Namen Tiramisu-Look verpasst. Besonders scheußlich wirkt dieser Look zum Minirock, und es empfiehlt sich nicht, sich in dieser Aufmachung zur Schau zu stellen.

Ich habe mich entschlossen, für meine Kubareise statt des Anhängers zwei einfache wasserdichte Packtaschen mitzunehmen, denn Ersterer könnte manchen phantasievollen Beobachter dazu verleiten zu meinen, er sei, wie im Film, mit 100-Dollar-Noten vollgestopft. Wie immer verstaue ich meinen Schlafsack, die Isomatte und den Kocher in der rechten Tasche; meine Klamotten, das Waschzeug und das Kleinzeug kommen in die linke und dazwischen das Zelt. Die Karten schiebe ich in die Lenkertasche, und das bisschen Proviant, was ich mitnehmen kann, hat in den Zwischenräumen Platz.

Oben in der linken Tasche lasse ich ein wenig Platz für mein zweites Frühstück. Maruca leiht mir eine Lunchbox, eine Plastikdose mit mehreren Abteilen, die man ineinanderstapeln kann wie eine russische Holzpuppe. Darin haben genau drei mit Bananen belegte und mit Marmelade bestrichene Brötchen Platz - oder, alternativ, eine großzügige Portion Reis mit Bohnen.

Sie besteht darauf, mich bis zur nächstgelegenen *campismo*-Informationsstelle zu begleiten, um sich zu vergewissern, dass ich an meinem Zielort Mariel eine sichere Unterkunft finden werde. Die Kubaner verstehen unter Camping nicht so etwas Gefährliches wie das Übernachten unter einer dünnen Nylonplane, die zwischen zwei oder drei Metallstangen aufgespannt wird, sondern meinen damit eine kleine Betonhütte mit Bett, Dusche und abschließbarer Tür, wo man den Jahresurlaub in Sicherheit genießen kann. Diese *campismos* liegen überall im Landesinneren verteilt, und jedes Jahr werden die Arbeiter während ihrer Woche Arbeitsurlaub scharenweise in diese einfachen Ferienanlagen verfrachtet.

Die Kaugummi kauende *muchacha* hinter dem Tresen des broschüren- und posterlosen Büros scheint über Nichtwissen in großem Umfang zu verfügen, als wäre sie nur vom benachbarten Schnellrestaurant herübergeeilt, um hier die Blumen zu gießen.

»Gibt es etwas, das ich im Vorfeld tun sollte?«, frage ich.

Sie untersucht ihre Fingernägel und rät mir, einfach zu einem *campismo* zu fahren und abzuwarten, was man dort sagt.

Schließlich, es ist mittlerweile 10.30 Uhr, rufe ich Maruca »Bis später« zu, quetsche mein beladenes Fahrrad in den Aufzug, fahre in das Erdgeschoss, trete wankend hinaus und mache mich torkelnd auf den Weg.

Die ersten paar Meter aller meiner Fahrradtouren nehmen so ihren Anfang, als wäre ich ein Kleinkind, das unter der schwankenden Last des großen Kopfes auf kleinem Körper seine ersten Schritte geht. Die zusätzlichen Vorkehrungen, die ich in dem Wissen um Kubas wirtschaftliche Armut getroffen habe, belasten meine Ladung schwer: zwei Flaschen Brennspiritus statt einer, ein halber Kohlkopf, der sich unterwegs gut hält, und zwei Liter garantiert trinkbaren Wassers.

Ich fahre wieder gen Westen Richtung Miramar und überquere eine kleine Brücke über die verkehrsreiche Straße. Hier stoße ich auf die Avenida 5, eine lange, gerade und leere Piste, die direkt bis an die Küste führt. Zu beiden Seiten der Straße erstreckt sich küstennahes Ackerland; es könnte überall sein, wären da nicht die Palmen an den Rändern der Felder, die mir klarmachen, dass ich mich in den Tropen befinde. Ich halte an und frage einen *campesino* (Bauern), um was es sich bei dem üppig sprießenden Grünzeug an den Feldern handele, und er kritzelt etwas Unleserliches auf einen Zettel: *henequén,* ein Agavengewächs, aus dem man, so erklärt er mir, starke Seile knüpfen könne.

Ungefähr 20 Kilometer weiter halte ich an, um mir die Ferienanlage Villa Cocomar an der Playa Salado genauer anzusehen. Die Reiseführer haben sie lobend erwähnt. Sie ist wie ausgestorben, doch für Ausländer gut angelegt, mit gepflegtem Rasen und einem Spazierweg über einem gurgelnden Bächlein. In einem kleinen Häuschen finde ich den Manager. Er sagt mir, ein Einzelzimmer koste 36 Dollar, und nein, ich dürfe mein Zelt nicht auf seinem saftig grünen Rasen aufschlagen. Ich weiß, dass ich mich besser trollen sollte.

Ich trete in die Pedale und komme an imposanten Reklameschildern und beruhigenden Slogans vorbei, die ganze Gebäude- und Fabrikwände zieren und die Folgendes verkünden: »21 Millionen Kinder sterben an heilbaren Krankheiten - keines davon in Kuba.«

In der Abenddämmerung erreiche ich die Ausläufer von Mariel, der stolzen Heimat von Kubas größter Zementfabrik. Ich fahre die Anhöhe hinauf, und der Horizont verwandelt sich plötzlich in Dantes *Inferno* mit einer Reihe von hässlichen Schornsteinen, die bedrohlich in den spätnachmittäglichen Himmel ragen und graugrüne Zuckerwatte ausspeien. Ich rolle in den Vordergrund dieser beunruhigenden Postkartenansicht und strample wie wild auf der kurvenreichen, engen Straße ins Tal, in der Hoffnung, die Aussicht möge sich bitte schnell bessern. Ich fahre an heruntergekommenen Fabrikgebäuden und Wohnblocks vorbei, in deren schmutzigen Mauern riesige Löcher klaffen. Dahinter ertönen gelegentlich die hallenden Rufe von Kindern. Ein unbehagliches Brummen liegt in der phosphorgetränkten Luft, und ich muss mir mehrmals die beißenden, stinkenden Abgase aus der Nase schnauben. Ich suche die Gegend nach geeigneten Vorgärten ab, in denen ich mein Zelt aufschlagen könnte, doch mit Aussicht auf die Schornsteine kann ich hier wohl kaum gemütlich schlafen. Nach scheinbar endlosen fünf oder sechs Kilometern erreiche ich endlich die Innenstadt, wo die Fabriken Gott sei Dank kleinen, adretten Häuschen und Geschäften weichen.

Ich fahre direkt zum Hotel Puntilla, einer billigen Unterkunft direkt am Wasser. Sie kostet 21,80 Pesos (ungefähr einen Dollar), womit sie für Kubaner direkt in der Klasse der Hilton-Elitehotels rangiert. Das Hotel ist extrem einfach gehalten, besitzt drei Etagen mit ungestrichenen Betonzellen, von denen jede mit einem Bleirohr ausgestattet ist, unter dem man eine eiskalte Dusche nehmen kann. Manche Zimmer hätten eigentlich Meeresblick, doch aus irgendeinem bescheuerten Grund hat man an dieser Seite des Gebäudes eine solide, fensterlose Mauer gezogen. Das Fenster in meinem Zimmer bietet stattdessen einen Blick auf einen nackten Betonparkplatz und ein trauriges Restaurant, das ich anfänglich fälschlicherweise für die öffentliche Toilettenanlage gehalten hatte. Ich frage mich, was zum Teufel sich der Architekt wohl dabei gedacht haben mag.

Da ich Hunger habe und trotz meines eingeschränkten Budgets immer gerne die geschäftstüchtigen Aktivitäten der Einheimischen unterstütze, reserviere ich einen Tisch im Restaurant. Ich bin der einzige Gast.

Auf dem Speiseplan stehen Omelett für 1,95 Pesos, *congri*, ein Gericht aus Reis und Bohnen, für einen Peso, und, für diejenigen, die wirklich auf den Putz hauen wollen, Steak für 2,10 Pesos. Ich wähle das Omelett mit *congri*, das ohne Bohnen serviert wird, sodass die Rechnung netterweise um 20 Centavos reduziert wird.

Während ich auf mein Essen warte, frage ich nach der Toilette, die, wie so viele Toiletten auf Kuba, weder eine Spülung noch Toilettenpapier besitzt. Wie immer trage ich ein Bündel Papiertaschentücher mit mir herum, habe aber Schuldgefühle, diese im Abfalleimer der Restaurantküche entsorgen zu müssen. Man hat mir erzählt, dass sich die Kubaner nach dem Toilettengang einfach mit Wasser und Seife reinigen, doch ohne dabei ein französisches Bidet mit Goldarmatur zu benutzen. Ich habe meist ein kleines Stückchen Seife in einem Pillendöschen in meiner Lenkertasche, doch aus unerklärlichen Gründen habe ich diese am Fahrrad zurückgelassen. Als ich darum bitte, meine Hände waschen zu dürfen, führt man mich in die höhlenartige Küche, wo Barbara, meine einfallsreiche Gastgeberin, eine Teetasse mit Wasser füllt und diese dann langsam über meinen Händen ausgießt, damit ich sie mir darunter abspülen kann. Treuherzig bitte ich auch noch einmal um Seife, was ein große Suchaktion auslöst. Ich blicke auf einen Stapel schmutziger Teller auf der Betonspüle und auf den überschwemmten Boden und frage mich, ob ich gerade dabei bin, per Restaurantbesuch Selbstmord zu begehen.

Da ich der einzige Gast bin, gilt mir die ungeteilte Aufmerksamkeit des Personals. Die Unterhaltung wendet sich sofort dem Thema zu, wie hart Kubaner für ihren geringen Lohn arbeiten müssen, und man lamentiert über den Mangel an *comida* (Nahrungsmitteln). Dies wird eindringlich von Gesten unterstrichen, für die Latinos auf der ganzen Welt bekannt sind: Ein Zeigefinger fährt über die Stirn (harte Arbeit), Daumen und Zeigefinger werden aneinandergerieben (Geld), und die Finger tippen an den Mund (Essen). Man zeigt mir eine *libreta*. Dieses Rationsbuch wird jedem kubanischen Mann, jeder kubanischen Frau und jedem kubanischen Kind zu Beginn des Jahres ausgehändigt. Das kleine braune Büchlein enthält die Zuteilungen von Nahrungsmitteln, Seife und Zigaretten zu extrem niedrigen Preisen. Jeden Tag des Jahres gehen die Kubaner zu ihrer *bodega*, dem Warenhaus am Ort, und holen sich ihre Rationen ab. Es gibt eine Seite mit 31 Kästchen, und jedes von ihnen repräsentiert ein Brötchen, eines pro Person und Tag. Auf anderen Seiten sind die Zuwendungen an Reis (vier Pfund pro Monat), Bohnen (vier Pfund), Mehl, Zucker, Margarine, Speiseöl, Milch (nur für Kleinkinder), Fleisch, sogar Zigaretten (stark oder mild) dokumentiert. Ich stelle fest, dass Haushaltsseife separat von Körperseife aufgelistet ist und dass jeder Person alle sechs Wochen je ein kleines Stück davon zusteht.

»Sehen Sie diese Schuhe?«, fragt der Mann an der Bar. »20 Dollar. Und man kann sie nur in Dollar bezahlen.«

Der dunkelhäutige, untersetzte Mann, der *refresco gaseosa*, also kohlensäurehaltige Erfrischungsgetränke in Dosen, verkauft, ist verhältnismäßig gut gekleidet. Weder sein Hemd noch sein Gürtel oder seine Jeans, eigentlich alles, was nicht zum absolut Nötigsten gehört, dürften mit Pesos bezahlt worden sein. Wie so viele andere Kubaner, die ich noch treffen werde, hat er Zugang zum magischen Dollar, entweder weil er Familienangehörige in den Staaten hat, oder weil er *trabajo particular*, also »privater«, zumeist illegaler Arbeit, nachgeht.

Barbara lädt mich ein, im Haus ihrer Mutter eine warme Dusche zu nehmen, ein verlockendes Angebot angesichts des eiskalten Wassers im Hotel und der kühlen Brise am leider verbauten Meer. Ich gehe mit ihr einige Blocks weiter, und wir unterhalten uns. Sie ist ungefähr vierzig, geschieden mit zwei Kindern und lebt nun mit ihrer Mutter und ihrer Tante. Plötzlich erscheint ein junger Mann an ihrer Seite, und sie tauschen einige Worte aus, berühren sich jedoch nicht. Ein seltsames Treffen. Er verschwindet so plötzlich, wie er gekommen ist. Sie erzählt mir, er sei ihr Freund, und verdreht die Augen. Ein verspielter junger Mann, der an der Seite einer Frau, die Gesellschaft braucht, immer mal wieder auftaucht und genauso schnell wieder verschwindet.

Barbaras Familie beäugt mich aus ihren Schaukelstühlen und erzählt mir, ich sei die erste Ausländerin, die je ihre Wohnung betreten habe. Die warme Dusche entpuppt sich als Eimer mit Wasser, das über einem Holzofen erwärmt wurde. Ihre Mutter fragt mich genau über mein Heimatland Australien aus und lädt mich ein, beim nächsten Besuch in der Gegend wieder vorbeizukommen, was wohl lange dauern wird. Von Barbara begleitet, gehe ich wieder zurück zum Hotel. Auf dem Weg kaufe ich ihr von einem mobilen Eisverkäufer für Dollarkunden einen Becher mit exzellenter Eiscreme, die bestimmt zwanzigmal mehr kostet als das Gericht, das sie mir heute Abend gekocht hat.

Wieder zurück in meiner Urlaubszelle aus Beton, mache ich mich, etwas beunruhigt über die großen Spinnen, die durch das Fliegennetz in mein Zimmer krabbeln, fürs Bett fertig. Ich lege meinen Schlafsack auf das wohl nur scheinbar saubere Laken, entfalte meine selbstaufblasbare Campingmatte und lege sie auch noch darunter, als doppelte Sicherung gegen das, was sich vielleicht in der Matratze verbirgt. Ich setze mich in den Schneidersitz, lehne mich an die Kissen und beginne meine abendlichen Meditationsübungen.

Nach ungefähr zehn Minuten wird meine Verbindung mit dem Kosmos durch das rhythmische Quietschen ausgeleierter Matratzenfedern mit melodischer Untermalung weiblichen Stöhnens und Hechelns unterbrochen. Anhand der Geschwindigkeit des Quietschens und des monotonen Stöhnens kann ich erkennen, dass es sich um lausigen Sex handeln muss, dass er als Erster kommen wird und sie gar nicht et cetera, et cetera. Eher fasziniert als erregt drücke ich mein Ohr an die Wand, um meine Hypothese zu verifizieren. Ein plötzliches Verstummen des Stöhnens und der Seufzer bestätigt meine Annahme. Ich sehe außerdem voraus, dass dieses Matratzen zum Quietschen bringende Ritual mindestens noch zweimal in dieser Nacht und einmal am Morgen wiederholt werden wird.

Trotz des ruhestörenden Sexkanals, der da im Nebenzimmer auf Livesendung gegangen ist, schlafe ich tief und fest wie ein Stein bis 9.30 Uhr am nächsten Morgen.

Ich bereite mein spätmorgendliches zweites Frühstück vor: drei Brötchen noch aus Havanna, belegt mit einer Banane, die auf wundersame Weise bis jetzt ganz geblieben ist. Da ich nach Monaten im Schreibtischsessel nicht mehr mit dem typischen Rhythmus langer Radtouren vertraut bin, schwinge ich mich erst um 11.00 Uhr in den Sattel, was sich als sehr spät für eine Tagestour erweisen wird. Ein zu später Start bringt einen gezwungenermaßen am Ende des Tages in eine missliche Lage, wenn man auf einmal irgendwo in der Walachei steht, die Sonne untergeht, man in der Dunkelheit sein Zelt aufbauen muss und dabei von abendlichen Blutsaugern in Schach gehalten wird.

Ich beschließe, die 56 Kilometer lange Strecke nach Bahía Honda in Angriff zu nehmen, ein vermeintlich romantisches Reiseziel, denn in dem Namen steckt das Wort »Bucht«, was bei mir sofort Bilder auslöst von sich wiegenden Palmen und türkisblauen Wellen, die unter strahlend blauem Himmel sanft an einen sichelförmigen Strand mit zuckerweißem Sand rollen. Von Mariel aus fahre ich über eine Hügelkette, und plötzlich bietet sich mir ein spektakulärer Ausblick: ein komplexes Panorama verschiedenster zackiger Bergformationen, sanfter Hügel, Seen und dunkler, mit Pinienbäumen bewaldeter Landstriche. In der Hoffnung, Brot kaufen zu können, halte ich an einem winzigen Laden. Dieser erweist sich als *bodega,* wo Kubaner die rationierten Waren abholen und deren Bezug in ihren *libretas* abhaken lassen.

Leider ist jedes einzelne Brötchen im Sortiment bereits reserviert, und es stünden auch keine mehr zum freien Verkauf zur Verfügung, selbst wenn den Besitzern dies erlaubt wäre. Eine Frau, die ihre Ration in der *bodega* abholt, besteht darauf, mir eines ihrer zwei Brötchen zu überlassen, und sie duldet weder Protest, noch nimmt sie die ihr dafür angebotenen Pesos von mir. Die Großzügigkeit des Durchschnittskubaners erstaunt mich immer wieder aufs Neue. Ich danke der Frau und trete wieder in die Pedale. Mein voll beladenes Fahrrad stöhnt unter der Last dieses mir aus lauter Herzensliebe geschenkten Brötchens.

Ungefähr 30 Kilometer vor Bahía Honda treffe ich auf einen Lastwagen der Regierung, den man an seiner weißen

Schrift auf braunem Grund erkennt. Der Fahrer hupt und bedeutet mir, mein Fahrrad auf seine Ladefläche zu hieven. Weil ich meine Betonzelle so spät verlassen habe, zögere ich nicht und nehme die Mitfahrgelegenheit an. Dieser Lastwagen fährt die *bodegas* der Umgebung ab und beliefert sie mit den täglichen Rationen. Starke Hände bugsieren mein Gefährt auf die Säcke mit sorgsam abgezählten Broten, Reis und Bohnen.

Ich quetsche mich in das Fahrerhäuschen, in dem bereits drei muntere *trabajadores* sitzen. Die meisten Kubaner, die ich kennenlerne, sind genau wie diese drei Arbeiter. Sie sind fleißig, nehmen ihre Arbeit ernst und ihr karges Auskommen hin. Wenn sich das Gesprächsthema ihrer wirtschaftlichen Situation zuwendet, was fast immer geschieht, dann zucken sie einfach mit den Schultern. Dies ist die erste von vielen Mitfahrgelegenheiten, die mir auf dieser Reise gewährt werden.

Trotz ihres kilometerlangen Netzwerks von Straßen mit relativ glatter Fahrbahn fällt es den Kubanern nicht ein, ihr Land per Fahrrad zu erkunden. Sie finden es seltsam, dass die Rad fahrenden Touristen, die doch genug Geld haben, um sich mit einem klimatisierten Taxi oder Bus chauffieren zu lassen, sich dafür entscheiden, so viel Schweiß zu vergießen. Doch auf Kuba sind Fahrräder auch nichts weiter als rostige, ganglose Lastesel mit Rücktrittbremse, die man mit Schweineschmalz fettet.

Dennoch habe ich einige Einheimische getroffen, die manche Entfernungen, die ich in zwei qualvollen Tagen zurückgelegt habe, an einem halben Tag schafften, und das nur, um einen Verwandten zum Kaffeeklatsch zu besuchen. Radwandern ist ein Luxus, den sich nur wenige Kubaner von der Zeit und von den Kosten her leisten können. Der Preis für eine Übernachtung ist für sie genauso hoch wie für uns, und trotz ihres mageren Einkommens würde keiner von ihnen auch nur im Traum daran denken, im Zelt zu übernachten.

»Peligroso« nennen sie ihre Landsmänner – gefährlich –, und damit klar wird, was gemeint ist, fahren sie mit dem Finger quer über ihre Kehle.

Bettina Selby

Pilger zu sein

Unerbittlicher Gegenwind – mit das Unangenehmste, was einem Radfahrer passieren kann – machte das Vorwärtskommen in den ersten Tagen schwierig. Kalt war es außerdem und alles in allem eher winterlich als frühlingshaft. Hohe Pappeln säumten die Landstraßen, und die riesigen dunkelgrünen Misteln in ihrem kahlen Gezweig gaben mir noch mehr das Gefühl, mich in eine frühere Jahreszeit verirrt zu haben. Links und rechts dehnten sich kahle Felder zu uralten grauen Häusern mit durchhängenden Dächern hin.

Im vergangenen halben Jahr hatte ich das Manuskript eines Buches fertiggestellt, und die langen Stunden am Schreibtisch hatten weder meinen Radfahrmuskeln noch meiner allgemeinen Fitness gutgetan. Je älter ich werde, desto deutlicher merke ich, wie wichtig tägliches Training ist, doch sobald ich zu schreiben anfange, bin ich so davon in Anspruch genommen, dass einfach nicht genug Zeit bleibt, um auch nur das Nötigste zu erledigen, und meine guten Vorsätze sind vergessen. Jetzt bekam ich die Quittung dafür, und sogar auf Roberts, meinem erstklassigen neuen Rad mit seinen bequemen kleinen Gängen, fiel es mir schwer, die steilen Hügel zu erklimmen, sodass ich mich schon fragte, ob ich nicht allmählich über das Alter für solch schwere körperliche Anstrengungen hinaus sei. Zu allem

Übel nieselte es auch immer wieder, sodass ich in Regensachen fahren musste. Moderne Regenkleidung ist angeblich »atmungsaktiv« und schützt vor Überhitzung, aber ich habe noch keine gefunden, die diesem Anspruch auch wirklich gerecht wird. Entweder der Regen dringt nach ein, zwei Stunden allmählich durch, oder er dringt nicht durch, und dafür schwitzt man und wird durch das Kondenswasser genauso naß. Letzteres war bei mir der Fall.

Manchmal verließ meine Route die kleinen Landsträßchen und führte über größere Straßen. Dann donnerten *camions* dicht an mir vorüber, und die Luftwirbel warfen mich wie eine Feder hin und her, sodass ich oft um ein Haar mitsamt meinem Rad im Straßengraben gelandet wäre. Angesichts dieser misslichen Umstände war es für mich eine willkommene Unterbrechung, in einer Stadt haltzumachen und neues Werkzeug zu besorgen. Seltsamerweise aber konnte ich in diesem Land, in dem das Fahrrad seit jeher einen Ehrenplatz einnimmt, kein einziges »richtiges« Fahrradgeschäft finden, nur moderne Motorradsalons mit einem Eckchen für das bescheidenere Gefährt. Alles in diesen Nobelläden war teuer verpackt, die Preise für ganz normale Schraubenschlüssel, Reifenheber, Inbusschlüssel und dergleichen erschütterten mich geradezu, und so erstand ich nur das Allernötigste. Nur gut, dass auch Flickzeug dabei war, denn am nächsten Tag hatte ich auf einer viel befahrenen Straße mitten in der Pampa einen Platten.

Normalerweise flicke ich einen Schlauch nicht gerade bei Regen, sondern lege einen neuen ein und verschiebe die Reparatur auf den Abend, wenn ich die nötige Ruhe dazu habe. Meine beiden Ersatzschläuche aber lagen bei dem Werkzeug in der gestohlenen Tasche, und ich verspürte von Neuem einen recht unchristlichen Anflug von Hass auf die Diebin. Das Loch war klein und ohne eine Schüssel Wasser, in der Luftblasen den Defekt anzeigen, schwer zu finden. Eine Pfütze kann den gleichen Zweck erfüllen, doch trotz des anhaltenden Nieselregens war ausgerechnet jetzt weit und breit keine brauchbare Pfütze zu sehen. Zum Glück befand sich in meiner Trinkflasche noch so viel Wasser, dass es in meinem kleinen Aluminiumkochtopf den Schlauch gerade bedeckte, und nach einer Weile hatte ich das Loch aufgespürt. Von da an war alles ganz leicht; das einzige Problem bestand darin, den Schlauch trocken zu halten, während ich den Flicken aufklebte. Wodurch das Loch entstanden war, konnte ich nicht herausfinden, und das machte mir Sorgen. Aus Erfahrung wusste ich, dass ein Dorn oder ein scharfkantiges Metallstück in der Innenseite des Mantels stecken konnte, so klein, dass es praktisch unsichtbar war, und wenn der Reifen wieder aufgepumpt wurde, konnte die versteckte Spitze neue Löcher bohren. Ein einziger Dorn hat mir einmal fünf Reifenpannen beschert, bis ich ihn mithilfe einer starken Lupe endlich fand. Diesmal jedoch gab es keinen Ärger mehr, und die Reifenpanne blieb die einzige auf meiner ganzen Fahrt.

Trotz dieser Widrigkeiten brachte jeder Tag auch sein Maß an Freude und Genuss. Es gibt immer gute Momente auf dem Rad – wenn der Anblick eines auf dem Wind dahingleitenden Turmfalken die Stimmung hebt, wenn die Wolken aufreißen und ein winterlicher Sonnenstrahl einen flüchtigen Blick auf vergessenen Glanz gewährt oder auch wenn ein Hase, bevor er das lautlos nahende Rad bemerkt, mit zuckenden Schnurrhaaren Männchen macht und über die Welt blickt. An Pilgerschaft dachte ich in diesem Stadium meiner Reise, wenn überhaupt, eher im Zusammenhang mit John Bunyans Christ und seinen Kämpfen als mit Chaucers fröhlicher Schar.

»Was man ihm auch erzählt,
nichts von dem Weg ihn hält,
den er einmal erwählt:
Pilger zu sein…«

Was mich vorwärtstrieb, war gewöhnlich die Vorfreude auf die materiellen Annehmlichkeiten des Lebens – ein gutes Essen, ein Glas Wein, ein Kaminfeuer, ein heißes Bad, Schutz vor dem nicht nachlassenden Wind und Regen und das Ende des täglichen Kampfes nach schwer erarbeiteten Kilometern. War es dann endlich so weit, genoss ich diesen Luxus als wohlverdienten Lohn für überstandene Strapazen.

Camping war bei solchem Wetter keine sehr verlockende Perspektive, und ohnehin waren die offiziellen Campingplätze durchweg noch geschlossen. Da die Gegend auch nicht gerade dazu einlud, wild zu zelten, nahm ich in den ersten Tagen Quartier in preiswerten Hotels wie dem »Café de Paris«, einer Truckerherberge in La Charité-sur-Loire, wo Roberts einen gemütlichen abschließbaren Schuppen bekam, ich selbst ein blitzsauberes Zimmer mit Linoleumboden und drei kleinen weißen Betten, die wie in einem Internatsschlafsaal in einer Reihe standen, außerdem ein üppiges Abendessen und am nächsten Morgen Brötchen und Kaffee, und das alles für 150 Franc. Frauen bekomme sie in ihrem Etablissement höchst selten zu sehen, sagte mir die Madame, und offenbar bot ich ihr eine willkommene Abwechslung, denn ich musste alle möglichen kleinen Extragerichte probieren, ihren *fromage blanc* zum Beispiel, mit Schalotten und schwarzem Pfeffer garniert, die Spezialität des Hauses.

Von La Charité selbst, einst eine bedeutende Station auf dem Weg nach Compostela mit einem 1059 erbauten berühmten Kloster der Mönche von Cluny, sah ich nicht viel, nur die nass glänzenden, altehrwürdigen Straßen, durch die sich der moderne Verkehr wälzte, und die angeschwollenen Fluten der Loire, die unter den steinernen Bögen einer Brücke aus dem sechzehnten Jahrhundert hindurchströmte. Der Tourismus, das moderne Pendant zum Pilgertum, beschränkt sich hier auf mildere Jahreszeiten. Keine der Kirchen und historischen Stätten war geöffnet, und ich konnte nicht einmal der berühmten Statue des heiligen Jakobus in der Kirche Sainte-Croix-Notre-Dame einen Besuch abstatten.

Was meine Reise in diesem frühen Stadium davor bewahrte, zu einer x-beliebigen Radtour durch Frankreich zu werden, war die Notwendigkeit, meinen Pilgerpass mit den Etappenstempeln versehen zu lassen. Ich hatte ihn bei der Jakobusbruderschaft in London bekommen, einer Gesellschaft zur Förderung der Pilgerwege nach Compostela, die einige Jahre zuvor gegründet worden war. Ähnliche überkonfessionelle Gesellschaften sind als Reaktion auf das plötzlich wiedererwachte Interesse an der Jakobspilgerfahrt in mehreren Ländern Europas entstanden. Im ausgehenden Mittelalter gab es besonders in Frankreich eine Fülle von Bruderschaften, die sich dem Jakobuskult widmeten und in die man im Allgemeinen nur nach erfolgreich vollzogener Pilgerfahrt aufgenommen wurde. Die Mitglieder kamen regelmäßig zusammen, um gemeinsam zu beten, gute Werke zu tun und zukünftigen Pilgern mit Rat und Tat zur Seite zu stehen.

Für mich war die Mitgliedschaft in der Jakobusbruderschaft bei der Planung meiner Reise eine rein praktische Notwendigkeit gewesen, denn sie verschaffte mir Zugang zu einer kleinen, aber nützlichen Bibliothek, in der ich mich über die Route und den historischen Hintergrund der Pilgerfahrt informieren konnte. Außerdem bekam ich dort mehrere Führer, unter anderem das fünfte Buch des *Codex Calixtinus* in englischer Übersetzung, eines Pilgerführers aus dem zwölften Jahrhundert, der einem französischen Mönch namens Aimery Picaud aus Parthenay-le-Vieux im Poitou zugeschrieben wird. Das Werk war nicht gerade dazu angetan, dem Zaghaften Mut zu machen, denn Picaud fand Umstände und Menschen entlang der Strecke durchweg abscheulich, ja geradezu barbarisch, besonders im Vergleich zu seinem heimatlichen Poitou, für ihn in jenen unsicheren Zeiten eine Bastion der Zivilisation. Umso mutiger war es von ihm, dass er überhaupt von dort fortzog, auch wenn er es für sein Seelenheil tat. Südlich von Bordeaux, kurz vor den Pyrenäen, würde meine Route mit seiner zusammentreffen, und ich freute mich schon darauf, dann sein Buch zu Rate ziehen zu können.

Bei der Bruderschaft hatte ich auch eine Anstecknadel in Form einer silbernen Muschel für meine Baskenmütze und einen hellroten Pullover erworben, auf dem vorn eine kleine und hinten eine große Muschel prangte. Diese Symbole würden mein modernes Gegenstück zur Jakobspilgerausrüstung sein, denn Umhang, breitkrempiger Hut und Pilgerstab waren für den Fußwanderer zwar malerisch und praktisch, auf dem Rad aber eher hinderlich. Die traditionelle Ausstattung des Jakobspilgers, einst aus der praktischen Notwendigkeit heraus entstanden, ihn vor Sonne, Wind und Regen zu schützen, wurde sehr bald zur festen Tracht, und das aus gutem Grund. Auf Anhieb als Pilger erkannt zu werden war von großem Vorteil zu einer Zeit, da die Straßen voll von Menschen auf Wanderschaft waren: Handwerkern auf Arbeitssuche, Leuten, die vor der Pest und anderen Krankheiten flohen, und solchen, die davon lebten, andere auszunehmen. Es gab im Mittelalter strenge

Gesetze zum Schutz der Pilger: Einem Pilger Schaden zuzufügen oder ihn zu belästigen war ein schweres Vergehen. Pilger waren von Zöllen und örtlichen Steuern befreit, und da sie meist arm waren (Armut galt damals als christliche Tugend), hatten sie Anspruch auf kostenlose Unterkunft, Verpflegung und medizinische Versorgung in den Klöstern und Hospizen, die zu diesem Zweck entlang der Route errichtet worden waren.

Da es auf den Straßen des zwanzigsten Jahrhunderts nicht weniger mörderisch zugeht, erhoffte ich mir einigen Schutz von der großen Muschel auf dem Rücken meines Pullovers und erwartete insbesondere, dass die Lastwagenfahrer beim Überholen einen großen Bogen um mich machen würden. Doch da Wind und Regen mir bisher nicht erlaubt hatten, meine Überkleidung abzulegen, hatte ich noch nicht testen können, ob das Symbol der Pilgerfahrt auch heute noch seine Wirkung tat. Ich besaß übrigens auch eine echte Muschel, ein Geschenk meines Fischhändlers, die ich an meiner Lenkertasche angebracht hatte.

Weshalb die Muschel, seit alters Symbol des Weiblichen, zum Zeichen des heiligen Jakobus und seiner Pilger wurde, erklärt eine kuriose Legende, von der es natürlich zahllose Varianten gibt. Die ganze Geschichte der Verbindung des heiligen Jakobus mit Spanien ist so von Phantasie bestimmt, dass man sehr viel über die Welt des mittelalterlichen Pilgers erfährt, wenn man sich mit ihr befasst. Der Legende zufolge fiel das Los für Jakobus auf Spanien, als es darum ging, Jesu Gebot zu befolgen und das Evangelium zu verkünden. Es sieht fast so aus, als hätte er es dort nicht weit gebracht, denn nach vielen mühseligen Jahren hatte er ganze zwei Männer bekehrt. Nachdem er mit seinen beiden Jüngern nach Jerusalem zurückgekehrt war, schlug das Schicksal von Neuem zu: Auf Befehl des Herodes Agrippa wurde Jakobus enthauptet und starb damit als erster Apostel den Märtyrertod. Seine getreuen Jünger wurden in einem Traum aufgefordert, seinen Leichnam und seinen Kopf an die Küste zu bringen, wo ein steinernes Boot auf sie warten würde. Ohne Ruder oder Segel fuhr es über das Mittelmeer, zwischen Skylla und Charybdis hindurch und immer weiter westwärts, bis es die Küste Spaniens und damit den Rand der damals bekannten Welt erreichte und an einem der langen Meeresarme Finisterres landete. Ein Pferd, das beim Anblick des Bootes scheute, galoppierte ins Meer und geriet mitsamt seinem Reiter unter Wasser. Als sie wieder auftauchten, waren beide mit großen Muscheln bedeckt und wurden damit zu Vorläufern all jener, die später zum Schrein des heiligen Jakobus pilgerten.

Eine profanere Erklärung für das Muschelsymbol besagt, dass die großen Muscheln für die Gegend typisch und damit ein hinreichend charakteristisches Symbol waren, ähnlich den Palmzweigen der Jerusalempilger. Doch anders als Palmzweige oder die gekreuzten Schlüssel der Rompilger hatten Muscheln den Vorteil, dass sie praktische Trinkgefäße abgaben, mit denen man Wasser aus Bächen und Flüssen schöpfen konnte – bis zu ihrer Verwendung als Aschenbecher sollten noch einige Jahrhunderte vergehen. Eines Abends kam mir nach dem Essen der Gedanke, dass das köstliche französische Gericht Coquilles St. Jacques eine typisch französische Art ist, dem heiligen Jakobus Ehre zu erweisen. Im Mittelalter zierte das Muschelmotiv entlang der ganzen Route Kirchen, Klöster, Brunnen, Wegkreuze, Reliquienschreine und vieles andere mehr. Muschelgeschmückte Sankt-Jakobus-Kapellen gab es selbst in so entlegenen Gegenden wie Polen und dem Norden Großbritanniens – ein Zeichen dafür, dass die Anziehungskraft des Pilgertums sehr weit reichte.

In dem Pilgerpass, den die Bruderschaft ihren Mitgliedern ausstellt (als echter Pilger gilt nur, wer zu Fuß, per Fahrrad oder zu Pferde reist), sind Flächen für die Stempel mit dem Symbol bedeutender Kirchen entlang der Strecke vorgesehen. Hatte ich diese Stempel ordnungsgemäß gesammelt, konnte ich den Pass nach meiner Ankunft in Santiago im Pilgerbüro vorlegen, und wenn man dort befand, dass ich die Reise im richtigen Geist zurückgelegt hatte, bekam ich meine »Compostela«, die offizielle Urkunde der Jakobspilgerfahrt. Das war natürlich nicht der glanzvolle Lohn, für den meine mittelalterlichen Vorgänger ihr Leben aufs Spiel gesetzt hatten. Ihnen war schon bei jedem wichtigen Heiligtum am Weg einiges von der Zeit, die sie im Fegefeuer würden verbringen müssen, erlassen worden; bei der Ankunft in Santiago wurde dann ein Drittel all ihrer Sünden getilgt, und wenn die Pilgerfahrt in einem Jubel- oder Heiligen Jahr lag, einem Jahr also, in dem das Fest des Heiligen auf einen Sonntag fiel, erlangten sie vollständige Vergebung (vorausgesetzt, sie bereuten auch ordentlich). Aber auch etwas Greifbareres bekamen die Pilger des Mittelalters: eine Bestätigung über die ordnungsgemäß durchgeführte Pilgerfahrt. Da jedoch auf der Compostela der Name des Empfängers nicht vermerkt war, blühte ein schwunghafter Handel mit diesen Dokumenten auf.

Die Notwendigkeit, Beweise für mein Vorwärtskommen zu sammeln, bedeutete, dass ich an Türen klopfen und mich in der französischen Sprache versuchen musste. Nachdem ich am zweiten Tag in Bourges durch die eiskalte, modrige gotische Kathedrale Saint-Etienne gewandert war und vergeblich nach einem Geistlichen mit einem Stempel gesucht hatte, wurde ich in das nahe gelegene Pfarrhaus geschickt, ein vielleicht ebenso altes, aber wärmeres und ungleich heitereres Gebäude. In einem Raum, der als Filmkulisse für ein

Historiendrama hätte dienen können, ohne dass man darin auch nur die geringste Kleinigkeit hätte verändern müssen, saßen drei Priester mit in den Kragen gesteckten Servietten an einem reich gedeckten Tisch. Sie standen auf, um mich zu begrüßen. »Eine Pilgerin aus England? Treten Sie ein, treten Sie ein. Katholisch? Na, macht nichts, Protestanten sind uns genauso willkommen.« Und trotz meiner Verlegenheit, weil ich sie beim Essen gestört hatte (ich vergesse immer wieder, wie spät in den ländlichen Gebieten Frankreichs zu Mittag gegessen wird), und meiner Fluchtversuche wurde ich gedrängt, Platz zu nehmen und doch wenigstens ein Glas Wein zu trinken, bevor meine Karte abgestempelt wurde. »Priez pour nous à Compostelle«, sagten die Priester, als ich nach einer halben Stunde wieder aufbrach, von ihrer Freundlichkeit ebenso erwärmt wie von dem schweren Wein der Gegend und der gehaltvollen Pastete.

Issoudun, Châteauroux, Neuvy-Saint-Sépulchre, Crozant, La Souterraine – langsam füllten sich die Seiten mit Stempeln, manchmal mit einem handschriftlichen Zusatz: »Bonne route«, »Bon voyage«, »Bon courage«, »Paix et joie« und das schöne »Priez pour nous«. Selten fand ich eine Kirche offen, und kein Pfarrer begegnete mir mehr mit solcher Gastfreundschaft wie die drei in Bourges, aber alle waren freundlich und wohlwollend, als sähen sie in meiner Reise ein gutes Werk und zudem eines, an dem sie Anteil hatten. Doch so angenehm es ist, wenn man auf Zustimmung stößt, verursachte mir die Achtung, die man mir entgegenbrachte, doch auch ein leises Unbehagen. Es kam mir vor, als segelte ich, ohne es zu wollen, unter falscher Flagge. Ich bezeichne mich zwar im weitesten Sinne als Christin – in streng orthodoxen Zeiten wäre ich meiner ketzerischen Ansichten wegen mit Sicherheit exkommuniziert oder verbrannt worden, in unserer flexibleren Epoche aber hatte ich immerhin so viele Glaubenskrümel zusammengekratzt, dass es für die Konfirmation gereicht hatte –, sah mich aber keineswegs als Büßerin, die um ihres Seelenheils willen auf Pilgerfahrt geht. Ich unternahm diese Reise aus den gleichen Motiven wie meine anderen Reisen auch, nämlich aus Forscherdrang und Interesse. Ich bin einfach gern unterwegs, und obwohl für mich jede Reise eine Art Pilgerfahrt ist, weil sie Zeit und Raum zum Nachdenken, zu einer neuen Sicht auf das Leben bietet, erwartete ich mir von dieser nicht irgendeinen besonderen Lohn oder eine spirituelle Erhebung. Da die meisten von uns längst nicht mehr an Reliquien und päpstlichen Ablass glauben, war die Strecke, die ich entlangfuhr, für mich nicht heiliger als jede andere auch. Mir kam es auf das Reisen selbst an. Doch da mein Unternehmen – speziell bei den Pfarrern – auf solchen Beifall stieß, begann ich eingehender über die Motive nachzudenken, die mich nach Santiago führten.

Am Nachmittag des vierten Tages beschloss ich, nun doch endlich den Versuch zu wagen und zu campen. Hotels, selbst billige, gingen zu sehr ins Geld, und ich sehnte mich nach der friedlichen Stille meines Zeltes. Den ganzen Tag hatte ich mich durch eine steppenartige Landschaft mit Massentierhaltungsbetrieben gekämpft, eine gesichtslose Gegend, wenn man von einzelnen zerrupften Schlehdornstrünken absah, die nicht nur überlebt, sondern auch tapfer ein paar weiße Blüten hervorgebracht hatten. Es gab nichts, was die Kraft des Windes hätte brechen können, und schon gegen Mittag war das Treten in die Pedale nur noch eine Quälerei. Ich fühlte mich schon fast wie eine der armen Seelen, die zur Buße für ihre Sünden nach Santiago geschickt wurden und deren Ketten im Verein mit ihrer verzweifelten Verfassung den anderen Pilgern zur Abschreckung dienen sollten – da nahte Erlösung in Form eines Gasthauses.

Gestärkt durch ein Bœuf bourguignon und eine Karaffe Burgunder, fühlte ich mich für weitere fünfundzwanzig Kilometer bis Neuvy-Saint-Sépulchre gewappnet. Über mir türmten sich dunkle Wolken wie in Schlachtordnung für einen Kampf antiker Götter. Die Gegend war jetzt wieder recht ländlich, mit steil ansteigenden Feldern, mit Schafen und Kühen, wohlumfriedet von dichten Hecken. Ein lärmender Hagelschauer endete ebenso plötzlich, wie er begonnen hatte, und hinterließ weite Flächen leuchtend blauen Himmels. Die Wolkenmassen galoppierten darüber hin und jagten ihre riesigen Schatten auf dem hügeligen Land vor sich her, was wunderbare Beleuchtungseffekte für die Ruinen eines Turms und einer Kirche ergab, die jetzt auf einem kleinen Hügel ins Blickfeld rückten, die einstige Festung der Herzöge von Cluis Dessous. Als ich über die grasbewachsenen Trümmer der Ringmauer ging, legte sich der Wind, und die Sonne wurde heiß. Der Blick über die weite Landschaft war so schön, dass ich auf der Stelle mein Zelt aufgeschlagen und mich hier niedergelassen hätte, wäre nicht ein alter Mann, offenbar der Besitzer des Geländes, herangekommen, um mit mir zu plaudern und mir zu sagen, dass ich nach Cluis weiterfahren und auf der Mairie – dem Rathaus – nach einem Zeltplatz fragen solle.

Meine Begeisterung über die Rückkehr des Frühlings trug mich noch die wenigen Kilometer weiter bis nach Cluis, einem verschlafenen kleinen Dorf mit einer nagelneuen Mairie und Plänen für einen Campingplatz, mit dem man den Tourismus anzukurbeln gedachte. In ein oder zwei Jahren sei er fertig, beschieden mir die beiden zuständigen Damen, nachdem sie sich von dem Kicheranfall erholt hatten, den mein Missbrauch ihrer Sprache hervorgerufen hatte. Die Geläufigkeit meines Französisch ist zwar seit meiner mehrmonatigen Reise durch das ehemalige Französisch-Westafrika deutlich gestiegen, doch da die Kolonialvariante ihrer Sprache für französische Ohren ziemlich barbarisch klingt, sorgten meine Versuche für einige Belustigung. Glücklicherweise kam mir ein pensionierter Lehrer namens Robert Rigaud, der ebenfalls auf der Mairie zu tun hatte, mit beeindruckenden Englischkenntnissen zu Hilfe. Als er begriffen hatte, dass ich einen Platz suchte, wo ich mein Zelt aufschlagen konnte, lud er mich ein, mit ihm zu kommen und zu sehen, ob sich sein Garten dafür eigne. Stunden später, nachdem ich mit Robert und seiner Frau Jeanne literweise Tee getrunken und über England geplaudert hatte, wo sie alle ihre Urlaube verbrachten, war vom Schlafen im Zelt keine Rede mehr. Die Rigauds hatten Platz in Hülle und Fülle, und letztlich war trotz des Komforts, mit dem sie mich umgaben, das Übernachten in ihrem Haus dem Zelten gar nicht so unähnlich. Robert richtete das Haus seit über zehn Jahren für ihren Ruhestand her, wie er mir erzählte, größtenteils eigenhändig und äußerst gediegen; doch da so viele andere Aktivitäten ihn in Anspruch nahmen, öffentliche wie private, würde es wohl nie ganz fertig werden. Nach seiner Pensionierung hatte ihn außerdem eine alles beherrschende Leidenschaft gepackt, die ihm für anderes keine Zeit mehr zu lassen drohte: der Garten um das Haus, den er aus einem wild wachsenden Stück Land angelegt und bereits so dicht mit Bäumen, Sträuchern und Gemüse bepflanzt hatte, dass vermutlich nicht einmal mehr mein kleines Zelt darin Platz gefunden hätte. Doch trotz seines unfertigen Zustandes herrschte in dem Haus eine so friedvolle Atmosphäre, dass ich so tief schlief wie seit Langem nicht mehr.

Ich verließ die freundlichen Rigauds bei herrlich sonnigem Wetter, sodass ich zu hoffen wagte, der Frühling sei nun endgültig gekommen, und fuhr weiter durch die reizvollen, von tiefen Flusstälern durchschnittenen westlichen Ausläufer des Zentralmassivs. Ausnahmsweise einmal ging fast kein Wind, und in der Stille hörte ich zum ersten Mal in diesem Jahr einen Kuckuck rufen. Zu Mittag aß ich Brot und Käse *sur l'herbe* auf einem hohen Hügelkamm und beobachtete die ruhigen Flugkunststücke eines Bussardpaares, während ich einen zweiten Topf Kaffee kochte – den ersten hatte ich in meiner Versunkenheit beim Anblick dieser wunderbaren Luftkünstler umgestoßen. Das alles war mehr, als ich mir von der Reise erwartet hatte – angenehmes Fahren durch eine idyllische Frühlingslandschaft. Und so ging es noch einige Tage weiter, Tage, die erfüllt waren von mildem Sonnenschein, dem frischen Duft sprießender Pflanzen und den Rufen von Kuckuck und Specht, Falke und Bussard.

Die Übernachtungen dagegen waren manchmal nicht ganz so idyllisch. Da Campingplätze dünn gesät waren, musste ich an Stellen nächtigen, die ich mir normalerweise nicht ausgesucht hätte. Einmal schlug ich auf Empfehlung eines Einheimischen mein Zelt an einem Bach außerhalb eines Dorfes auf und wurde dort von einem dem Trunk ergebenen älteren Mann belagert, der sich offenbar in dem Glauben wiegte, bei entsprechender Hartnäckigkeit seinerseits würde ich irgendwann seinem französischen Charme erliegen. Auch noch nachdem ich ihn erfolgreich abgewiesen hatte, hielt er sich weiter in nächster Nähe auf, und immer wenn ich von meinem Buch aufsah, zeigte seine große violette Nase in meine Richtung, und seine blutunterlaufenen Augen blickten mich mit dem vorwurfsvollen Ausdruck eines davongejagten Hundes an. Bei Einbruch der Dämmerung trollte er sich schließlich in die Dorfkneipe und war vermutlich bald *hors de combat*, außer Gefecht, denn er ward nicht mehr gesehen.

In Périgueux zeltete ich am Isle, einem schönen wilden, über Wasserfälle und Wehre schäumenden Fluss, an dessen nördlichem Ufer sich die Stadt erhebt. Hier sollte ich dem Pilgerführer von Aimery Picaud zufolge die Reliquien des heiligen Frontus verehren, eines überaus gottesfürchtigen, von Petrus persönlich geweihten Bischofs, der zahlreiche Wunder gewirkt haben soll. Aber wahrscheinlich war die Kirche wie die meisten anderen ohnehin geschlossen, und über der Suche nach einer anständigen Mahlzeit vergaß ich den heiligen Frontus schließlich ganz. In dieser Phase meiner Reise, nach so viel frischer Luft und körperlicher Betätigung, war mein Appetit gewaltig gestiegen, doch an Restaurants schien in Périgueux nicht gerade ein Überangebot zu herrschen. Nach einiger Zeit fand ich ein altes Hotel von dunkelbrauner Farbe und einer Atmosphäre fast wie auf Draculas Schloss. Ich war der einzige Gast in dem höhlenartigen, schwach erleuchteten Speiseraum. Nahe dem Eingang thronte eine vollbusige Madame mit messingfarbenem Haar an einem erhöhten Kassenpult aus Mahagoni und wachte über den schaurigen Ober, der mir, gekrümmt wie eine Haarnadel, Gang auf Gang brachte. Ab und zu streckte ein besorgt wirkender Koch den Kopf um die Ecke und machte den beiden anderen hektische Zeichen, die sie jedoch ignorierten. Er sollte in seiner Küche auf mein Rad aufpassen, da Madame der Meinung war, in Périgueux könne man nicht einmal ein abgeschlossenes Fahrrad draußen stehen lassen. Ich kann nicht behaupten, dass das Essen gastronomisch besonders beeindruckend gewesen wäre, aber es war ganz passabel und vor allem von hohem Unterhaltungswert – für alle Beteiligten. Denn als ich in die Küche ging, um *Robert* zu holen, wie mein Rad in Frankreich nach dem Herstellernamen auf dem Rahmen oft genannt wurde – die zweite Silbe wurde dabei zärtlich in die Länge gezogen, sodass der Name viel schöner klang als das profane englische Roberts –, amüsierten sich der Koch und sein hünenhafter, ziemlich wild aussehender Gehilfe königlich damit, auf *Robert* in der Küche herumzufahren.

Der Rückweg am Fluss entlang war wunderschön. Ein leichter Nebel stieg vom Wasser auf, und im weichen Mondlicht wirkte alles so altertümlich und romantisch – ganz anders als an dem rauen Abend zuvor, den ich auf einem Gemeindecampingplatz zwischen Saint-Leónard-de-Noblat und Limoges verbracht hatte. Die Reliquien Leonhards waren laut Aimery Picaud von allerhöchstem Interesse, aber mir waren auch dieser Heilige und damit der Sündenablass entgangen, den ich durch einen Besuch bei ihm hätte erlangen können – hauptsächlich deshalb, weil Picaud bei seiner Beschreibung diverser Orte, die Anspruch auf den Besitz des heiligen Leonhard erheben, so in Glut gerät, dass ich bald nicht mehr wusste, wo ich denn nun diesen Schutzpatron der Gefangenen anbeten sollte, dessen Schrein so stimmungsvoll mit dankbar herbeigebrachten Ketten befreiter Gefangener behängt sein soll. Zudem war die Strecke von Vézelay aus schwer zu finden; es gab so viele Varianten, dass ich zwar vielleicht in die richtige Richtung gefahren wäre, den heiligen Leonhard aber dennoch verpasst hätte.

Der Campingplatz war nicht viel mehr als eine kahle Fläche auf einem Hügel neben einem holprigen, abschüssigen Fußballplatz, von Zigeunern heimgesucht, die in Frankreich offenbar zahlreicher als in England und zu einem beträchtlichen Problem geworden sind. Die Gemeinden versuchen sie von den offiziellen Campingplätzen fernzuhalten, weil sie negative Auswirkungen auf den Tourismus befürchten. Nachdem ich mit einigen von ihnen in Kontakt gekommen war, konnte ich das in gewisser Weise verstehen, auch wenn die Frage angemessener Einrichtungen für diese Menschen bislang ungelöst ist. In die zivilisierte französische Campingszene passten sie jedenfalls nicht. Frei laufende Jagdhunde und wild entschlossene Kinder, die mit aufheulenden Motoren auf ihren Miniaturmotorrädern den Platz durchpflügten, machten jeden Frieden zunichte. Die Frauen hatten den Sanitärbereich mit Beschlag belegt und wuschen dort ihre Wäscheberge, während ihre finster dreinblickenden Männer abwechselnd vor meinem Zelt patrouillierten und mich jedes Mal, wenn sie an mir vorbeikamen, herausfordernd anstarrten.

Mein Zelt ist so klein und flexibel, dass ich es praktisch überall aufstellen kann, und ich hatte mir einen Platz unter den Bäumen am Rand des Geländes ausgesucht, so weit wie möglich von dem lärmenden Getriebe entfernt; die Männer mussten also einen ziemlichen Umweg machen, um so nahe an mir vorbeizugehen. Wahrscheinlich entsprang ihr Verhalten nur der ungezielten Feindseligkeit einer Minderheit, deren Lebensform ständig auf Widerstand stößt, und war daher nicht weiter bedrohlich, aber es machte mich nervös, und ich hatte das Gefühl, Zelt und Fahrrad nicht unbeaufsichtigt lassen zu können.

In der Nacht wurde es sehr kalt, doch ich brachte nicht die Energie auf, herauszukriechen und mich wärmer anzuziehen, sondern vergrub mich noch tiefer in meinem Schlafsack und wärmte mich mit meinem eigenen Atem. Trotz der Zigeuner schlief ich recht gut, denn bevor ich mich hinlegte, hatte ich die Bekanntschaft eines deutschen Ehepaares gemacht – Ilse und Dirk –, das ebenfalls auf dem Platz übernachtete und seinen Wohnwagen nicht weit von mir geparkt hatte, sodass ich mich nicht mehr so allein unter Fremden fühlte. Ich hatte sie auf dem Weg zu den Duschen kennengelernt, wir hatten die üblichen Artigkeiten ausgetauscht und uns über das Wetter und den Mangel an Campingplätzen unterhalten. Später hatten sie mich zum Kaffee in ihren gepflegten Wohnwagen eingeladen und mich dann gedrängt, auch noch zum Abendessen zu bleiben.

Dirk hatte ganz offensichtlich große gesundheitliche Probleme. Er wirkte schwach und krank, und ich muss irgendetwas gesagt oder gefragt haben, was den beiden Vertrauen einflößte, sonst wären wir nicht über unverfängliche Gesprächsthemen hinausgelangt. Sie wirkten zunächst sehr zurückhaltend, doch nachdem sie einmal angefangen hatten, überwand die Erleichterung darüber, offen reden zu können – zumal mit einer Fremden –, alle Hemmungen, und sie erzählten mir, dass Dirk an einer besonders schlimmen Form von Osteoporose litt und nicht mehr lange zu leben hatte. Die Krankheit, sagte er, sei durch Medikamente gegen ein ganz anderes, weit harmloseres Leiden hervorgerufen worden. Seit etwa einem Jahr kämpfte er dagegen an, und sein Körper war in dieser Zeit dramatisch geschrumpft. Er war entschlossen, die Zeit, die ihm noch blieb, nach Kräften zu nutzen, und deshalb machten er und Ilse diese Fahrt durch die ländlichen Gebiete Frankreichs, die sie schon immer geliebt hatten. Sie sehnten wärmeres Wetter herbei, denn längere Strecken zu fahren oder sich überhaupt viel zu bewegen war für Dirk bereits sehr ermüdend. Ihr wendigeres Wohnmobil hatten sie gegen einen Wohnanhänger eintauschen müssen, der Dirk mehr Bequemlichkeit bot. Er war sichtlich nicht der Mann, der irgendwelche Aktivitäten kampflos aufgab, und Ilse musste tatenlos zusehen, bis er ihr erlaubte, ihm zu helfen. Vermutlich war das Martyrium, das sie durchmachten, für sie noch weit schmerzvoller als für ihn.

Ich erfuhr, dass er finanziell überaus erfolgreich war und eine internationale Computerfirma besaß, die er zusammen mit seinem Sohn leitete. Doch durch seine Krankheit hatten sich seine Sichtweisen und Prioritäten geändert. Jetzt wünschte er sich, sein Sohn würde, solange er noch jung war, etwas mehr leben und etwas weniger an Geld und Verantwortung denken. Ich fragte ihn scherzhaft, ob er lieber einen Sohn wie meinen hätte, der ungefähr im gleichen Alter, aber ein eingefleischter Weltenbummler ist, ein junger Mann, der als Einhandsegler die Meere befährt, nichts besitzt als sein kleines Boot, auf dem er wohnt, und nur arbeitet, wenn sein Bankkonto wieder aufgefüllt werden muss. Ich hatte erwartet, dass Dirk in dasselbe Horn stoßen und etwas wie »eine Mischung aus beidem, das wäre vielleicht das Richtige« sagen würde. Stattdessen aber meinte er ganz ernst, ich solle mich glücklich schätzen, ein solches Kind großgezogen zu haben – worauf ich zugeben musste, dass ich nicht viel an dem Leben, das mein Sohn führte, auszusetzen hatte, egal, wie die Welt darüber dachte. »Wie auch?«, lachte Ilse. »Bei dem Beispiel, das ihm seine Mutter gibt!« Und plötzlich mussten wir alle drei lachen, froh und dankbar, und wollten gar nicht wieder aufhören, weil es nach unserem ernsten, düsteren Gespräch über den Tod so wunderbar erfrischend war. Sie hatten mich deshalb hereingebeten, vertraute Ilse mir beim Abschied an, weil ich mit meinem Fahrrad und meinem kleinen Zelt für Dirk einen Freiheitsdrang verkörperte, der ihm manchmal einen schmerzhaften Stich versetzte, wenn er an die langen Sommer seiner Jugend zurückdachte, als er durch Deutschland gezogen war und das ganze Leben noch vor sich gehabt hatte.

Ich fragte sie, wohin sie als Nächstes fahren wollten, aber sie wussten es noch nicht; sie wollten einfach noch möglichst lange unterwegs sein. Sie hatten einen Punkt erreicht, an dem sie nichts mehr, nicht einmal den nächsten Tag, mit einiger Sicherheit planen konnten. Sie mussten ganz im Augenblick leben, was ja, wie ich mich plötzlich erinnerte, für viele Glaubensrichtungen die einzig angemessene Art zu leben ist. Ilse und Dirk hatten sich nicht etwa zu irgendeiner Religion bekannt; sie waren einfach nur auf Reisen, so wie ich auch. Unsere Wege hatten sich gekreuzt, wir hatten einander unsere Geschichte erzählt und würden uns nun wieder trennen. Als ich am nächsten Morgen nach einem Frühstück aus Kaffee und einer etwas verschrumpelten Orange – mehr hatte ich nicht mehr – aufbrach, waren die Rollos an ihrem Wohnwagen noch heruntergelassen, alles war still, und so konnten wir uns nicht mehr verabschieden. Aber ich dachte in den folgenden Tagen noch oft an sie und setzte sie, ohne dass sie mich darum gebeten hätten, auf die immer länger werdende Liste jener, für die ich in Compostela beten wollte.

Teil II

Aus Lust und Liebe – Genussradler und Hobbybiker

Heinrich Böll

Wenn Seamus einen trinken will …

Wenn Seamus (sprich *Schämes*) einen trinken will, muss er sich wohl überlegen, für wann er sich seinen Durst bestellt: Solange die Fremden im Ort sind (und es sind deren nicht in allen Orten), kann er seinem Durst einige Freiheit lassen, denn die Fremden dürfen trinken, wann immer ihnen Durst kommt, und so kann auch der Einheimische sich getrost zwischen sie an die Theke stellen, zumal er ja ein folkloristisches, den Fremdenverkehr förderndes Element ist.

Nach dem 1. September aber muss Seamus seinen Durst regulieren. Die Polizeistunde ist werktags um 22 Uhr, das ist schon bitter genug, denn an warmen, trockenen Septembertagen arbeitet Seamus oft bis halb zehn, manchmal länger. Sonntags aber muss er sich zwingen, entweder bis nachmittags zwei Uhr oder zwischen sechs und acht Uhr abends durstig zu sein.

Hat das Mittagessen lange gedauert, kommt der Durst erst nach zwei Uhr, so wird Seamus seine Stammkneipe geschlossen finden, den Wirt, auch wenn es ihm gelingt, ihn herauszuklopfen, sehr *sorry* finden und nicht im Geringsten geneigt, für ein Glas Bier oder einen Whisky fünf Pfund Geldstrafe, eine Fahrt in die Provinzhauptstadt, einen verlorenen Arbeitstag zu riskieren. Sonntags zwischen zwei und sechs haben die Kneipen zu schließen, und des Ortspolizisten ist man nie ganz sicher; es gibt ja Leute, die sonntags nach einem schweren Mittagessen Anfälle von Korrektheit bekommen und sich an Gesetzestreue besaufen. Aber auch Seamus hat ein schweres Mittagessen gehabt, und seine Sehnsucht nach einem Glas Bier ist keineswegs unverständlich, noch weniger sündhaft.

So steht Seamus fünf Minuten nach zwei auf dem Dorfplatz und überlegt. Das verbotene Bier schmeckt in der Erinnerung seiner durstigen Kehle natürlich besser, als leicht erhältliches Bier schmecken würde. Seamus denkt nach: Es gibt einen Ausweg, er könnte sein Fahrrad aus dem Schuppen holen, die sechs Meilen zum Nachbardorf strampeln, denn der Wirt im Nachbardorf muss ihm geben, was ihm der heimatliche Wirt verweigern muss: sein Bier. Dieses abstruse Trinkgesetz hat die zusätzliche Floskel, dass dem Reisenden, der mindestens drei Meilen von seinem Heimatdorf entfernt ist, der kühle Trunk nicht zu verweigern sei. Seamus überlegt immer noch: Die geografische Situation ist für ihn ungünstig – man kann sich den Ort, an dem man geboren wird, leider nicht aussuchen –, und Seamus hat das Pech, dass die nächste Kneipe nicht genau drei, sondern sechs Meilen weg ist – ein für einen Iren außergewöhnliches Pech, denn sechs Meilen ohne Kneipe sind eine Seltenheit. Sechs Meilen hin, sechs Meilen zurück – zwölf Meilen, mehr als achtzehn Kilometer für ein Glas Bier, und außerdem geht es noch ein Stück bergauf.

Seamus ist kein Säufer, sonst würde er gar nicht so lange überlegen, sondern längst auf dem Fahrrad sitzen und lustig mit den Schillingmünzen in seiner Tasche klimpern. Er will ja nur ein Bier trinken: Der Schinken war so scharf gesalzen, so gepfeffert der Kohl – und steht es etwa einem Manne an, seinen Durst mit Brunnenwasser oder Buttermilch zu löschen? Er betrachtet das Plakat, das über der Stammkneipe hängt: ein riesiges, naturalistisch gemaltes

Glas Bier, lakritzig dunkel und so frisch der bittere Trank und darüber der weiße, schneeweiße Schaum, der von einem durstigen Seehund aufgeleckt wird. *A lovely day for a Guinness!* O Tantalus! So viel Salz im Schinken, so viel Pfeffer im Kohl.

Fluchend geht Seamus ins Haus zurück, holt das Fahrrad aus dem Schuppen, trampelt zornig drauflos. O Tantalus – und die Wirkung geschickter Reklame! Es ist heiß, sehr heiß, der Berg ist steil, Seamus muss absteigen, das Fahrrad schieben, er schwitzt und flucht: Seine Flüche bewegen sich nicht in der sexuellen Sphäre wie die Flüche weintrinkender Völker, seine Flüche sind Spirituosentrinkerflüche, gotteslästerlicher und geistiger als die sexuellen Flüche, denn immerhin: In Spirituosen steckt *spiritus*: Er flucht auf die Regierung, flucht wahrscheinlich auch auf den Klerus, der dieses unverständliche Gesetz hartnäckig hält (wie der Klerus in Irland auch bei der Vergebung von Kneipenlizenzen, bei der Festlegung der Polizeistunden, bei Tanzvergnügen das entscheidende Wort spricht), dieser schwitzende durstige Seamus, der vor wenigen Stunden so ergeben und offensichtlich fromm in der Kirche gestanden und das Sonntagsevangelium gehört hat.

Endlich erreicht er die Höhe des Berges: Hier spielt nun der Sketch, den ich gerne schreiben möchte, denn hier begegnet Seamus seinem Vetter Dermot aus dem Nachbardorf. Dermot hat auch gesalzenen Schinken, gepfefferten Kohl gegessen, auch Dermot ist kein Trinker, nur ein Glas Bier will er gegen seinen Durst; auch er hat – im Nachbardorf – vor dem Plakat mit dem naturalistisch gemalten Glas Bier, dem genießerischen Seehund gestanden, auch er hat überlegt, hat schließlich das Fahrrad aus dem Schuppen geholt, es den Berg hinaufgeschoben, geflucht, geschwitzt – nun begegnet er Seamus: Ihr Dialog ist knapp, aber gotteslästerlich –, dann saust Seamus den Berg hinunter auf Dermots Stammkneipe, Dermot auf Seamus' Stammkneipe zu, und sie werden beide tun, was sie nicht vorhatten: Sie werden sich sinnlos besaufen, denn für ein Glas Bier, für einen Whisky diesen Weg zu machen, das würde sich nicht lohnen. Irgendwann an diesem Sonntag werden sie taumelnd und singend ihre Fahrräder den Berg wieder hinaufschieben, werden in halsbrecherischer Kühnheit den Berg hinuntersausen. Sie, die gar keine Säufer sind – oder sollten sie doch welche sein? –, werden Säufer sein, bevor es Abend geworden ist.

Vielleicht aber entschließt sich Seamus, der nach zwei Uhr durstig auf dem Dorfplatz steht und den schleckenden Seehund betrachtet, zu warten, das Fahrrad nicht aus dem Schuppen zu holen; vielleicht entschließt er sich, seinen Durst – o welche Erniedrigung für einen rechten Mann! – mit Wasser oder Buttermilch zu löschen, sich mit der Sonntagszeitung aufs Bett zu hauen. In der drückenden Nachmittagshitze und Stille wird er eindösen, wird plötzlich erwachen, auf die Uhr blicken und voller Entsetzen – als sei der Teufel hinter ihm her – in die Kneipe gegenüber stürzen, denn es ist Viertel vor acht geworden, und sein Durst hat nur noch eine Viertelstunde Zeit. Schon hat der Wirt angefangen, stereotyp zu rufen: »*Ready now, please! Ready now, please!* – Schluss jetzt, bitte! Schluss jetzt, bitte!« Hastig und zornig, immer mit dem Blick auf die Uhr, wird Seamus drei, vier, fünf Glas Bier hinunterstürzen, etliche Whiskys hinterherkippen, denn der Uhrzeiger rutscht immer näher auf die Acht zu, und schon hat der Posten, der draußen vor der Tür steht, berichtet, dass der Dorfpolizist langsam heranschlendert: Es gibt ja so Leute, die sonntagnachmittags Anfälle von schlechter Laune und Gesetzestreue haben.

Wer sonntags kurz vor acht in einer Kneipe plötzlich vom »Schluss jetzt, bitte!« des Wirtes überrascht wird, der kann sie alle hereinstürzen sehen, alle, die keine Säufer sind, denen aber plötzlich eingefallen ist, dass die Kneipe bald schließt und dass sie noch gar nicht getan haben, wozu sie möglicherweise gar keine Lust hätten, wenn es diese verrückte Bestimmung nicht gäbe: dass sie sich noch nicht betrunken haben. Fünf Minuten vor acht wird der Andrang dann enorm: Alle saufen gegen den Durst, der vielleicht um zehn, um elf noch kommen kann, vielleicht aber auch nicht. Außerdem fühlt man sich verpflichtet, ein bisschen zu spendieren: Da ruft der Wirt verzweifelt seine Frau, seine Nichten, Enkel, Großmutter, Urahne und Tante zur Hilfe herbei, weil er drei Minuten vor acht noch sieben Lokalrunden verzapfen muss: sechzig halbe Liter Bier, ebenso viele Whiskys müssen noch ausgeschenkt, müssen noch getrunken werden. Diese Trinkfreudigkeit, diese Spendierfreudigkeit hat etwas Kindisches, hat etwas vom heimlichen Zigarettenrauchen derer, die sich ebenso heimlich, wie sie rauchen, erbrechen – und das Ende, wenn der Polizist Punkt acht an der Tür sichtbar wird, das Ende ist reine Barbarei: Da stehen blasse, verbitterte Siebzehnjährige versteckt irgendwo im Kuhstall und schütten Bier und Whisky in sich hinein, erfüllen die sinnlosen Spielregeln des Männerbundes, und der Wirt, der Wirt kassiert: Haufen von Pfundscheinen, klimperndes Silber, Geld, Geld – das Gesetz aber ist erfüllt.

Der Sonntag ist jedoch noch lange nicht zu Ende: Es ist Punkt acht – früh noch, und der Sketch, der nachmittags um zwei mit Seamus und Dermot gespielt wurde, kann jetzt mit beliebig großer Besetzung wiederholt werden: abends gegen Viertel nach acht, oben auf dem Berg: Zwei Gruppen Betrunkener begegnen sich; um das Gesetz mit der

Drei-Meilen-Bestimmung zu erfüllen, wechseln sie nur die Dörfer, nur die Kneipen. Viele Flüche steigen am Sonntag zum Himmel in diesem frommen Land, das zwar katholisch ist, aber nie von einem römischen Söldner betreten wurde: ein Stück katholisches Europa außerhalb der Grenzen des Römischen Reiches.

Henry Miller

Mein bester Freund

Ob man es glaubt oder nicht: Das war mein Fahrrad. Dieses, von dem ich spreche, hatte ich im Madison Square Garden gekauft, nach einem Sechstagerennen. Es war in Chemnitz, Böhmen, hergestellt, und der Sechstagefahrer, dem es gehörte, war, glaube ich, ein Deutscher. Es unterschied sich von anderen Rennrädern dadurch, dass die Lenkstange schräg zu den Handgriffen hinunterführte.

Ich hatte zwei andere Räder amerikanischer Fabrikation. Die lieh ich meinen Freunden aus, wenn sie eines brauchten. Auf dem aus dem Garden fuhr nur ich selbst. Es war für mich wie ein geliebtes Haustier. Und warum nicht? Hatte es mich nicht durch alle meine Zeiten der Unruhe und Verzweiflung gebracht?

Ja, ich machte eine Liebe durch, eine erste Liebe, und etwas Katastrophaleres gibt es ja bekanntermaßen nicht. Meine Freunde waren verärgert und ließen mich einer nach dem anderen im Stich oder umgekehrt. Ich war unglücklich und allein. Ob meine Eltern meine traurige Lage kannten, weiß ich nicht mehr, aber ich bin sicher, sie wussten, dass mir etwas zu schaffen machte. Dieses »etwas« war eine schöne junge Frau namens Una Gifford, die ich auf der Highschool kennengelernt hatte.

Wie ich an anderer Stelle gesagt habe, waren wir solch unschuldige Wesen, dass wir uns vielleicht zwei- oder dreimal küssten – auf einer Party zum Beispiel, niemals anderswo. Obwohl wir beide Telefon hatten, haben wir nie miteinander telefoniert. Warum, frage ich mich. (Weil es zu ungehörig gewesen wäre, vielleicht.) Wir haben einander geschrieben, ja, aber in langen Abständen. Ich erinnere mich, wie ich jeden Tag, wenn ich heimkam, zuerst zum Kaminsims ging, wo die Post hingelegt wurde, und fast immer grüßte mich dort eine gähnende Leere.

Es war die Zeit, als ich fast ständig auf Arbeitssuche war (vergeblich). In Wirklichkeit sah ich mir einen Film oder eine Tingeltangelvorstellung an (wenn ich es mir leisten konnte). Dann hörte ich plötzlich auf damit und tat nichts. Nichts als Rad fahren. Oft war ich sozusagen von morgens bis abends im Sattel. Ich fuhr überallhin und gewöhnlich in recht flottem Tempo. An manchen Tagen begegnete ich beim Brunnen im Prospect Park einigen Sechstagefahrern. Sie erlaubten mir, ihnen auf der leichten Strecke, die vom Park nach Coney Island führte, das Tempo vorzugeben.

Ich besuchte Orte, an denen ich früher oft gewesen war – Bensonhurst, Ulmer Park, Sheepshead Bay, Coney Island. Und wie unterschiedlich sich auch die Umgebung darbietet, ständig denke ich an sie. Warum schreibt sie mir nicht? Wann wird die nächste Party sein? usw. usw. Nie hatte ich dabei obszöne Gedanken, nie träumte ich davon, eines Tages mit ihr zu vögeln oder sie auch nur zu betasten. Nein, sie war wie die Prinzessin im Märchen – unberührbar selbst im Traum.

Auch kam es mir nie in den Sinn, nach Greenspoint zu fahren, wo sie wohnte, vielleicht ihre Straße hinauf- und hinunterzufahren in der Hoffnung, einen flüchtigen Blick auf sie zu werfen. Nein, ich fuhr zu den entlegenen Orten, mit denen sich für mich Erinnerungen an die Kindheit verbanden – und an glückliche Tage.

Ich dachte an jene idyllischen Zeiten, wehmütig, mit schwerem Herzen. Wo waren sie jetzt, diese teuren Gefährten meiner frühen Jugend? Machten sie auch solche Qualen durch wie ich – oder war der eine oder andere vielleicht schon verheiratet?

Manchmal, nach der Lektüre eines guten Buches, dachte ich an nichts anderes als an die Figuren, die in diesem Buch vorkamen. Die Figuren, die mir am meisten durch den Kopf gingen, stammten gewöhnlich aus Dostojewskis Romanen, vor allem aus *Der Idiot, Die Brüder Karamasow* und *Die Dämonen.* Sie waren sogar für mich keine Figuren aus Büchern mehr, sondern lebendige Gestalten, Personen, die in meinen Träumen auftauchten. So musste ich etwa, wenn ich an eine absurde Gestalt wie Smerdyakow dachte, plötzlich laut lachen – nur um mich gleich darauf zur Ordnung zu rufen und meine Gedanken ihr zuzuwenden. Ich wurde sie einfach nicht los. Ich war von ihr besessen, fasziniert, verlassen. Wäre sie mir infolge eines ganz großen Zufalls in die Arme gelaufen, ich hätte keine Silbe herausgebracht.

Gewiss, alle Jubeljahre einmal bekam ich einen Brief von ihr, gewöhnlich aus einem Urlaubsort, wo sie ihre Sommerferien verbrachte. Es war immer ein kurzer Brief, in konventionellen Worten abgefasst – und für meine Begriffe bar jeden Gefühls. Und meine Antwort fiel dann entsprechend aus, obwohl mir das Herz dabei brach.

Gebrochene Herzen! Das war ein Thema, dem ich mich ganz hingab. Litten andere meines Alters die gleichen Qualen? War eine erste Liebe immer so schmerzhaft, misslich und trostlos? War ich vielleicht ein besonderer Fall, ein »Romantiker« reinsten Wassers? Die Antworten auf diese Fragen standen gewöhnlich auf den Gesichtern meiner Freunde geschrieben. Sowie ich ihren Namen erwähnte, wurde mir ein Blick völligen Desinteresses zuteil. »Denkst du noch immer an sie?« – »Hast du noch nicht genug?« Und so weiter. Wie dumm kann sich einer nur benehmen, und auch noch wegen eines Mädchens – dieser Gedanke schwang in ihrer Reaktion mit.

Während wir dahinrollten (ich und mein Double), ging ich diese fundamentalen Tatsachen durch, vorwärts und rückwärts. Es war wie die Beschäftigung mit einem algebraischen Lehrsatz. Und kein einziges Mal begegnete ich einer mitfühlenden Seele. Ich fühlte mich so allein, dass ich mein Rad meinen Freund nannte. Ich führte stumme Gespräche mit ihm. Und natürlich ließ ich ihm die beste Pflege angedeihen. Wenn ich nach Hause zurückkehrte, stellte ich es jedes Mal auf Lenker und Sattel, holte einen sauberen Lappen und polierte Naben und Speichen. Dann reinigte ich die Kette und fettete sie frisch ein. Dabei blieben hässliche Flecken auf den Steinen des Gehwegs zurück. Meine Mutter beklagte sich und bat mich, doch vorher Zeitungspapier unterzulegen. Manchmal regte sie sich so sehr auf, dass sie voller Sarkasmus sagte: »Ich wundere mich nur, dass du das Ding nicht mit ins Bett nimmst!« Worauf ich zurückgab: »Das würde ich auch, wenn ich ein anständiges Bett hätte, das groß genug ist.«

Das war ein weiterer Übelstand, mit dem ich mich abfinden musste – kein eigenes Zimmer. Ich schlief in einem kleinen Flurschlafzimmer, dessen einziger Schmuck ein Rouleau gegen das frühmorgendliche Licht war. Wenn ich ein Buch las, dann am Esszimmertisch. Das Wohnzimmer benutzte ich nur, um Platten zu spielen. Wenn ich dort (im düsteren Wohnzimmer) meinen Lieblingsplatten lauschte, packte mich der Liebeskummer immer am Ärgsten. Jede meiner Platten, die ich auflegte, vertiefte meine Qualen. Am meisten, von der Ekstase bis zur absoluten Verzweiflung, bewegte mich der jüdische Kantor Sirota. Nach ihm kam

Amato, der Bariton von der Metropolitan Opera. Und auf diesen folgten Caruso und der beliebte irische Tenor John McCormack.

Ich kümmerte mich um mein Rad wie ein anderer sich um seinen Rolls-Royce. Bei größeren Reparaturen brachte ich es immer in das gleiche Geschäft an der Myrtle Avenue, das einem Neger namens Ed Perry gehörte. Er fasste mein Rad sozusagen mit Samthandschuhen an. Er sorgte stets dafür, dass weder das Vorder- noch das Hinterrad wackelte. Oft nahm er kein Geld von mir, weil er, wie er es ausdrückte, keinen anderen kannte, der sein Rad so sehr liebte wie ich.

Es gab Straßen, die ich mied, und Straßen, die ich bevorzugte. In manchen Straßen gab mir die Architektur einen richtigen Aufschwung. Es gab ruhige Straßen und heruntergekommene Straßen, reizvolle und auch grässlich langweilige Straßen. (Hat nicht Whitman irgendwo gesagt: »Architektur ist, was man ihr antut, wenn man sie ansieht«?) Als leidenschaftlicher Fußgänger war ich in der Lage, einen komplizierten inneren Dialog zu führen und mir gleichzeitig der Szenerie bewusst zu sein, durch die ich mich bewegte. Rad fahren war ein wenig anders; da musste ich schon aufpassen, wenn ich nicht stürzen wollte.

Etwa um diese Zeit war Frank Kramer der Rennchampion, den ich natürlich vergötterte. Einmal gelang es mir, ihm bei einem seiner Übungsrennen vom Prospect Park nach Coney Island auf den Fersen zu bleiben. Ich erinnere mich, dass er mir auf den Rücken klopfte, als ich ihn einholte, und sagte: »Tadellos, junger Mann – machen Sie so weiter!« Das war sozusagen ein Sonntag in meinem Leben. Ausnahmsweise einmal vergaß ich Una Gifford und gab mich ganz dem Traum hin, dass ich eines Tages im Madison Square Garden fahren würde, zusammen mit Walter

Rutt, Eddie Root, Oscar Egg und anderen berühmten Rennfahrern.

Nach einiger Zeit, daran gewöhnt, so viele Stunden auf dem Rad zu verbringen, interessierte ich mich immer weniger für meine Freunde. Mein Rad war jetzt zu meinem einzigen Freund geworden. Ich konnte mich auf ihn verlassen, was ich von meinen Kumpels nicht behaupten konnte. Es ist zu schade, dass mich niemand mit meinem »Freund« fotografiert hat. Ich gäbe alles darum, wüsste ich jetzt, wie wir zusammen ausgesehen haben.

In Paris besorgte ich mir Jahre später ein anderes Fahrrad, aber das war ein Allerweltsmodell, mit Rücktrittbremse. Wollte man langsamer fahren, musste man sich der Beine bedienen. Ich hätte mir Handbremsen anbringen lassen können, aber dann hätte ich mich wie ein Waschlappen gefühlt. Es war gefährlich und aufregend, in Höchstgeschwindigkeit durch die Straßen der Stadt zu rasen. Glücklicherweise gab es damals noch nicht viele Autos. In der Hauptsache musste man auf Kinder aufpassen, die mitten auf der Straße spielten.

Mütter schärften ihren Kindern ein, vorsichtig zu sein und auf diesen verrückten jungen Mann aufzupassen, der da durch die Straßen spurtete. Mit anderen Worten, ich wurde zum Schrecken der ganzen Nachbarschaft.

Ich war sowohl ein Schrecken wie ein Ergötzen – die Kleinen rannten alle zu ihren Eltern und wollten auch so ein Fahrrad haben.

Wie lange kann das Herz schmerzen, ohne zu brechen? Ich habe keine Ahnung. Ich weiß nur, dass ich eine strapaziöse Zeit mitmachte, als ich ein Mädchen in absentia verehrte. Sogar an meinem 21. Geburtstag – einem großen Ereignis in meinem Leben – saß ich in einiger Entfernung von ihr, zu schüchtern, um den Mund aufzumachen und ihr von meiner Liebe zu erzählen. Zum letzten Mal sah ich sie kurz danach, als ich mich mit meinem ganzen Mut dazu aufraffte, an ihrer Tür zu klingeln und ihr zu sagen, dass ich nach Juneau, Alaska, aufbrach, um unter die Goldwäscher zu gehen.

Schwerer fast fiel es mir, mich von meinem Rad aus Chemnitz zu trennen. Ich muss es einem meiner Kumpels gegeben haben, aber wem, das weiß ich nicht mehr.

Man sollte dabei bedenken, dass ich mich, brach mir auch das Herz, noch immer gut amüsieren konnte. Wenn ich das Geld dafür hatte, sah ich mir oft eine Vaudeville-Show im Palace an oder verbrachte den Nachmittag im Houston Street Burlesk oder einem anderen Tingeltangeltheater. Die Spaßmacher jener Shows sollten später Rundfunk- und Fernsehstars werden. Mit anderen Worten, war mir auch einerseits das Lachen vergangen, so konnte ich doch andererseits weiterlachen. Diese Fähigkeit, allem zum Trotz lachen zu können, war es, die mich rettete. Ich kannte bereits den berühmten Ausspruch von Rabelais: »Für all euer Leiden verschreibe ich euch Lachen.« Ich kann aus persönlicher Erfahrung sagen, dass dieser Satz ein Stück der höchsten Weisheit ist. Davon gibt es heute so herzlich wenig – kein Wunder, dass die Rauschgifthändler und Psychoanalytiker im Sattel sitzen.

Goffredo Parise

Libertà – Freiheit

An einem Frühlingstag trat ein junger amerikanischer Maler namens Tom Corey »schnell wie der Wind« auf einem kanariengelben Rennrad unter den hohen Pinien im Park der Villa Borghese in die Pedale. Der Himmel war (natürlich) blau, aber eher hellblau als azurblau, mit einigen Wolken, und inmitten der Wolken war ein grauer Schleier und auf dem grauen Schleier ein rosa Flaum wie aus Puder. Tom (er natürlich auch) trug Turnschuhe, Bluejeans und ein flatterndes dunkelrotes Hemd aus glänzender Seide mit dicken, großen, handgemalten blauen Blumen, das er für einen Dollar in einem chinesischen Altkleiderladen auf der Zweiundvierzigsten Straße in New York gekauft hatte. Er hatte blondes Haar und hellblaue Augen, war schlank und nicht allzu groß, wie ein Tänzer. Er fuhr stürmisch wie ein Junge und war schon ganz rot im Gesicht. Er schwitzte ein wenig und strömte dadurch einen Geruch aus wie ein gegangener Hefeteig, bereit, in den Ofen geschoben zu werden.

Auf seiner Fahrt durchquerte er dunkle Schattenfelder, die mit schwarzer und feuchter Vegetation bedeckt waren und aus denen Tuffstein und sogar Moos hervorschienen. In diesen Abschnitten erholte er sich von der nur leicht durch den Wind gemilderten, glühenden Sonne, die ihm an den ungeschützten Stellen mitten ins Gesicht schien. Er lachte oder lächelte und zeigte dabei seine schönen, kräftigen weißen Zähne, mit Spritzern von Speichel und Licht. Manchmal schloss er halb die Augen, bremste die »raketenschnelle« Fahrt oder hielt sogar an und betrachtete mit immer noch halb geschlossenen Augen eine Statue, einen Brunnen, eine Wiese unter dem Piniendach, das Licht, das hindurchschien, und die verschiedenen Grüntöne auf der Wiese, von Erbsengrün bis Grau.

Er hielt lange vor dem Haus von Raphael, unentschlossen, mit einer Fußspitze auf dem Boden, unbeweglich und angespannt. Er schloss die Augen immer mehr und biss sich auf den Schnauzbart, dann nahm er die Fahrt wieder auf, aber nachdenklich, und schoss bergab an der Piazza di Siena entlang. Sein Blick glitt hinab in die schattige Mulde, er hielt an und lehnte das gelbe Fahrrad an eine Hecke (das Rad sank hinein in das dunkle Grün). Er griff hinter dem Sattel nach einer Mappe und einer Holzschachtel, mit diesem Malgerät unter dem Arm und in der Hand machte er ein paar Schritte, bis er das weite Becken der Reitbahn überschaute. Hier setzte er sich auf ein Mäuerchen, lehnte die Mappe an, entnahm ihr ein packpapiergelbes Blatt und legte es auf die Mappe. Er befestigte es seitlich mit zwei Klämmerchen und öffnete die Schachtel mit den Pastellkreiden, die ganz klein und in lauter einzelne Stücke zerbrochen waren.

Unnötig zu sagen, dass auch Tom, wie alle schönen und jungen Menschen, die zu einer großen und reichen Familie oder zu einem großen und reichen Land gehören, arm, aber glücklich war. Wie alle glücklichen Menschen war er sich kaum bewusst, dass er arm war, und war sich überhaupt nicht bewusst, dass er glücklich war. Er aß vielleicht einmal am Tag, schlief in einer Bruchbude in einer verrufenen Gegend inmitten alter römischer Mauern, aus denen Blut und Tod sickerten (aber er verwechselte zu Recht Blut und Tod mit Geschichte), und tanzte abends oft Boogie oder Rock mit gewissen Negermädchen aus New York (Mannequins). Dabei verströmte er seinen Geruch von Brotteig und behandelte sie lediglich als rhythmisches Material, und sie waren glücklich, so behandelt zu werden.

Er sprach ein paar Worte Italienisch, aber sehr wenig und mit einer erstaunten jaulenden Anmut, die sein Vokabular vervollständigte. Er malte Landschaften und Interieurs und fuhr jeden Tag mit seinem kanariengelben Rad durch Rom oder ging mit seinen winzigen Ölkreiden in die Häuser. Dort blieb er eine Stunde, vielleicht auch zwei, wenn das Licht sich nicht zu stark änderte. Aber wenn das Licht wechselte und er nicht mehr so glücklich war oder so unglücklich, wie sein Glück es verlangte, ging er nach einer Viertelstunde. Dann kam er am Tag darauf zurück, wenn die Sonne hoch oder schräg stand.

Es gefiel ihm, die Farbe der vergänglichen Dinge zu treffen, vor allem in jenen unglücklichen Lichtsituationen am Morgen, wenn man die Sonne im Rücken hat und sie noch nicht die Mauern, die Bäume und die Wiesen erwärmt und alles noch von etwas Morgendlichem eingehüllt ist, das jedoch mehr der Nacht als dem Tag angehört. Jener völlige Mangel an direktem Licht oder jenes schräge, funkelnde, nur kurz andauernde Licht waren der Grund für sein Kommen und Gehen. In solchen Momenten saugte nicht nur das packpapiergelbe Blatt, auf dem er die Kreiden zerrieb, jene Feuchtigkeit und Kühle auf, sondern auch seine Haut und seine Muskeln. Und all das übertrug sich gleichzeitig vom Papier auf die Muskeln und von den Muskeln aufs Papier.

Jener Frühlingstag und der Platz, den er ausgewählt hatte, waren von dieser Art. Tom arbeitete rasch und ein bisschen verärgert und kurzsichtig. Er hob den Kopf und wartete, dass eine von jenen grauweißen und rosa Wolken die Sonne bedeckte. Da die Wolken rasch vorbeizogen, passierte das oft, und Tom arbeitete schneller mit seinen Kreiden, den Kopf bis auf das Blatt gesenkt.

Nicht weit von ihm saß auf einem Klappstühlchen eine Frau. Sie war nicht alt, aber fast alt. Ihre Beine waren ganz in dicke graurosa Stützbandagen gewickelt, die sie drückten. Bei der Frau standen zwei junge Männer, an ein blaues Auto gelehnt, und rauchten schweigend. Einer von ihnen hatte eine Pistole im Gürtel stecken.

Die Frau beobachtete Tom, während er malte. Sie musterte ihn hin und wieder verstohlen, immer häufiger, mit größter Neugier und jener Art von unschuldiger Indiskretion, die alten Leuten und Kindern eigen ist. In der Zwischenzeit dachte sie an gewisse Vorgänge in der italienischen Politik, bei denen sie nicht nur eine führende Rolle gespielt hatte (es handelte sich um eine Senatorin), sondern deren Zeugin sie auch gewesen war. Der Körper der Frau war stämmig und füllig wie die eingewickelten Beine, aber nicht fett, so wie der einer Bäuerin, und wie eine Bäuerin war sie sauber und korrekt gekleidet und frisiert. Auch ihr Gesicht war das einer Bäuerin, aber im Gegensatz zu einer Bäuerin, die sie gewesen sein musste, war das Gesicht durch etwas getrübt, etwas, was noch nicht lange da sein konnte, etwas Geradliniges und Grausames, wie in dem Gesicht alter Nonnen, die Befehle geben.

Dennoch betrachtete die Frau Tom, als hätte oder zeigte er in der Art, sich zu bewegen und zu sein und die Kreidestifte auf dem Papier zu zerreiben, etwas, was sie nicht kannte, was sie nie in ihrem Leben gesehen hatte. Sehr langsam erhob sie sich von ihrem Klappstühlchen. Sie hatte einen dünnen schwarzen Spazierstock mit gebogenem Griff, auf den sie sich stützte. Ihre Füße waren dick und klobig und steckten unsicher in den schwarzen Schuhen, die eigens angefertigt schienen. Sie näherte sich Tom, schaute zuerst ihn aus der Nähe aufmerksam an und dann das, was er tat. Für einen Augenblick wurde Tom von einem Spatzen abgelenkt, der sich auf eine Ecke der Mappe gesetzt hatte und die Flügel wie ein Schirmchen auf- und niederschlug. Die Frau nutzte diesen Moment und sagte: »Störe ich Sie nicht?«

Tom zuckte ein wenig zusammen und drehte sich nach der Dame hinter ihm um. In seiner etwas jaulenden und lachenden Art breitete er Arme, Hände und Finger zu einer Willkommensgeste aus, und nervös und schüchtern, als wolle er sie umarmen, sagte er errötend:

»O nein, bitte.« Er machte eine Pause und sagte noch einmal: »Bitte.«

»Sie sind Künstler, Maler«, sagte die Frau mit einer schönen, etwas männlichen Stimme.

»Ja«, sagte Tom und wurde wieder rot.

»Ein ausländischer Maler?«

»Amerikaner«, sagte Tom.

»Ah, Amerikaner«, fügte die Frau hinzu und neigte den Kopf in freundlicher, geradezu respektvoller Weise. Es entstand eine Pause, in der Tom nicht wusste, was er sagen sollte, während die Frau immer noch da stand. Er fand in diesem Moment nicht die Worte auf Italienisch, um die gerade begonnene Unterhaltung fortzusetzen. Aber die Frau, die sich zwang, ihre ruhige und autoritäre Stimme so freundlich wie möglich klingen zu lassen, sagte »Guten Tag« und entfernte sich in Richtung des blauen Wagens. Die beiden jungen Männer halfen ihr beim Einsteigen, und das Auto fuhr langsam davon.

Monate vergingen, Tom sah die Frau mit den eingewickelten Beinen nicht wieder und vergaß sie vollkommen. Nicht so jedoch die Frau, die von Zeit zu Zeit mit dem

Auto und den beiden Leibwächtern auf ihren Spazierfahrten im Park der Villa Borghese vorbeikam und ihn aus dem Seitenfenster erblickte. Sie gab dann den Befehl, langsamer zu fahren, und schaute einen Moment lang hinaus, bevor der Wagen lautlos in Richtung Senat davonfuhr. Trotz ihrer Krankheit und ihres Alters wurde die Frau immer noch als kämpferisch angesehen, nicht mehr so wie früher, aber sie war, wie es in Italien oft vorkommt, eine Person von hohem politischen Ansehen. Tom wusste das nicht, und er würde es wohl nie erfahren, so weit entfernt war sein Leben von dieser italienischen Politik.

Aber die Frau erinnerte sich an Tom, und ihre Erinnerung war immer mit etwas verknüpft, das sie auf geradezu skandalöse Weise angezogen hatte, so dachte sie bei sich. Aber leider war es ihr unmöglich, es zu begreifen, sodass sie sich oft danach fragte, ohne je eine Antwort darauf zu finden. Einige Jahre später kam ihr eine Journalistin zu Hilfe, die sie für eine Frauenzeitschrift interviewte und ihr unter anderem folgende Frage stellte: »Senatorin, wie würden Sie den Begriff Freiheit definieren? Rosa Luxemburg …«

»Ich weiß, ich weiß«, unterbrach die Frau sie, lächelte »diplomatisch« und hob ein wenig die Hand. Das Lächeln verschwand, und ihre Stimme nahm wieder den etwas männlicheren Tonfall an.

»Freiheit ist der Sozial…«, hier stockte sie einen Moment. »Freiheit ist ein amerikanischer Maler im Park der Villa Borghese«, hätte sie sagen wollen. Sie beendete den Satz: »… Sozialismus, unser Sozialismus.«

Antonio Skármeta

Der Radfahrer vom San Cristóbal

»... Doch zuletzt ich ganz verzagte,
Sprach: wer wäre da genug?
Sieh da ging so hoch mein Flug,
Dass ich endlich es erjagte.«
San Juan de la Cruz

Ich hatte auch noch Geburtstag. Vom Balkon zur Straße aus sah ich den russischen Sputnik, von dem die Zeitungen so viel schrieben, bedächtig durch die Nacht kreuzen und hatte wirklich kein bisschen getrunken, da am nächsten Tag das erste Aufstiegsrennen der Saison gefahren werden sollte und meine Mutter krank in einem Zimmer lag, das nicht größer war als ein Wandschrank. Mir blieb nichts weiter übrig, als mit auf den Boden gepresstem Nacken ins Leere zu strampeln, um meine Beinmuskeln zu kräftigen, damit ich am nächsten Tag auf meine so unverwechselbare Weise in die Pedale treten konnte, der »Das Stadion« sogar schon einen Artikel gewidmet hatte. Während Mama vom Fieber geschüttelt wurde, wanderte ich durch die Flure und aß krümelweise von dem Früchtekuchen, den Tante Margarita mir mitgebracht hatte, wobei ich die kandierten Fruchtstückchen fleißig mit der Zungenspitze herausklaubte und auf die Erde spuckte, was eine Ferkelei war. Mein Alter lief dauernd aus dem Zimmer, um einen Schluck von dem Punsch zu probieren, brauchte aber jedes Mal fünf Minuten, um ihn durchzurühren, und seufzte und stupste dann mit dem Finger die Pfirsichstückchen an, die wie Schiffbrüchige in dem Gemisch aus billigem Weißen, Brandy, Orangensaft und Mineralwasser schwammen.

Wir brauchten beide etwas, was uns die Nacht vertrieb und den Morgen schneller herbeiholte. Ich beschloss, mit den Übungen aufzuhören und lieber meine Schuhe zu putzen; der Alte blätterte im Telefonbuch, vielleicht um die Nummer des Notarztes herauszusuchen, und der Himmel war wolkenlos, die Nacht sehr warm, und Mama murmelte im Halbschlaf: »Ich verbrenne«, nicht so leise, dass wir es durch die offene Tür nicht hätten hören können.

Aber dies war eine lichterstarrende Nacht. Kein Fünkchen regte sich unter der Kuppel. Jeden Stern erfassen zu wollen wäre das Gleiche gewesen wie Kakteen in der Wüste zu zählen, sich die Lippen blutig zu beißen oder einen Roman von Dostojewski zu lesen. Papa ging in das Zimmer und wiederholte mit den Lippen am Ohr meiner Mutter all die unglaubhaften Beschwichtigungen – dass die Spritze das Fieber schon senken werde, dass der Tag sich bereits ankündige, dass der Arzt früh am Morgen vorbeischauen wolle, bevor er zum Fischen nach Cartagena fuhr.

Zum Schluss schlugen wir sogar der Finsternis ein Schnippchen. Ein milchiges Ding am übernächtigen Himmel versuchten wir als Morgengrauen hinzustellen, und wenn man es von mir verlangt hätte, wäre ich imstande gewesen, mitten in der Nacht einen krähenden Hahn zu hören.

Es mochte zwischen drei und vier Uhr morgens sein, als ich in die Küche ging, um das Frühstück zu machen. Das Pfeifen des Teekessels und das Wimmern meiner Mutter wurden immer lauter, als hätten sie einen Wettkampf auszufechten. Papa erschien unter der Tür.

»Ich traue mich nicht hinein«, sagte er.

Er war dick und blass, und sein Hemd war zum Auswringen. Wir hörten Mama flüstern, der Arzt solle kommen.

»Er hat gesagt, er käme heute Morgen ganz früh«, leierte ihr mein Alter wohl zum fünften Mal ins Ohr.

Ich starrte gebannt auf den Deckel des Teekessels, der auf den Wasserdampfschwaden tanzte.

»Sie wird sterben«, sagte ich.

Papa klopfte sich alle Taschen am Leib ab. Ein sicheres Zeichen, dass er rauchen wollte. Jetzt seine Zigaretten zu finden würde ihn endlose Mühe kosten, und dann würde es ihm mit den Streichhölzern genauso gehen, und ich würde sie ihm am Gas anzünden müssen.

»Meinst du?«

Ich riss die Augen weit auf und seufzte.

»Gib mir die Zigarette, ich zünde sie dir an.«

Als ich mein Gesicht der Flamme näherte, stellte ich verwundert fest, dass ich mir nicht, wie sonst immer, die Nase versengte. Ich gab meinem Vater die Zigarette, ohne hinzusehen, und hielt meinen kleinen Finger direkt in das winzige Flammenbündel. Ich spürte so gut wie nichts. Ich dachte: Jetzt ist mir der kleine Finger abgestorben oder so, aber man kann nicht an den Tod eines Fingers denken, ohne sich dabei ein bisschen lächerlich vorzukommen; ich streckte also die ganze Hand aus, berührte mit den Fingerkuppen den Kranz, dem das Gas entströmte, jede einzelne Öffnung und somit gleichsam die Wurzeln der Flammen. Papa ging den Flur auf und ab, bemüht, sich die ganze Asche aufs Revers zu streuen und sich die Schnurrbartenden mit Tabakkrümeln zu verdrecken. Ich trieb die Sache noch etwas weiter und ließ meine Fingerknöchel rösten und dann den Ellenbogen und dann wieder die Finger. Ich stellte das

Gas ab, spuckte in die Hände, die sich trocken anfühlten, und trug den Korb mit altem Brot, den Marmeladentopf und ein strahlendes Päckchen Butter ins Esszimmer.

Als Papa sich an den Tisch setzte, hätte ich am liebsten geheult. Mit gesenktem Kopf starrte ich auf den bitteren Kaffee, als hätte sich darin die Verzweiflung des ganzen Planeten angesammelt, und dann sagte er etwas, ich verstand aber nicht, was, da es sich eher wie ein Zwiegespräch mit einem inneren Organ, einer Niere zum Beispiel oder einer Kniescheibe, anhörte. Papa schob die Hand in sein offenes Hemd und kratzte sich die Haare, die sich überall auf seiner Brust kräuselten. Auf dem Tisch stand eine Schale mit schon etwas zerdrückten Pflaumen, Aprikosen und Pfirsichen. Noch lag das Obst unberührt und geborgen da, und ich richtete meinen Blick auf die Wand, als liefe dort ein Film oder so was ab. Schließlich nahm ich eine Pflaume und rieb sie an meinem Hemd, bis sie glänzte. Aus reinem Nachahmungstrieb nahm Papa sich einen Pfirsich.

»Mutter wird sterben«, sagte er.

Ich knetete mir den Nacken durch und überlegte, warum ich mich nicht verbrannt hatte. Mit der Zunge schob ich den Pflaumenkern im Mund herum, drückte mit den Fingern die Brotkrümel platt und knetete sie zu kleinen Kügelchen, die ich dann mit dem Zeigefinger zwischen Tasse und Brotkorb schnippte. Als ich den Pflaumenkern in die hohle Wange floppen ließ und mir mit ungerührter Miene vorstellte, ich hätte einen harten Pfropfen in der Backenzahnhöhle, glaubte ich, den Grund für meine Feuerfestigkeit, wenn man das so nennen konnte, erkannt zu haben. So ganz klar war die Sache nicht, aber doch genauso eindeutig, wie man Regen voraussagt, wenn der Queltehue stark weht: Wenn Mama sterben würde, hätte ich auf der Erde auch nichts mehr zu suchen. Das mit dem Feuer war wie der Trailer zu einem Horrorfilm; vielleicht aber auch nur das Blabla meiner schweifenden Gedanken, der verderbliche Einfluss zu häufiger Kinobesuche.

Ich sah meinen Vater an, und gerade als ich es ihm sagen wollte, legte er seine dicken Hände in Augenhöhe aneinander und presste sie zusammen, bis sich der Spalt zwischen seinen Handflächen schloss.

»Sie wird nicht sterben«, sagte ich. »Das Fieber macht einem nur Angst.«

»Das ist die Abwehr des Körpers.«

Ich hustete mir die Kehle frei.

»Wenn ich das Rennen gewinne, haben wir etwas Geld. Wir könnten sie dann in eine anständige Klinik bringen.«

»Wenn sie nicht vorher stirbt.«

Ich spuckte den glatt gelutschten Stein über die Schulter. Papa raffte sich auf und biss in einen saftigen Pfirsich. Wir hörten Mama in ihrem Zimmer stöhnen, ohne Worte diesmal. Ich trank meinen Kaffee in drei großen Schlucken aus und empfand es beinahe als tröstlich, dass ich mir dabei die Zunge verbrannte. Als ich aufstand und mir ein Brötchen in die Tasche steckte, rollte die Reihe der Brotkügelchen zur Erfrischung in eine Art Rotweinlache, die aber nur scheinbar feucht war, da sich seit Mamas Krankheit die Flecken auf dem Wachstuch mit untergründigem Vorwurf über Wochen hielten.

Ich verabschiedete mich ganz beiläufig; in gewollt lässigem Ton.

»Ich geh dann mal.«

Als Antwort drehte Papa nur den Kopf weg und sah prüfend in die Nacht hinaus.

»Wann ist das Rennen?«, fragte er nach einem Schluck aus der Tasse.

Ich kam mir vor wie ein Schwein; und zwar nicht gerade wie eines dieser niedlichen rosa Ferkel aus den Comics.

»Um neun. Aber ich muss mich vorher noch ein bisschen warm laufen.«

Ich zog die Hosenklammern aus der Tasche, warf mir den Beutel mit meinen Sachen über die Schulter und summte dabei ein Lied von den Beatles, eines von diesen psychedelischen.

»Es täte dir vielleicht besser, noch ein bisschen zu schlafen«, meinte Papa. »Du hast schon zwei Nächte …«

»Ich fühle mich prima«, sagte ich und ging zur Tür.

»Na schön.«

»Lass deinen Kaffee nicht kalt werden.«

Ich schloss die Tür so sanft, als hätte ich mich unter Küssen von einem Mädchen verabschiedet, und löste dann die Fahrradkette von der Stange des Treppengeländers. Ich klemmte mir das Rad unter den Arm und lief, ohne auf den Aufzug zu warten, die vier Stockwerke auf die Straße hinunter. Unten drückte ich mich noch eine Minute herum und drehte am Rad, unschlüssig, wohin ich mich wenden sollte. Ein frischer Morgenwind blies jetzt, sacht und kühl.

Ich stieg auf, glitt mit einem einzigen Tritt in die Pedale über die Bordsteinkante und fuhr die Alameda entlang zur Plaza Bulnes, umrundete den Brunnen in der Mitte des Platzes, bog dann links ab zur Kellerkneipe von Tobar, dem Mulatten, und hockte mich unter die Eingangsmarkise, um der Musik aus dem Untergrund zu lauschen. Am schlimmsten war, nicht rauchen zu dürfen, um das Bild des tugendhaften Sportlers nicht zu zerstören, das uns der Trainer in den Kopf gehämmert hatte. Jedes Mal, wenn ich völlig verräuchert ankam, schnüffelte er und schickte mich dann weg. Davon abgesehen, fühlte ich mich wie ein Fremder im frühmorgendlichen Santiago. Wahrscheinlich war ich der einzige Junge in Santiago, der eine todkranke Mutter hatte, der einzige und absolute Versager im ganzen Universum, der es nicht geschafft hatte, ein Mädchen abzuschleppen, um sich einen faden Samstagabend zu versüßen; das einzige und wahrhaftige Rindvieh, dem bei einer traurigen Geschichte immer noch die Tränen kamen. Und plötzlich erkannte ich die Melodie des Quartetts, genauer gesagt, die Trompete von Lucho Aránguiz, die »I can't give you anything but love, baby« blies, und zwei schweigsame Pärchen gingen unter der Markise hindurch, grau wie die Asche, die das schwarze Schaf aus unserer Klasse immer auf den Gehweg gestreut hatte, und etwas Unheilvolles und Unvergessliches lag in dem Gemurmel des Wasserstrahls an der Ecke, und über dem Becken schien das Gefährt des Milchmanns den silbernen Wellen des Ozeans zu entsteigen und fuhr trotz des Temperaments seiner Pferde gemächlich dahin, und der Wind trieb zerknüllte Zigarettenschachteln und Papierfetzen vor sich her, und der Schlagzeuger schleifte das Thema wie eine lange, am Ende zerfasernde Kordel – cha-cha-cha-da-da-da –, und von unten kam ein betrunkener Jüngling herauf, um sich die schwitzende Stirn zu kühlen, mit unstetem Blick, vom Qualm geröteten Augen, gelockerter Krawatte und an die Schläfen geklatschtem Haar, und das Orchester spielte jetzt einen Tango, sophisticated, immer den gleichen, immer sucht einer voller Hoffnung, und jeden Moment konnten die Häuser in der Avenida Bulnes tot zusammenbrechen, und danach würde der Wind zu einer noch größeren Plage, würde aus Baugerüsten Barkassen, Masten und Segelwerk machen, Schnapsfässer aus neumodischen Heizungskesseln, Türen würden zu Möwen, zu kräuselndem Schaum das Parkett, Radios und Bügeleisen zu Fischen, und die Lager der Liebenden gingen in Flammen auf, Frack, Unterhosen und Armreifen wären

Krebse, wären Mollusken, wären Streusand, und jedem Gesicht gäbe der Sturmwind das Seine, die Maske dem Alten, das abgerissene Gelächter dem Pennäler, der schönen Jungfrau den süßen Staub der Blüten, alle niedergemacht von den Wolken, zerschmettert alle an den Planeten, sich niederkauernd im Tod, und mitten unter ihnen ich, den Orkan mit den Pedalen tretend, die Worte: Stirb nicht, Mutter, auf den Lippen und »Lucy in the sky with diamonds« singend, all die nutzlosen Polizisten, die mit ihren Reitgerten auf imaginäre Pferde einpeitschen, rittlings auf dem Wind, von Gärten gepeitscht, so hoch wie Papierdrachen, von Statuen, und ich sagte die letzten in der Schule gelernten Spanischverse auf, widerwillig nur, malte etwas Pornografisches in Aguilars Schulheft, stibitzte Kojman das Portemonnaie aus der Tasche und stach dem dünnen Leiva die Bleistiftspitze in den Hintern, ich sagte Verse auf, und der Jüngling schnallte sich den Gürtel enger, langsam wie einer, der, nach Zärtlichkeit dürstend, das Liebeslager verlässt, und sang dann plötzlich, gänzlich unbekümmert um den Text, als wäre jedes Lied bloß ein Regenguss vorm Aufklaren, und stolperte dann wieder die Stufen hinunter, und Luchito Aránguiz spielte jetzt ein Solo auf der Trompete, immer konzentrierter, und alles wurde Jazz, und als ich ein wenig frische Morgenluft schnappen wollte, um den Gaumen, den Hals und das Fieber zu kühlen, das zwischen Bauch und Leber in mir zerrte, stieß ich mit dem Kopf gegen die Mauer, heftig und geräuschvoll, kramte benommen in meinen Hosentaschen, zog die Schachtel heraus und rauchte lustvoll und gierig, rutschte dabei an der Hauswand hinunter, bis ich auf der Erde saß, kreuzte die Arme und überließ mich hingebungsvoll dem Schlaf.

Geweckt wurde ich vom Trommelschlag und Klarinettenklang irgendeiner glorreichen Kapelle, die um das Riesenrad von Santiago herummarschierte, festmäßig herausgeputzt, obwohl es weit und breit keinen Krieg gab, in den man hätte ziehen können. Ich brauchte nur aufzusitzen und mein Rad ein paar Straßen weiter zu treten, um die tägliche Auferstehung der Waffelbäcker, der alten Mütterchen, der Erdnussverkäufer und all der bartlosen, modisch gekleideten Jünglinge mitzuerleben. Wenn die Uhr von San Francisco nicht wieder log, blieben mir noch genau sieben Minuten, um an den Startpunkt am Fuß des San Cristóbal zu gelangen. Obwohl in meinem Körper die Krämpfe wüteten, beherrschte ich noch den präzisen Auftritt aufs Pedalgummi. Ansonsten brannte schon die Sonne im Osten, und die Gehwege waren so gut wie menschenleer.

Etwas lebendiger wurde es, als ich den Pío Nono überquerte. Ich merkte, dass mir einige der Wettkampfteilnehmer taxierende Blicke zuwarfen, während sie den Hügel hinaufstrampelten, um sich aufzuwärmen. Ich erkannte López vom Audax, der sich die Nase putzte, Ferruto vom Green Club, der seine Reifen mit der Luftpumpe bearbeitete, und die Jungs aus meinem Verein, die den Instruktionen unseres Trainers lauschten.

Als ich mich zu ihnen gesellte, sahen sie mich vorwurfsvoll an, verkniffen sich aber jede Bemerkung. Ich ging gleich in die Offensive: »Kann ich noch eben telefonieren?«

Der Trainer deutete auf die Kabinen.

»Geh und zieh dich um.«

Ich übergab meine Rennmaschine dem Radwart.

»Es ist aber dringend«, sagte ich, »ich muss zu Hause anrufen.«

»Warum?«

Bevor ich noch zu einer Erklärung ansetzen konnte, sah ich mich zwischen zum Zoobesuch versammelten Kindern und betrunkenen blassen Jugendlichen am Erfrischungsstand gegenüber unsere Nummer wählen und Papa fragen: »... was? Lebt Mutter noch? Ist der Arzt gekommen? Wie geht es ihr?«

»Ach, nicht so wichtig«, antwortete ich. »Ich zieh mich um.«

Ich schlüpfte in die Kabine und riss mir die Kleider vom Leib. Als ich nackt war, kratzte ich mir ausgiebig die Schenkel, die Waden und dann die Fersen, bis ich spürte, dass mein Körper reagierte. Ich wickelte mir sorgfältig das Stretchband um den Bauch und streifte dann die Wollstrümpfe über die granatroten Spuren, die meine Fingernägel hinterlassen hatten. Als ich mir die Wollhose anzog und das Unterhemd in den Bund stopfte, wusste ich, dass ich das Rennen gewinnen würde. Übernächtigt, mit ausgetrockneter Kehle und einem bitteren Geschmack auf der Zunge, mit maultiersteifen Beinen würde ich das Rennen gewinnen. Gegen den Trainer würde ich es gewinnen, gegen López und Ferruto, gegen meine eigenen Vereinskameraden, gegen meinen Vater, gegen meine Mitschüler und Lehrer, gegen meine eigenen Knochen, meinen Kopf, meinen Bauch, meinen inneren Zerfall, gegen meinen Tod und den meiner Mutter, gegen den Präsidenten, gegen Russland und die Yankees, gegen die Insekten, die Fische des Meeres und die Vögel des Himmels, gegen den Blütenstaub würde ich es gewinnen.

Ich nahm eine elastische Binde und wickelte sie mir doppelt um Spann, Sohle und Knöchel. Als sie festsaßen wie ein trockener Fausthieb, sahen nur noch die zehn Zehen heraus; fleischig, angriffslustig und beweglich.

Ich verließ die Kabine. »Ich bin ein Tier«, dachte ich, als der Starter die Pistole hob. »Ich werde gewinnen, weil meine Füße nur Krallen und Klauen sind.« Ich hörte den Schuss, und mit zwei scharfen Tritten, hart in den Pedalen, übernahm ich an der ersten Steigung die Spitze. Als die Steigung geringer wurde, ließ ich die Strahlen der Sonne ruhig über meinen Nacken fließen. Ich brauchte nicht weit nach hinten zu sehen, um Pizarnick vom Eisenbahnerclub zu entdecken, der dicht an mir klebte. Ich bekam Mitleid mit dem Jungen, mit seinem Verein, mit seinem Trainer, der ihm vermutlich eingebläut hatte, »wenn er in Führung geht, bleibe ihm auf den Fersen, so lange du kannst, ganz ruhig und besonnen, verstanden?«, denn wenn ich gewollt hätte, hätte ich ein Tempo vorlegen können, dass der arme Kerl in fünf Minuten hätte kotzen müssen, mit berstenden Lungen, erledigt, fassungslos. Hinter der ersten Kurve verschwand die Sonne, und ich hob mein Gesicht der Heiligen Jungfrau auf dem Berg entgegen, und sie sah sanft, fremd und unbestechlich aus. Ich beschloss, mit meinen Kräften zu haushalten, verlangsamte meinen Tritt abrupt und überließ Pizarnick die Führung. Aber der Junge fuhr mit der Bibel unter dem Hintern. Er verlangsamte, bis er neben mir war, und an uns vorbei schoss ein blonder Junge vom Stade Français an die Spitze. Ich sah nach links und grinste Pizarnick an. »Wer war das?«, fragte ich. Ohne meinen Blick zu erwidern, japste er: »Was?« »Der uns überholt hat, wer war das?« Er schien nicht gemerkt zu haben, dass wir ein paar Meter zurückgefallen waren. »Kenn ich nicht«, sagte er. »Welche Marke fuhr er?« »Ein Legnano«, erwiderte ich. »An was denkst du?« Aber ich bekam keine Antwort mehr. Ich begriff, dass er die ganze Zeit überlegte, ob er sich jetzt, da ich die Führung verloren hatte, an den neuen Spitzenmann hängen sollte. Wenn er mich wenigstens gefragt hätte, dann hätte ich ihn warnen können. Schade, dass seine Bibel nicht auf Empfang geschaltet war. Noch eine etwas steilere Steigung, und dann gute Nacht, mein Herr. Er trat in die Pedale, bis er sich an den Blonden herangearbeitet hatte, und sah dann beinahe verzweifelt zurück, um den Abstand zu taxieren. Ich sah nach links und rechts, ob ich nicht mit irgendwem sonst schwatzen könnte, aber ich war ganz allein, etwa zwanzig Meter hinter den beiden Ersten, und das Feld schob erst jetzt seine Nasen durch die letzte Kurve. Mit einer Hand hielt ich mein Herzklopfen in Schach und umklammerte mit der anderen die Mitte der Lenkstange. Wieso war ich plötzlich ganz allein? Wo waren Pizarnick und der Blonde geblieben? Und González und die anderen vom Verein? Und die vom Audax Italia? Wieso wurde mir jetzt die Luft knapp? Warum wurde der Himmel über den Dächern von Santiago so niederschmetternd schwarz? Warum biss der Schweiß in meine Wimpern und verschanzte sich in den Augenwinkeln, um mir die Sicht zu trüben? Das Herz in meiner Brust klopfte heftig, aber nicht um mir das Blut in die Beine zu pumpen, meine Ohren zum Glühen zu bringen, nicht um meinen Hintern im Sattel härter zu machen und den Tritt in die Pedale noch gewaltsamer. Nein. Dieses Herz ließ mich jetzt im Stich, weigerte sich mitzumachen, trieb mir das Blut aus der Nase und trübe Schleier in die Augen, zerrte an meinen Venen, durchschlug mir das Zwerchfell, band mich unlöslich an einen Anker, an meinen Körper, das Ankerseil, an meine steifen Glieder, an meine Niederlage.

»Pizarnick!«, schrie ich. »Halt an, verdammt. Ich sterbe!«

Aber meine Worte schwangen zwischen meinen Schläfen hin und her, zwischen Ober- und Unterkiefer, zwischen Speichelfluss und Halsschlagader. Meine Worte waren ein vollkommener Kreis lebendigen Fleisches: Kein Ton war mir je über die Lippen gekommen. Mit keinem Menschen hatte ich je ein Wort gewechselt. Hatte immer nur zu meinem Bild in Schaufenstern, Spiegeln, winterlichen Pfützen, in den von schwarzer Schminke schweren Augen der Mädchen gesprochen. Und vielleicht gerade jetzt – Pedal auf Pedal, Tritt auf Tritt, Anstrengung auf Anstrengung – überfiel Mama dasselbe Schweigen – und ich bergauf, bergab, bergauf, bergab – derselbe blaue Tod des Erstickens – Schlag auf Schlag, Scheitern auf Scheitern – der Tod mit verstopfter Nase und gurgelnden Lauten in der Kehle – und ich Wirbel Strudel Turbine Räderwerk gekrümmter Widerstand – der weiße, endgültige Tod – mich hat noch nie jemand besiegt, Mutter! – und das Gehechel von drei, vier, fünf, zehn Fahrern, die mich überholten, oder ich selbst, der ich wieder zur Spitze vorgestoßen war, und für einen Augenblick sah ich mit halb geöffneten Augen in den Abgrund, und ich musste die Lider zusammenkneifen, damit nicht ganz Santiago hereinschwappte, mich ertränkte auf der Höhe der Welle und mich dann in den Abgrund risse, wo ich mir den Schädel auf dem Asphalt aufschlüge, auf Mülleimern voll streunender Katzen, an einer finsteren Straßenecke. Vergiftet, die freie Hand in den Schlund gepresst und mir die Knöchel wund beißend, durchfuhr mich der letzte klare Gedanke: eine grundlose Gewissheit, unübersetzbar, fesselnd, unaufhaltsam Glück verheißend, ja, gut, phantastisch, Bruder, dieses Finale gehörte mir, meine Vernichtung gehörte mir, ich brauchte nur noch mehr in die Pedale zu treten und gewänne dieses Rennen, um meinem Tod einen Streich zu spielen, ich selbst hatte es in der Hand, was ich den traurigen Überresten meines Körpers noch abverlangen konnte, den pochenden Zehen, den fiebrigen Zehen, Engelszehen, Tentakelklauen, Skalpellkrallenzehen, apokalyptische Zehen, den letzten Zehen, Scheißzehchen, und in welche Richtung ich den Lenker riss, Osten oder Westen, Norden oder Süden, Kopf und Zahl oder nichts, oder vielleicht immer nordsüdostwestkopfzahl bleiben, in Bewegung verharren. Da bedeckte ich mein Gesicht mit der Hand, ohrfeigte mir den Schweiß herunter und jagte die Feigheit zum Teufel; lach doch darüber, du Idiot, sagte ich mir, lach doch darüber, du Schlappschwanz, lach dich tot, denn du allein hältst die Spitze, keiner spreizt in den Abfahrtskurven sein Bein so elegant wie du.

Und in einem letzten Aufbäumen, das aus den Fußsohlen aufstieg und mir mit wunderschön sprudelndem heißen Blut Schenkel, Brust, Nacken und Stirn durchströmte, in einer Krönungsfeier, in einer Attacke meines Körpers gegen Gott, in einem unaufhaltsamen Prozess, spürte ich, wie das Gefälle der Abfahrt eine Sekunde lang abnahm, und ich öffnete die Augen, zwang sie, in die Sonne zu sehen, und dann stoben die Reifen wirklich qualmend und quietschend davon, die Kette jubilierte, die Lenkstange flog wie ein Vogelkopf voraus, zeichnete sich scharf gegen den Himmel ab, und das Blitzen der Räder splitterte die Sonne in tausend Stücke und wirbelte sie durch die Luft, und dann hörte ich, hörte, mein Gott! wie die Leute auf den Lastwagen mich hochleben ließen, hörte das Quieken der Kinder in der Kurve zur Zielgeraden, den Lautsprecher, der die Positionen der ersten Fünf durchgab. Und während des freien Falls, als ich dahinschoss auf dem neuen Asphalt, goss mir einer der Organisatoren lachend einen Eimer Wasser über den Leib, und zwanzig Meter weiter, ich triefte noch immer, lachte, fühlte mich leicht, sah jemand mich an, ein rothaariges Mädchen, und sagte: »Nass wie ein junger Hund«, und nun war keine Zeit mehr für Albernheiten, die Straße wurde glitschig, ich musste aufpassen, die Bremse benutzen, die Kurve wie einen Tango tanzen oder einen Walzer mit großem Orchester.

Der Wind blies mir jetzt den Sand aus den Augenwinkeln und brach mir fast das Genick, als ich den Kopf drehte, um zu sehen, wer Zweiter war.

Der Blonde natürlich. Aber nur wenn er mit dem Teufel im Bunde stand, konnte er mich auf der Zielgeraden noch überholen; und das aus einem ganz einfachen technischen Grund, der in allen Sportzeitschriften nachzulesen ist und so zusammengefasst werden könnte: Ich benutzte nie die Handbremse, sondern drückte nur meinen Absatz gegen den Hinterreifen, wenn der Kurvenslalom begann. Kurve für Kurve war ich als Einziger eine mit dem Rad verwachsene Bestie. Eisen, Blech, Leder, Sattel, Augen, Lampe, Lenker waren eins mit meinem Rücken, meinem Bauch, meinem Haufen steifer Knochen.

Ich fuhr durchs Ziel und sprang im Fahren vom Rad. Ich ließ das Schulterklopfen, die Umarmungen des Trainers, die Blitzlichter der Jungs vom »Stadion« über mich ergehen und stürzte die Coca-Cola in einem einzigen Zug hinunter. Danach stieg ich wieder aufs Rad und fuhr den Rinnstein entlang nach Hause.

Vor der Tür zögerte ich, ein letzter Argwohn überfiel mich, der Schatten einer Ungewissheit vielleicht, der Gedanke, dass alles nur eine Falle gewesen war, eine Fata Morgana, als wären das plötzliche Aufbrechen der Milchstraße, das tausendfache Glitzern der Sonne in den Straßen, die Stille nur die Vorschau eines Films gewesen, eines Films, der nie gezeigt werden würde, weder im Zentrum noch in den Vorstadtkinos, noch in der Phantasie irgendeines Menschen.

Ich drückte auf die Klingel, zwei-, dreimal, kurz und dramatisch. Papa öffnete die Tür, einen Spaltbreit nur, als habe er vergessen, dass er in einer Stadt lebte, in der die Leute in den Häusern ein und aus gingen, an die Türen klopften, klingelten, einander besuchten.

»Mama?«, fragte ich.

Papa lächelte und vergrößerte den Spalt.

»Es geht ihr gut.« Er legte mir die Hand auf die Schultern und zeigte auf das Schlafzimmer. »Geh rein zu ihr.«

Ich räusperte mich, dass die Wände bebten, und drehte mich auf halbem Weg noch einmal um.

»Was macht sie?«

»Sie frühstückt gerade«, antwortete Papa.

Ich trat auf Zehenspitzen an ihr Bett und sah fasziniert zu, wie sie elegant den Suppenlöffel an die Lippen führte. Ihr Gesicht war fahl, und die Stirnfalten hatten sich einen Zentimeter tiefer in ihre Haut gegraben, aber sie löffelte anmutig, rhythmisch … hungrig.

Ich setzte mich auf die Bettkante, mit den Gedanken weit weg.

»Wie war's?«, fragte sie und zerbröselte einen Zwieback.

Ich brachte ein filmreifes Lächeln zustande.

»Ganz gut, Mama.«

An ihrem Schal hing eine weiße Nudel. Ich beugte mich vor, um sie wegzunehmen. Mama hielt meine Hand in der Bewegung fest und küsste mir sanft das Handgelenk.

»Wie fühlst du dich, Mama?«

Sie fuhr mir mit der Hand über den Nacken und strich mir dann eine Haarsträhne aus der Stirn.

»Gut, mein Sohn. Willst du deiner Mutter einen Gefallen tun?«

Ich hob fragend die Augenbrauen.

»Bring mir ein wenig Salz. Die Suppe schmeckt fade.«

Ich stand auf, und bevor ich ins Esszimmer ging, ging ich zu meinem Vater in die Küche.

»Hast du mit ihr gesprochen? Sie ist viel munterer, nicht?«

Ich sah ihn an und kratzte mir genüsslich das Kinn. »Weißt du, was sie will, Papa? Weißt du, was ich ihr holen soll?«

Er nahm die Zigarette aus dem Mund und blies eine Rauchwolke aus.

»Sie will Salz, Papa. Salz will sie. Sie sagt, die Suppe sei fade, und sie will Salz.«

Ich wirbelte auf dem Absatz herum und suchte das Salz im Regal. Als ich es herausnahm, fiel mein Deckel auf die Karaffe mit dem Punsch, die ohne Deckel mitten auf dem Tisch stand. Ohne die Schöpfkelle zu benutzen, tauchte ich ein Glas bis zum Grund hinein und goß mir das kühle Nass durch die Kehle, und es störte mich nicht im Geringsten, dass mir die Hälfte über Brust und Hemd lief. Erst als ich aufstoßen musste, merkte ich, dass der Punsch etwas säuerlich schmeckte. Schuld daran war der verdammte Alte, der wohl nie lernen würde, den Deckel auf die Karaffe zu tun. Ich genehmigte mir noch einen Schluck, was sonst.

Philippe Delerm

Das Surren des Dynamos

DIE TOUR DE FRANCE

Die Tour de France bedeutet Sommer. Einen Sommer, der gar kein Ende haben kann, die Juli-Mittagshitze. In den Häusern zieht man die Läden zu, das Leben verlangsamt sich, Staub tanzt in den Sonnenstrahlen. Drinnen sitzen, obwohl der Himmel so blau ist, könnte noch diskutabel sein. Aber vor einem Fernseher kleben, während draußen die Wälder tief sind, das Wasser Erfrischung verspricht, und dieses Licht! Trotzdem, du darfst das, denn du tust es, um die Tour de France zu sehen. Das ist ein ehrwürdiges Ritual, das nichts mit tierischem Farniente oder pflanzenhafter Trägheit zu tun hat. Außerdem siehst du nicht *eine* Tour de France. Du siehst alle Tours de France. Ja, im Hintergrund der über die Straßen der Auvergne oder der Pyrenäen fegenden Fahrer sind zart die Fahrer der Vergangenheit zu sehen. Unter den fluoreszierenden, phosphoreszierenden Trikots von heute siehst du die aus Wolle – Anquetils gelbes Trikot, mit nichts darauf als dem gestickten Namenszug Helyett, der Fahrradmarke; das besonders kurzärmelige blau-weiß-rote von Roger Rivière; das purpurviolett-gelbe von Raymond Poulidor, Mercier-BP-Hutchinson. Durch die modernen Räder hindurch ahnt man die Reifen, die Lapébie oder René Vietto damals geschultert haben. Der einsam ragende Brocken des Gipfels La Forclaz zeichnet sich über dem überbevölkerten Asphalt von Alpe-d'Huez ab.

Immer findet sich einer, der sagt:

»Also, was ich an der Tour besonders mag, das sind die Landschaften!«

Tatsächlich, es geht quer durch ein überhitztes, festliches Frankreich, dessen Menschen sich in den Ebenen, den Städten und in den Bergen aneinanderreihen. Die Osmose zwischen ihnen und der Umgebung findet in kindlicher Begeisterung statt, mitunter von übermütigem Gejohle durchbrochen. Doch vor dem Hintergrund des felsigen Galibier, des nebligen Tourmalet dient ein wenig gallische Deftigkeit nur dazu, die mythische Dimension der Helden zu unterstreichen.

Die weniger entscheidenden Etappen im flacheren Gelände werden ebenso begeistert verfolgt. Das Gefühl, die Tour mitzuerleben, ist hier gedrängter, kompakter, und sie bietet dem Werbetross guten Auslauf. Was interessieren einen die Sensationen in der Wertung, was zählt, ist die Idee: für einen Augenblick mit ganz Sonnenfrankreich, Erntefrankreich eins sein. Auf dem Bildschirm des Fernsehers sieht ein Sommer aus wie der andere, und die dramatischsten Wettfahrten schmecken nach Minzsirup.

DAS SURREN DES DYNAMOS

Diese sachte Reibung, die bremst und rubbelt, am Reifen schnurrt. So lange bist du nicht mehr in der Dämmerung Rad gefahren! Ein Auto hat im Vorbeirauschen gehupt, da hast du dich auf diese alte Bewegung besonnen: sich nach hinten beugen, mit tastender linker Hand, und auf den Knopf drücken – schön von den Speichen fernhalten na-

Oman,
Al-Hajar-Gebirge,
Al Kadra

Oman,
Al-Hajar-Gebirge,
vor Wadi Bani Awf

Oman,
Al-Hajar-Gebirge,
Al Kadra

Oman,
Al-Hajar-Gebirge,
Nähe Rustaq

Swaziland,
Ndzingeni

Südafrika, Mpumalanga

Swaziland, Miliwane Nationalpark

Swaziland, Miliwane Nationalpark

Südafrika,
Mpumalanga

Kuba, Pinar del Río, Nähe Bahía de Cabañas

Kuba, Playa Girón, zwischen Schweinebucht und Trinidad

Kuba,
Trinidad

Kuba, Trinidad

Kuba, Fahrradbus in Havanna zur Querung der Hafenbucht

Laos, Nam-Song-Fluss, nördlich von Vang Vieng

Laos, Provinz Champasak, auf der Mekonginsel Don Khon

Laos, Mekonginsel Don Khon

Zwischen Bergen
und Übersee
durchs Chiemgau

Schweiz, Seenroute vom Bodensee zum Genfer See

Schweizer Etappe der „Alpenumrundung“

Bayern, auf dem Chiemsee-radweg

türlich. Das Glück, die gelehrsame Gefügigkeit der kleinen Milchflasche auszulösen, die sich jetzt an den Reifen legt. Das schmale, gelbe Lichtbündel des Scheinwerfers lässt die Nacht ringsum sofort tiefblau erscheinen. Aber besonders wichtig ist die Musik. Das leise, beruhigende »frr frr« scheint nie aufgehört zu haben. Du wirst dein eigenes Stromkraftwerk, wie du schwungvoll trittst. Das ist etwas anderes als das Scharren eines schiefen Schutzblechs. Nein, wie sich der Reifen gummiweich an den gerieften Kopf des Dynamos schmiegt, das gibt weniger das Gefühl eines Hemmnisses als das einer wohltuenden Benommenheit. Die Landschaft ringsum schläft ein unter dem gleichförmigen Vibrieren.

Dann steigen Vormittage der Kindheit herauf, der Schulweg, die Erinnerung an eiskalte Finger. Sommerabende, als du beim Nachbarshof Milch holen fuhrst – der Rhythmus der scheppernden Metallkanne, deren kleine Kette tanzt. Dämmernde Abende auf dem Heimweg vom Angeln, hinter dir ein schlafendes Haus, die leichten Bambusruten stoßen aneinander. Der Dynamo schafft immer Weg für eine Freiheit, die du im fast Grauen, nicht mehr Blassvioletten genießt. Er eignet sich zum ganz sanften, gemessenen Treten, bei dem du auf den Ablauf des pneumatischen Mechanismus achtest. Zur Musik des Dynamos läufst du rund, zum Ton eines Windmotors, der angetrieben wird von der leichten Luft der Straßen deiner Erinnerung.

RADLER UND RENNER

Fahrrad und Fahrrad ist ja überhaupt nicht dasselbe. Eine schmale, lila fluoreszierende Silhouette zischt mit siebzig Stundenkilometern vorbei: ein Rennrad. Zwei Gymnasiastinnen fahren gemächlich nebeneinander über eine Brücke in Brügge: Fahrräder. Der Unterschied kann auch kleiner ausfallen. Michel Audiard, in Kniebundhosen und langen Strümpfen, hält vor einem Bistro, um am Tresen ein Gläschen trockenen Weißwein zu trinken: Rennrad. Ein Jugendlicher in Jeans steigt von seinem Gefährt, ein Buch in der Hand, trinkt auf einem der Tische im Freien ein Glas Minzsirup: Fahrrad. Man gehört zur einen Sorte oder zur anderen. Es gibt eine Trennlinie. Gewisse Tourenfahrer können sich über ihre gebogenen Lenker beugen, soviel sie wollen, sie bleiben immer noch Radler. Andere wieder putzen ihre Schutzbleche blank und sind doch immer Renner. Besser, man versucht nicht zu tun als ob und bleibt bei seinem Leisten. Man trägt tief in sich die schwarze Perfektion eines Hollandrades, auf den Schultern wedeln die Enden eines Schals. Oder man träumt von einem federleichten Rennrad, dessen Kette so surrend läuft wie ein Bienenschwarm. Auf dem Drahtesel ist man nicht mehr als ein potenzieller Fußgänger, einer, der durch die Gässchen schlendert und auf der Parkbank seine Zeitung liest. Wer auf dem Rennrad sitzt, hält nicht an, er steckt mit den Füßen bis zum Knie in einer Art Raumfahrerkluft, er könnte nicht gehen, nur watscheln, also geht er nicht zu Fuß.

Liegt der Unterschied in der Geschwindigkeit? Vielleicht. Allerdings gibt es ausgesprochen fähige Radler und ebenso Opis auf dem Rennrad, die sich alle Zeit der Welt nehmen. Ist es also eher das Gewicht? Gut möglich. Hier der Traum vom Fliegen, da eine gewisse Bodenständigkeit. Aber sonst sind beide absolut nicht zu vergleichen. Schon allein die Farben. Beim Rennrad metallic-orange, apfelgrün, beim Tourenrad mattbraun, gebrochenes Weiß, seidenrot. Auch Formen und Materialien sind grundverschieden. Die einen tragen weite Sachen, Wolle, Cord, Schottenröcke, die anderen enge Synthetics.

Man wird als Radler oder als Renner geboren, der Unterschied ist fast politisch. Für Liebesdinge allerdings müssen die Rennfahrer diesen Teil ihres Selbst zurückstellen – Verliebte radeln, sie rasen nicht.

Régine Deforges

Eine Menge Verehrer

Die Deutschen an den verschiedenen Abschnitten der Demarkationslinie kannten Léa mittlerweile. Sie nannten sie »das Mädchen mit dem blauen Fahrrad«. Kehrte sie mit einem Korb voller Obst – Erdbeeren, Kirschen, Pfirsichen oder Aprikosen – auf dem Gepäckträger aus der unbesetzten Zone zurück, vergaß sie nie, den Wachposten etwas anzubieten. Oft waren unter den Früchten Briefe versteckt, die sie in Saint-Pierre-d'Aurillac am Schalter für postlagernde Sendungen abgeholt hatte.

»Sie haben aber 'ne Menge Verehrer«, rief der alte Postbeamte ihr jedes Mal zu.

Aus Gründen der Sicherheit rollte sie die Briefe manchmal auch zusammen und steckte sie in den Rahmen unter dem Sattel oder in den Lenker. Einmal hatte ein Deutscher, der argwöhnischer war als seine Kameraden, sie aufgefordert:

»Öffnen Sie Ihre Gepäcktaschen und Ihre Handtasche, Sie schmuggeln doch Post!«

Lachend hatte Léa ihm ihre Handtasche gezeigt:

»Wenn ich Post schmuggeln wollte, würde ich sie unter dem Sattel verstecken und nicht in meiner Handtasche!«

»Das wäre in der Tat ein gutes Versteck!«, erwiderte der Mann und lachte ebenfalls. Dann gab er ihr die Tasche zurück.

Léa hatte entsetzliche Angst ausgestanden und war mit schlotternden Knien auf ihr Rad gestiegen. An jenem Tag kam ihr die Steigung bei Montaunoire steiler vor als sonst. Dabei liebte sie diese Fahrten durch Wiesen und Felder, die ihr Gelegenheit boten, der Atmosphäre von Montillac zu entrinnen, die von Tag zu Tag beklemmender wurde: die geistige Verwirrung von Pierre Delmas; der kaum noch erträgliche Druck, den Fayard ausübte, um den Verkauf des Gutes zu erzwingen; das Gejammer Bernadette Bouchardeaus über ihren Sohn; die beiden deutschen Offiziere, deren Gegenwart immer aufdringlicher wurde; und vor allem Françoise, die seit zwei Monaten schlecht gelaunt und unausstehlich war. Das Geld wurde ernstlich knapp. Ruth hatte Léa bereits ihre gesamten Ersparnisse übergeben. Bevor es dazu gekommen war, hatte Léa sich noch zu einem Bittgang zu Onkel Luc, dem einzigen reichen Mann der Familie, aufgerafft. Der Anwalt, der sich offen für die Kollaboration mit den Deutschen aussprach, hatte ihr geraten, den Besitz an Fayard zu verkaufen, da ihr Vater ohnehin nicht mehr in der Lage sei, sich darum zu kümmern, und er auch keinen Sohn als Nachfolger habe.

»Aber ich bin doch da, ich und meine Schwestern!«

»Eine Frau! … als ob eine Frau ein Weingut leiten könnte! Wenn du so an Montillac hängst, dann such dir einen Mann, der es bewirtschaften kann! Für ein hübsches Mädchen wie dich sollte das doch nicht schwer sein, auch ohne Mitgift.« Die Demütigung hatte sie blass werden lassen, aber sie war hart und unnachgiebig geblieben:

»Mama besaß doch noch Land auf Martinique, Onkel. Sobald der Krieg vorbei ist, könnten wir es verkaufen.«

»Mein Kind, all diese Dinge sind sehr ungewiss. Wer sagt dir denn, dass diese Ländereien nicht längst von den Kommunisten besetzt oder von den Schwarzen annektiert worden sind … Entschuldige mich, aber ich habe gleich eine äußerst wichtige Verabredung. Bestell deinem armen Vater meine besten Grüße. Ich gebe nächste Woche ein kleines Fest zu Ehren deiner Cousine. Laure und Françoise haben schon zugesagt. Möchtest du nicht auch kommen?«

»Nein danke, Onkel Luc, ich mag die Leute, die man in Ihrem Haus trifft, nicht.«

»Was willst du damit sagen?«

»Das wissen Sie sehr wohl. In Ihrem Haus verkehren der Chef der Miliz von Bordeaux und die …«

»Kein Wort mehr! In meinem Haus empfange ich, wen ich will. Ich stelle fest, dass du unter den Einfluss dieses bedauernswerten Adrien geraten bist. Erst neulich sagte mir sein Prior: ›Ich bete zum Herrn, dass er unseren unglückseligen Bruder auf den rechten Weg zurückführt und ihm zeigt, wo die wahren Interessen Frankreichs liegen.‹ In meinen Augen hat Adrien Verrat an seinem Land und an der Kirche begangen. Es ist eine Schande für die ganze Familie, dass er sich diesen Terroristen angeschlossen hat. Dem Himmel sei Dank, dass niemand hier auf den Gedanken kommt, ich könnte seine unheilvollen Ansichten teilen. Außerdem habe ich meinen Freunden bereits erklärt, ich würde nicht zögern, diesen Verräter zu denunzieren, wenn er sich hier blicken lassen sollte. Für mich ist mein Bruder gestorben.«

»Dreckskerl!«

Drohend war Luc Delmas auf sie zugegangen:

»Du weißt wohl nicht, mit wem du sprichst?«

»Für mich sind Sie auch gestorben, ich spucke auf Ihre Leiche!« Sie ließ ihren Worten die Tat folgen und spuckte ihrem Onkel ins Gesicht.

Mit Ruths Geld würde sie bis zur Weinlese schon irgendwie über die Runden kommen.

Im Juli kehrte Laure nach Hause zurück; sie war sehr missgestimmt, denn seit der Auseinandersetzung zwischen Léa und Onkel Luc durfte sie sein schönes Haus nicht mehr betreten. Sie schloss sich in ihrem Zimmer ein oder fuhr nach Langon zu einer Schulkameradin.

Vergeblich hatte Léa sich bemüht, sich mit ihrer kleineren Schwester auszusöhnen, die ihr viel bedeutete. Aber Laure ließ sie nicht an sich herankommen. Um Léa zu provozieren, ging sie mit Friedrich Hanke in den Weinbergen spazieren, lachte schallend und machte ihm schöne Augen.

In jenem Juli 1942 kehrten auch Camille und ihr kleiner Sohn nach Montillac zurück. Die Gestapo hatte sie aus Roches-Blanches vertrieben. Jemand hatte Laurent d'Argilat als Agenten Londons denunziert, und sein gesamter Besitz war beschlagnahmt worden. SS-Obersturmführer Friedrich-Wilhelm Dohse hatte Camille in Bordeaux stundenlang verhört, um herauszubekommen, wo sich ihr Mann aufhielt. Mit der größten Gelassenheit erklärte Camille ihm, sie wisse auch nicht mehr als das, was ihr von offizieller Seite mitgeteilt worden sei. Dohse glaubte ihr natürlich kein Wort, hielt es jedoch für nützlicher, sie laufen zu lassen, weil er überzeugt war, dass Laurent d'Argilat früher oder später versuchen würde, ihr eine Nachricht zuzuspielen oder sie gar aufzusuchen.

Im Postamt von Saint-Pierre-d'Aurillac lag allwöchentlich ein Brief von Sarah Mulstein für Léa bereit. Voller Ironie schilderte sie ihr Leben im Limousin, beschrieb mit bewegender Komik, was die Bewohner von Eymoutiers für Gesichter machten, wenn sie, aus Solidarität mit den Juden in der besetzten Zone, mit dem gelben Stern auf ihrem Kleid durch die Straßen ging:

Wäre ich nackt herumgelaufen, hätte ihre Verlegenheit nicht größer sein können. Die meisten sahen weg. Bloß ein alter, einarmiger Mann mit einem dicken grauen Schnurrbart, wie die Bauern ihn hier tragen, und einer Unmenge von Auszeichnungen auf der Samtweste kam auf mich zu, zog seinen großen schwarzen Filzhut und sagte mit heiserer Stimme: ›Ich wäre viel stolzer, einen solchen Stern wie Sie zu tragen als all den Schrott, den ich mir in Verdun verdient habe.‹ (…)

Sie sprach in ihren Briefen oft von François Tavernier, von der Freundschaft, die sie vor dem Krieg füreinander empfunden hatten, von ihrem grenzenlosen Vertrauen in ihn. Sie bestärkte Léa, Montillac nicht aufzugeben, und riet ihr, mit ihren Äußerungen gegenüber Fayard vorsichtig zu sein. Am 27. Juli erhielt sie den letzten Brief von Sarah. Unter einem Baum machte sie halt und riss den Umschlag auf.

Wenn Du diese Zeilen liest, werde ich wieder in Paris sein. Die Ereignisse der letzten Tage verbieten mir, mich noch länger zu verstecken, während Angehörige meines Volkes zur Schlachtbank geführt werden. Vielleicht weißt Du nichts davon, denn die Zensur funktioniert ausgezeichnet. Ein jüdischer Freund und seine Gefährtin, die im Ministerium für jüdische Angelegenheiten arbeitet, haben mir berichtet, wie es in Wirklichkeit aussieht.

In der Nacht von Mittwoch auf Donnerstag haben französische Polizeibeamte zwischen drei und vier Uhr morgens Tausende von ausländischen jüdischen Familien, gleich welcher Abstammung, aus den Betten geholt und verhaftet. Dank dem Mitgefühl oder der Bestechlichkeit mancher Polizisten gelang einigen wenigen – leider viel zu wenigen – die Flucht. Alle anderen, Frauen, Kinder, Greise, Männer, selbst Kranke, wurden abgeführt und mit dem armseligen Gepäck, das sie mitnehmen durften, in Autobusse ver-

frachtet. Wer kräftig genug war, musste zu Fuß gehen. Als sie vorüberzogen, schauten die Pariser zur Seite. Man brachte sie ins Vélodrome d'Hiver: *7000 waren es, darunter 4051 Kinder! 6000 weitere wurden ins Lager Drancy geschafft! 13 000 Personen wurden von der französischen Polizei festgenommen, nur weil sie Juden waren!… Ich habe gehört, die deutschen Behörden seien enttäuscht gewesen: Sie hätten mit 32 000 gerechnet!… Um dieser Massenverhaftung zu entgehen, haben viele Unglückliche Selbstmord begangen. Manche Frauen entsannen sich der Pogrome, die sie als Kinder in Russland oder Polen erlebt hatten, und stürzten sich mit ihren Kindern aus dem Fenster.*

Nichts war vorbereitet worden, diese Massen aufzunehmen, die sieben Tage lang unter den von der Sonne erhitzten Blech- und Glasdächern eingepfercht waren. Es gab keine Fenster, die man zum Lüften hätte öffnen können, und der Gestank wurde von Tag zu Tag unerträglicher. Die völlig unzureichenden Latrinen waren rasch unbenutzbar geworden, und die verzweifelten Menschen wateten durch eine unbeschreibliche Brühe, während der Urin die Sitzreihen entlangfloss. Zur Angst kam die Demütigung hinzu. Kranke starben, weil sie nicht behandelt wurden. Nur zwei Ärzte und ein paar Krankenschwestern vom Roten Kreuz durften zu den Internierten hinein, aber sie waren machtlos gegen die Fehlgeburten, gegen die Ruhr und den Scharlach… Nur einem knappen Dutzend gelang die Flucht. Am Sonntag, dem 19. Juli, wurden tausend Menschen, größtenteils Männer, in Viehwaggons verladen und nach Deutschland geschafft.

Ich kenne das Schicksal, das sie erwartet, ganz genau, es ist so entsetzlich, dass niemand, nicht einmal meine jüdischen Freunde, meinen Worten glauben will. Und doch haben einige meiner Freunde – so wie ich – Mein Kampf *gelesen und das englische* Weißbuch, *das 1939 in Frankreich erschienen ist und erschreckende Einzelheiten über das Lager* Buchenwald *und seine erbarmungslos präzise Organisation beschrieb. Doch für sie waren das nur Schreckensbilder aus einem Zukunftsroman, die ihr Vertrauen in Frankreich nicht erschüttern konnten.*

Warum machen die Franzosen sich mitschuldig an diesem Frevel, der als einer der größten in die Geschichte der Menschheit eingehen wird? Warum?

Vor diesen Ereignissen war ich weder gläubig, noch ging ich regelmäßig in die Synagoge, und durch meine Reisen, durch die Sprachen, die ich spreche, durch meine Bildung fühlte ich mich stets als Kosmopolitin. Aber jetzt bin ich eine Jüdin und nur noch Jüdin. Also kehre ich heim zu meinem Volk, in der Gewissheit, dass dieser Weg mich in den Tod führen wird. Ich akzeptiere ihn. Und wenn es sich als möglich erweisen sollte, einige von uns vor der Vernichtung zu bewahren, indem wir kämpfen, dann werde ich kämpfen. Vielleicht brauche ich dann Deine Hilfe. Ich weiß, Du wirst mich nicht enttäuschen.

Pass gut auf Dich auf, meine Freundin, Du bist noch so jung. Denk manchmal an mich; Deine Gedanken werden mir Kraft und Mut geben. Ich liebe und umarme Dich. Sarah.

Auf der letzten Seite hatte sie ein Postskriptum angefügt:

Anbei ein beschämender Artikel aus der antisemitischen Zeitschrift Au Pilori *vom 23. Juli 1942, auf dass nie in Vergessenheit gerate, was ein Rebatet, ein Céline, ein Chateaubriand, ein Philippe Henriot, ein Brasillach zu schreiben gewagt haben. Vergiss auch nicht meinen Freund François Tavernier. Ich weiß, er liebt Dich, und ich glaube, mich nicht zu irren, wenn ich behaupte, dass auch Du ihn liebst, auch wenn Du es vielleicht noch nicht weißt. Ihr beide seid wie füreinander geschaffen.*

Ein Zeitungsartikel, den Sarah ausgeschnitten hatte, fiel zu Boden. Es war ein Auszug aus dem erwähnten Beitrag, der mit *Jacques Bourreau* unterzeichnet war.

14. Juli 1942. Eine wunderbare Nachricht verbreitet sich in den Straßen von Paris. Rundfunk und Fernsehen des Landes geben in ihren Nachrichtensendungen folgende Meldung bekannt: Soeben ist der letzte Jude gestorben. Jetzt ist es also endlich aus mit dieser widerlichen Rasse, deren letzter Vertreter seit seiner Geburt im ehemaligen Zoo im Bois de Vincennes *lebte, in einem eigens für ihn gebauten Stall, wo unsere Kinder ihn zu ihrer moralischen Erbauung – nicht etwa zu ihrem Vergnügen – in scheinbarer Freiheit beobachten konnten. Nun ist er tot. Im Grunde genommen ist es besser so. Ich persönlich hatte stets befürchtet, er könnte ausbrechen, und Gott weiß, was ein Jude in Freiheit alles hätte anrichten können! So blieb er also seit dem Tod seiner Gefährtin, die zum Glück unfruchtbar war, allein. Aber bei dieser Brut kann man nie wissen. Ich muss unbedingt selbst in den Zoo gehen, um mich von der Richtigkeit dieser Nachricht zu überzeugen.*

Es war ein wunderschöner wolkenloser Sommermorgen, und ein leichter Wind sorgte dafür, dass die Hitze nicht unangenehm wurde. Wiesen und Weinberge fügten sich zu einem grünen Stillleben zusammen. Da und dort bildeten Viehherden helle Tupfer auf den Weiden. Der Kirchturm und die Dächer eines Dorfes in der Ferne rundeten das harmonische Bild der sanft hügeligen Landschaft ab. Léa stand auf. Den Brief, den Adrien ihr geschrieben hatte, wollte sie später lesen. Sie stieg auf ihr Fahrrad, um die Post in Mouchac, Verdelais und Liloy abzuliefern. (…)

Es ist warmer, heller Sommer. Doch es herrscht nicht viel Fröhlichkeit. Nur wenige Passanten. Die eine oder andere Frau eilt auf dem Gehsteig vorbei. Hin und wieder sieht man einen deutschen Militärlastwagen... einen Soldaten auf dem Motorrad. Das Fahrrad mit der Familie Orefice kommt unter Doras Protesten und Giosuès Anfeuerungsrufen in hohem Tempo fröhlich daher.

Erst eine Straße, dann die nächste. Aber alles ist so anders als vorher. Deutlich zeigen sich die Spuren des Krieges. Ein trauriger Anblick.

Die Schaufenster der Geschäfte sind mit Klebestreifen zugeklebt, die Fensterscheiben mit dunkelblauem Einwickelpapier oder Zeitungspapier verkleidet.

Die Denkmäler sind nicht mehr zu sehen, weil sie »verpackt«, durch alte, mit Bindfaden zusammengebundene Matratzen geschützt sind. Zwischen den Säulen der Arkaden stapeln sich Sandsäcke.

An den Häuserwänden fallen finster Plakate des Regimes ins Auge, die den Endsieg bejubeln: Bilder von Stahlhelmen, Totenköpfen, Karabinern und Hakenkreuzen.

Aber Guido, Dora und Giosuè fahren fröhlich und weltvergessen auf dem Fahrrad durch all diese Schrecken, als seien sie daran gewöhnt, mit den Misslichkeiten des Krieges zu leben.

GIOSUÈ *aufgeregt* Los, Papa!
DORA Langsam ... langsam! Seid ihr denn alle beide verrückt!
GUIDO Wir kommen zu spät zur Schule!
GIOSUÈ Fahr zu, fahr zu ...
GUIDO O Gott, ein Pferd!

Er klingelt Sturm. Aber es war nur ein Scherz, das Pferd ist weit weg.

Das Fahrrad mit den dreien, die es eilig haben, fährt in voller Fahrt unter wildem Geklingel auf den Platz und schnurstracks auf den Eingang der Grundschule zu.
DORA Guido, hör auf mit dieser Klingelei, ich bin schon ganz taub!
GUIDO Ich bin das nicht, das ist Giosuè!
GIOSUÈ Gar nicht wahr, das ist Papa!
DORA Schluss jetzt, lasst mich absteigen!

Das Fahrrad bremst und kommt vor dem Schultor zum Halten. Sie steigt ab, er tätschelt ihr scherzhaft den Hintern. Dora zieht sich im Weggehen den Rock zurecht und beschleunigt den Schritt.

Guido fährt weiter, auf der Stange jetzt den Jungen, der sich sofort über die Klingel hermacht.

Vater und Sohn gehen zu Fuß. Guido schiebt das Fahrrad. Ein kleiner Trupp deutscher Soldaten überholt sie. Vor der Konditorei Ghezzi bleiben die beiden stehen.

Im Schaufenster einige wenige Kuchen, dafür ein großes Schild mit der Aufschrift: »Für Juden und Hunde Eintritt verboten«.

Giosuè bleibt stehen und sieht ...

... eine kümmerliche Schokoladentorte.
GIOSUÈ Kaufen wir die für Mama?

GUIDO Was kostet sie?

GIOSUÈ Zwanzig Lire

GUIDO Nein, komm, lass … die ist bestimmt unecht, wie dein Panzer!

Guido geht weiter, während der Junge noch das Schild liest. Dann holt er den Vater ein.

GIOSUÈ Warum dürfen Juden und Hunde da nicht rein, Papa?

GUIDO Na, sie wollen eben keine Juden und Hunde. Jeder, wie er mag. Dahinten gibt es ein Geschäft, einen Eisenwarenladen … Da lassen sie keine Spanier und keine Pferde rein. Und Dingsbums … der Apotheker, gestern war ich mit einem Freund bei ihm … mit einem Chinesen, der hat ein Känguru: »Nein, Chinesen und Kängurus dürfen hier nicht rein!« Er mag sie nicht.

Vater und Sohn entfernen sich, von hinten gesehen, auf der öden Straße durch die Stadt.

GIOSUÈ Aber wir lassen alle rein!

GUIDO Nein, ab morgen schreiben wir es auch dran. Wen magst du nicht?

GIOSUÈ Spinnen! Und du?

GUIDO Ich? Die Westgoten! Und morgen schreiben wir: Für Spinnen und Westgoten Eintritt verboten.

Er geht schneller.

GUIDO *wie zu sich selbst* Mir reicht's jetzt! Ich hab die Nase voll von diesen Westgoten!

Sie biegen um die Ecke.

Giosuè kniet auf dem Stuhl am Ladentisch und malt mit Buntstiften auf einem Blatt. Dabei trällert er ein Liedchen vor sich hin.

Sein Vater räumt die Bücher im Regal auf. Einen Stapel, den er in der Hand hat, hält er mit dem Kinn fest. Es ist eine einfache, aber freundliche, ordentlich geführte Buch- und Schreibwarenhandlung. Viele Bücher, aber auch Schulhefte, Winkeldreiecke, Kompasse, Buntstifte …

Ein arrogant wirkender Herr tritt ein, ein anderer bleibt mit Zigarette im Mund draußen stehen. Guido empfängt den Kunden mit einem Lächeln. Er traut seinen Augen nicht.

HERR Guten Tag.

Guido rutschen die Bücher aus der Hand und fallen auf den Boden. Er steigt über sie hinweg.

GUIDO Da bin ich, alles zum halben Preis!

HERR Orefice Guido?

GUIDO Das bin ich. Bitte schön?

HERR Sie kommen mit auf die Präfektur.

GUIDO Noch einmal?

GIOSUÈ Er war schon mal da!

GUIDO *zu dem Herrn* Wozu denn?

Er sieht, wie der Mann draußen seine Zigarette an der Schaufensterscheibe ausdrückt.

GUIDO Gehört der Herr zu Ihnen?

HERR Ja, kommen Sie!

Giosuè klettert von seinem Stuhl herunter.

GIOSUÈ Ich komm mit, Papa!

GUIDO Nein, nein … du bleibst hier, ich bin ja gleich wieder zurück. *Zu dem Herrn* Es geht doch schnell, oder?

HERR Blitzschnell.

Guido nimmt seine Jacke vom Haken.

GUIDO Also dann! *Zu Giosuè* Sei freundlich zu den Kunden, ja?

Mit diesen Worten geht er dem Unbekannten voraus zur Tür. Draußen begrüßt er den anderen Herrn.

GUIDO Guten Tag!

Der andere bleibt stumm. Dann gehen die beiden mit Guido in der Mitte fort. Giosuè tritt unter die Tür …

… Guido bemerkt es und verfällt in einen drolligen Paradeschritt, um den Jungen zu amüsieren. Er dreht sich um und zwinkert ihm zu.

Giosuè hebt die Bücher, die seinem Vater heruntergefallen sind, auf und stellt sie ins Regal zurück. Er hat wieder angefangen, das Liedchen vor sich hin zu summen.

Laura, seine Großmutter, betritt den Laden. Sie ist blass und blickt gerührt.

LAURA Guten Tag!

GIOSUÈ Guten Tag!

Die Dame bewegt sich langsam und tut, als betrachte sie die Bücher. In Wirklichkeit lässt sie ihren Enkel nicht aus den Augen …

… der jetzt mit einem Radiergummi einen Strich auf seiner Zeichnung wegradiert. Sie bleibt vor ihm stehen und sieht ihn an. Giosuè blickt auf.

Sie sucht irgendein Buch aus.

LAURA Ich nehme dieses.

Sie gibt dem Jungen das Buch. Giosuè guckt nach dem Preis und gibt der Frau das Buch zurück.

GIOSUÈ Zehn Lire!

LAURA Aber da steht doch zwanzig Lire!

GIOSUÈ Alles zum halben Preis.

Sie bezahlt und zieht dabei einen verschlossenen Briefumschlag aus ihrer Handtasche, den sie vor dem Jungen liegen lässt.

LAURA Das gibst du deiner Mama, Giosuè, und sagst ihr, es ist von der Großmutter.

GIOSUÈ Meine Großmutter hab ich noch nie gesehen, ich kenn sie gar nicht.

LAURA Möchtest du sie denn gern kennenlernen?

GIOSUÈ Ja.

LAURA Morgen lernst du sie kennen…

GIOSUÈ Morgen?

LAURA Ja, morgen ist dein Geburtstag… dann kommt deine Großmutter und bringt dir ein schönes Geschenk mit, Giosuè.

GIOSUÈ Einen neuen Panzer?

LAURA Nein, eine Überraschung. Gib deiner Mama den Brief… Ciao, Giosuè!

Sie wendet sich zum Gehen.

GIOSUÈ Du hast das Wechselgeld vergessen, Großmutter!

Schweigend nimmt sie das Geld und sieht ihn an. Dann geht sie gerührt lächelnd hinaus.

LAURA Danke… bis morgen!

Es wird dunkel. Ein paar Straßenlaternen brennen. Guido schließt seinen Laden. Auf dem Sattel des Fahrrads sitzt diesmal Dora. Giosuè klettert auf die Stange. Guido verschließt die Glastür.

DORA *zu Guido* Wann kommst du?

GUIDO In einer Stunde, ich geh noch bei meinem Onkel vorbei, und dann komm ich… Die Vorderbremse ist wirklich kaputt, sieh dich vor! Ciao.

DORA Ciao!

Dora fährt auf dem Fahrrad und spricht mit ihrem Sohn.

DORA Und was hat die Großmutter noch gesagt?

GIOSUÈ Dass sie morgen kommt…

Er fängt an zu klingeln.

GUIDO *vor sich hin* Wurde ja auch mal Zeit!

Er zieht den Rollladen herunter, auf dem in großen Buchstaben mit Lackfarbe geschrieben steht: »Jüdisches Geschäft«.

Maarten ’t Hart

Gott fährt Fahrrad

Meine früheste Erinnerung an den Tod ist der unter der schwarzen Trauerdecke hervorströmende Urinstrahl, der sprudelnd und schäumend im Rinnstein zum Gully floss. Die Trauerdecke hing zu beiden Seiten des Pferderückens fast bis auf die Straße herab, und hier und da berührte eine ihrer Quasten die Steine. Durch die Quasten hindurch strömte laut plätschernd das Wasser, das unter der Trauerdecke noch hellgelb war, aber immer dunkler wurde, je mehr es sich dem Abfluss näherte. Bläschen trieben darauf, von denen einige schon platzten, bevor sie unter der Trauerdecke zum Vorschein gekommen waren, während andere es bequem bis zum Gully schafften. Ich konnte nicht sehen, welches der beiden Pferde vor der schwarzen Kutsche das Wasser produzierte. Das eine Pferd schnaubte, warf seinen Kopf zurück, auf dem zwischen den Ohren zwei große schwarze Quasten befestigt waren. Sie schwankten hin und her, und ich wartete jeden Moment darauf, dass sie herunterfallen würden. Vielleicht hoffte ich es sogar. Das Pferd scharrte mit einem Huf auf den Pflastersteinen, die Funken sprühten viel deutlicher auf als sonst, weil es so dunkel war unter diesen bedeckten Pferderücken, und ich dachte: Dieses Pferd macht es. Ich bückte mich, ich versuchte, zwischen den Rädern der Kutsche hindurch etwas von den Bäuchen zu sehen, und im Dunkeln sah ich tatsächlich vage die Umrisse des seltsam großen Organs, das den Urin auf die Straße sprühte. Aber nicht das schnaubende, mit seinem Huf scharrende Pferd produzierte den Urin, nein, es war das andere, so unbewegliche Pferd, das Wasser ließ und immer weiter Wasser ließ, als wollte es das Feuer löschen, das der Huf seines Nachbarn aus der Straße schlug, und es war etwas, das man nie vergaß: dieses rot glühende Flackern im Dunkeln und das Wasser daneben – schäumend, als wenn es selber lebte – und das Wiehern des Pferdes, das kein Wasser ließ, und bei alledem die unwirkliche Ruhe der Umstehenden, die weder redeten noch sich bewegten, sondern nur dastanden und auf den Augenblick warteten, da der Sarg aus dem Haus von Nachbar Kraan nach draußen getragen wurde.

Ich hatte den Sarg am Tag vorher gesehen, als er hineingebracht wurde, und schon da wusste ich, dass Nachbar Kraan gestorben war. Was das bedeutete, wusste ich nicht – er war fort, das war das Einzige. Jeden Tag hatte er, solange ich mich erinnern konnte, hinter dem von Schiefblatt eingerahmten Fenster des Vorderzimmers an seinem Platz gesessen, groß und hochgewachsen und beeindruckend mit seinem in den späten Nachmittagsstunden, wenn die Sonne hereinschien, glänzend roten, kahlen Schädel. Niemals blickte er auf, wenn man vorsichtig hineinschielte; er hämmerte einfach weiter auf den Schuhen des ganzen Viertels, die er besohlte oder mit neuen Absätzen versah. Die Schuhe waren jetzt nicht zu sehen, denn vor dem Fenster hing ein weißes Bettlaken, ebenso wie vor den Scheiben aller anderen Fenster in unserer Straße. Auch vor unserem Fenster hing ein frisch gewaschenes Bettlaken, wodurch im Hause eine merkwürdig stille Dämmerung entstand, die einen zu flüstern mahnte, statt zu sprechen, und was ein Lachen oder Lächeln unmöglich machte.

Das Wasserlassen hatte aufgehört, aber ich saß noch immer in der Hocke, denn das riesige, kaum sichtbare Organ schrumpfte langsam zusammen; es schien, als würde es hochgehoben. Während ich noch aufmerksam dorthin spähte, hörte ich plötzlich eine Stimme: »Schämst du dich nicht?«

Erschrocken blickte ich mich um. Hoch über mir stand Onkel Job, der mich mit glitzernden Augen durch seine Brille ansah.

»Geh weg, hau ab, hast du keine Manieren?«

Ich stand auf, ging aber nicht weg. Onkel Job weichen? Wenn ich das meinem Vater erzählte, würde er wütend werden. Ich blieb stehen, jetzt genauso still wie alle anderen, wie Nachbar Van Baalen, der eine schwarzseidene Mütze trug, wie Jannetje Smoor, die trotz Trauer doch mit einem schmalen Streifen rosa Unterrock unter ihrem schwarzen Kleid geschmückt war, wie Kareltje van Wolferen, der auch jetzt von Kopf bis Fuß in seinen braunen Ledermantel gehüllt war und der eine braune Ledermütze trug, unter der gerade noch seine Knopfaugen zu sehen waren, wie Nachbar Admiraal und Japie Voogd, der Letzte schon jetzt betrunken, obgleich es vielleicht gerade ein Uhr war, aber diesmal sang er keines seiner selbst gemachten Lieder über das Meer und den Schnaps und die Moneten, und wie Onkel Job, der noch seinen weißen Schlachterkittel trug und sich dadurch von den anderen abhob. Ja, alle standen sie da, und ich sah, wie Nachbar Van Baalen ehrfürchtig die Mütze abnahm, als der Sarg nach draußen getragen und in die erste Kutsche gestellt wurde. Dem Sarg folgte Nachbarin Kraan in demselben dezenten Schwarz, das sie immer trug, aber es gab doch einen Unterschied. Auf ihrem schwarzen Hütchen trug sie sonntags zum Kirchgang immer ein buntes Federchen, und diesmal war sogar das Federchen schwarz, und dieses Federchen bewegte sich, immer wenn Nachbarin Kraan sich bewegte, wie ein Vögelchen in der Sonne. Ich konnte meine Augen nicht abwenden, bis sie in der Kutsche verschwunden war und der Trauerzug sich in Bewegung setzte. Aber wie langsam das alles ging, es dauerte Stunden, so schien es, bevor der Zug aus der Straße und die Deichauffahrt hinauf war. Als sie endlich dem Blick entschwunden waren, erklangen plötzlich überall laute Stimmen, und Onkel Job, noch immer neben mir, begann mich auszuschelten und drehte mir mit seiner rechten Hand das Ohr um, weil ich mich gebückt hatte, um das Wasser lassende Pferd anzusehen. Ich rannte nach Hause, trotzte dem grauen Dämmerlicht des Bettlakens vor dem Fenster und rief meiner Mutter entgegen: »Sie sind weg, und Onkel Job hat mich ausgeschimpft und mich am Ohr gezogen, weil ich das Pferd ansehen wollte …«

»Du musst dich bei Onkel Job um gar nichts kümmern.«

»Wo ist Nachbar Kraan jetzt?«

»Im Himmel.«

»Aber dieser Sarg?«

»Ja, sein Körper liegt nun im Sarg, aber seine Seele ist im Himmel beim Herrgott. Wenn man stirbt, geht die Seele aus dem Körper.«

»Oh«, ich schwieg einen Augenblick, fragte dann: »Muss das Bettlaken jetzt noch hängen bleiben?«

»Ja, bis heute Abend.«

Ich war auf einmal unendlich traurig bei dem Gedanken, dass die Dämmerung im Hause noch so lange ertragen werden musste, und so bedrückt, weil Onkel Job mich ausgeschimpft hatte, dass ich mich nach meinem Vater sehnte. Wenn er nur da wäre, dann wäre alles in Ordnung. Aber jetzt – diese Pferde, dieser Sarg, dieses schwarze Federchen. Komisch, der Sarg war weniger bedrückend und Unheil verkündend gewesen als das schwarze Federchen und dann die zweimal zwei Quasten auf den Köpfen der Pferde.

»Ich geh zum Garten«, sagte ich plötzlich.

»Zum Garten? Ganz allein? Das ist unmöglich, dazu bist du noch viel zu klein.«

»Ich bin überhaupt nicht mehr klein, und ich weiß genau, wo das ist.«

»Es sind anderthalb Stunden zu Fuß, und du kennst den Weg nicht.«

»Ich kenn den Weg, man muss einfach zum Deich laufen und dann auf dem Deich bis zum Häuschen von Marie und dann um die Kurve und dann zum Blikken Loods, und dann ist es noch ein kleines Stück zum Tol, und da geht man runter, in den Westgaag. Ja, und dann läuft man einfach immer weiter, bis man da ist.«

»Bist du dir sicher, dass du dich nicht verlaufen wirst?«

»Ich bin da doch schon so oft gewesen.«

»Ja, aber nie allein.«

»Ja, aber ich kann es bestimmt finden.«

»Du musst es selbst wissen. Aber nicht mit anderen Leuten sprechen und auf keinen Fall mit anderen Männern mitgehen. Versprichst du mir das? Wenn sie sagen: Du darfst ein Stück hinten auf dem Fahrrad mit, musst du nur ganz doll den Kopf schütteln, auch wenn du die Männer gut kennst.«

»Auch wenn es Onkel Job ist?«

»Ja, auch dann. Vorsichtig sein, tüchtig zulaufen, gut aufpassen. Der Tol, das ist das Schwierigste, wie kannst du das finden?«

»Das kann ich finden«, sagte ich feierlich, »weil das die einzige Stelle am Deich ist, wo es zwei Deichabfahrten gibt.«

Sie blickte mich an, und ich sah den Stolz in ihren Augen.

»Wie tüchtig du doch bist«, sagte sie, »nun, dann lauf, aber keine Bonbons annehmen, von niemandem nicht, und mit niemandem mitgehen.«

Und so stieg ich in der windigen Frühjahrsluft die Treppe neben den Abwassermühlen hinauf und lief auf dem Deich geradewegs zum Garten meines Vaters. Es ist ganz einfach, dachte ich, man muss immer nur auf dem Deich weiterlaufen bis zum Tol. Nur der Tol ist schwierig, da muss ich gut aufpassen. Manchmal sah ich zurück, denn immer wieder dachte ich: Gleich kommt sie mir nach, um mich doch noch aufzuhalten. Aber sie kam nicht, und auch Onkel Job war weit und breit nicht zu sehen. Was ich sehr wohl sah, waren die Trauerkutschen, die offenbar schon von der Beerdigung zurückkamen. Sie fuhren vor mir her auf dem Deich, und das machte meine Wanderung beinahe überflüssig, denn gerade vor den Kutschen und den Pferden war ich geflohen. Aber auch vor der stillen Dämmerung. Bei der Deichabfahrt zur Weverskade fuhren die Kutschen nach unten und blieben bei einem großen Kutschenhaus stehen, und als ich sie, selber hoch oben auf dem Deich, dort unten stehen sah, wusste ich, dass es richtig war, vor ihnen zu flüchten. Ich ließ sie hinter mir, auch wenn sie schon durch die Biegung im Deich noch lange zu sehen waren, wenn ich schräg zurückblickte. Je weiter ich kam, desto harmloser wurden sie, denn die Trauerdecken wurden von den Rücken genommen, die Quasten wurden entfernt, und die Pferde wurden ausgespannt. Es hatte je länger, desto weniger etwas mit dem Tod zu tun, es wurde je länger, desto mehr ein ganz normales Bild von zweimal zwei Pferden und zwei Kutschen. Die Pferde wurden auf die Weide gelassen, und die Kutschen wurden eine nach der anderen ins Kutschenhaus geschoben, und einer Rückkehr schien nun nichts mehr im Wege zu stehen. Aber ich war schon so weit – dort kam schon das Häuschen von Marie, und außerdem roch es so herrlich und war der Himmel so schön blau und trieben die Wolken so hinreißend schnell über den Himmel.

Auf einmal sah ich wieder das schwarze Federchen vor mir. Wie es wohl sein mochte zu sterben? Oder würde ich nie sterben? Nein, ich würde nicht sterben, ich würde leben bleiben, bis der Herr Jesus zurückkam auf den Wolken des Himmels, ich würde eins, zwei, drei in den Himmel aufgenommen werden, lebendig und heil, genau wie mein Vater und meine Mutter. Oder vielleicht würde ich, wenn ich nicht lange genug lebte, um die Wiederkunft Christi zu erleben, ein Mann Gottes werden wie der Prophet Elias, und dann würde ich, genau wie er, mit feurigen Rossen und einem feurigen Wagen in einem Sturm gen Himmel fahren. Aber bevor es so weit wäre, würde ich noch lange leben müssen, um ein Mann Gottes zu werden, ich würde sehr alt werden müssen, älter als Nachbar Kraan.

»Na, Kerlchen, ganz allein unterwegs?«

Ich blickte auf. Neben mir fuhr ein freundlicher, schon etwas älterer Mann auf seinem Fahrrad, der mich lächelnd ansah.

»Wohin geht's denn?«

»Zu meinem Vater.«

»Wo ist dein Vater?«

»Im Garten bei Frau Poot im Westgaag.«

»Wie heißt dein Vater?«

»Pau.«

»So, bist du also ein Sohn von Pau und Lena.«

Er musste mit dem Vorderrad schlenkern, um nicht zu stürzen, ich ging jetzt noch etwas langsamer.

»Also bist du ein Enkel von Arie van der Giessen. Der beste Gärtner im ganzen Westland, sein Gemüse: immer Exportqualität. Willst du hintendrauf ein Stück mitfahren?«

»Nein.«

»Warum nicht?«

»Ich lauf lieber.«

»Na, aber wenn du mitfährst, bist du doch schneller bei deinem Vater. Ich kenne deinen Vater, das ist der fröhlichste Mann bei der Versteigerung und immer sehr gutes Gemüse, nur das von deinem Großvater ist noch besser. Ich selbst bin auch Gärtner, weißt du, ich hab gleich beim Tol einen Garten, du könntest bis dahin mitkommen.«

Ich schüttelte den Kopf. Das sollte ich tun, hatte meine Mutter gesagt, nicht sprechen, sondern den Kopf schütteln.

»Du musst es selbst wissen, dann nicht. Tschüs.«

Er fuhr weiter, blickte sich immer wieder kurz um, lachte, deutete mit der einen Hand auf seinen Gepäckträger, und ich schüttelte immer nur den Kopf, und langsam verschwand er unter diesen schnellen Wolken aus meinem Blick. Oh, wie wunderschön waren sie, diese kleinen, rasch hintereinander hereilenden Wölkchen, die vor mir herflogen, mir den Weg zu zeigen schienen. Wenn ich so weiterlaufe, dachte ich, komme ich von selbst nach Hoek van Holland, und dann sehe ich das Meer. Wie schnell mochten die Wölkchen am Meer sein? Ich wusste es nicht, ich sah den Wiesenkerbel an der Deichböschung, der sich auch so heftig bewegte, und die jungen Weiden, durch die der Wind mit liebkosendem Flüstern eilte. Ich war nun auf gleicher Höhe mit dem Häuschen von Marie, einer Frau, die ich noch nie gesehen hatte, die aber, wie es hieß, seit Menschengedenken in diesem Häuschen wohnte. Immer wenn ich, vorn bei meinem Vater auf dem Fahrrad, an dem Häuschen vorbeikam, hatte ich gehofft, sie würde nach draußen kommen.

»Wie sieht sie aus?«, hatte ich meinen Vater immer wieder gefragt.

»Sie ist alt.«

»Warum sieht man sie nie?«

»Sie sitzt immer drinnen.«

Nun hoffte ich zum ersten Mal, dass sie nicht nach draußen kommen würde, und ich wusste selbst nicht, warum ich jetzt auf einmal Angst vor ihr hatte. Ich hörte das zornige Grunzen ihrer unsichtbaren Schweine, als ich an dem baufälligen Gebäude, das sich dort einsam an den Deich drückte, vorbeilief. Sie kam nicht nach draußen, wie immer, sie existierte vielleicht gar nicht, sie war auch schon tot, genau wie Nachbar Kraan, der nun im Himmel bei Gott war. Deshalb grunzten die Schweine so böse. Nachbar Kraan war hoch über diesen dahineilenden Wolken, weit hinter diesem hellen Blau – bei Gott. Aber Gott ist überall, Gott konnte ebenso gut auf dem Deich sein, war vielleicht sogar auf dem Deich. Gott liebte ich von ganzem Herzen und mit all meinem Verstand, das wusste ich genau, denn das hörte ich jeden Sonntag in der Zuiderkerk, Gott liebte ich vielleicht sogar noch mehr als meinen Vater und meine Mutter. Vielleicht? Nein, ganz bestimmt. »Wer Vater oder Mutter mehr liebet denn mich, der ist meiner nicht wert«, hatte der Herr Jesus gesagt. Gott sorgte für alles, Gott liebte alle Menschen, liebte alle Menschen so sehr, dass Er Seinen eigenen Sohn ans Kreuz hat schlagen lassen. Einen solchen Gott musste man doch unendlich lieben, einen, der Sein eigenes Kind opferte für deine Sünden. »Gott«, murmelte ich, »ich hab dich furchtbar lieb«, und während ich das sagte, schien es, als ginge Er neben mir. Nein, es war niemand auf dem Deich zu sehen, weit und breit nicht, aber Er konnte jeden Augenblick erscheinen und dann neben mir hergehen, genau wie Er neben Henoch gegangen sein musste. »Und Henoch wandelte mit Gott, und auf einmal war er nicht mehr da, denn Gott hatte ihn hinweggenommen.« Hatte meine Mutter mich vielleicht vor Gott gewarnt? Hatte sie deshalb nicht genau gesagt, warum ich nicht mit fremden Männern mitgehen durfte? Ein solch fremder Mann konnte Gott sein, und wenn man Gott sehr liebte, nahm Er einen hinweg, so wie Er Henoch hinweggenommen hatte, und dann war man nicht mehr da, und das wollte meine Mutter natürlich nicht. Oder war sie eifersüchtig, weil ich Gott mehr liebte, lieben musste als sie, um Seiner würdig zu sein? Wollte sie deshalb nicht, dass ich mit einem Fremden mitging, der Gott sein konnte? Wenn Er mich hinwegnahm, würde sie mich nie wieder sehen, und dann würde sie traurig sein und mein Vater auch, das wusste ich sicher, sie würden schrecklich traurig sein, denn sie liebten mich bestimmt mehr als den Herrgott, und das war auch erlaubt, denn in der Bibel wurde nicht gesagt, dass man Gottes nicht würdig sei, wenn man seine Kinder mehr liebte als Ihn, nein, da wurde nur gesagt, dass man Gottes nicht würdig sei, wenn man seinen Vater und seine Mutter mehr liebte. Aber merkwürdig war das schon, ich wollte gern mit Gott wandeln, genau wie Henoch, aber ich wollte nicht hinweggenommen werden. Na gut, wenn Gott erschiene, würde ich es Ihm schon erklären. Herr Jesus, würde ich sagen, ich will wohl hinweggenommen werden, aber das würde meinem Vater und meiner Mutter so viel Kummer bereiten, also warte doch noch ein bisschen, es hat ja keine Eile, und Dein Vater weiß doch, wie schlimm es ist, wenn es einem Kind nicht gut geht. Hat Dein Vater nicht geweint, als Du am Kreuz hingst, und Deiner Mutter gab es doch auch einen Stich durch ihr Herz?

Aber auf dem Deich war Gott noch nicht zu sehen. Wohl rauschte der Wind, und ich meinte Seinen lieblichen Namen zu hören, und links am Weg schoss das Grün schon so hoch auf, dass Gott sich darin gut aufhalten konnte, ohne gesehen zu werden. Ja, da bewegte sich schon das Gras, und zwischen dem Wiesenkerbel erhob sich ein Mann mit hochroten Wangen, und kaum einen Moment später auch eine Frau, die ihr Kleid herunterschob, und ich starrte verblüfft die Frau an und ihr merkwürdig rot geflecktes Gesicht. Der Mann rannte auf einmal auf mich zu. Ich wollte weglaufen, aber es war schon zu spät, er hielt mich am Arm fest und fuhr mich an: »Du hältst das Maul, du sagst kein Wort davon.«

»Ja, ja«, sagte ich.

»Du sagst nichts?«

»Nein, Meneer.«

»Wirklich nicht?«

»Nein, Meneer, wirklich nicht.«

»Denk dran, wenn du was sagst, bring ich dich um.«

Er ließ mich los, und dann stand auch die Frau bei mir. Ich sah erstaunt ihre roten Wangen an, es war etwas Mattes und Trauriges und doch auch Fröhliches in ihrem Gesicht. Sie beugte sich herunter und lächelte mich an. »Guten Tag, du erzählst es nicht weiter, nicht wahr?«

»Nein, Mevrouw«, sagte ich.

»Dann bist du ein großer Junge. Willst du einen Bonbon?«

»Nein.«

»Warum nicht?«

»Ich mag keine Bonbons.«

»Du magst keine Bonbons? Dann einen Apfel?«

»Nein.«

»Warum nicht?«

»Davon kriegst du das Scheißen, sagt mein Vater.«

Sie lachte fröhlich, und es war etwas in diesem Gesicht und in diesen Augen über diesen geröteten Wangen, was mich ganz glücklich machte. Sie war eine so schöne Frau, wie ich nie eine gesehen hatte, nicht weil ihr Gesicht so schön war, sondern weil ihre Wangen so rot waren, als stünden sie in Flammen.

»Also, du willst wirklich nichts?«

»Nein, Mevrouw, ich muss zum Garten meines Vaters.«

»Ganz allein?«

»Ja.«

»Wer lässt nun so ein Kind ganz allein auf dem Deich laufen? Die sind doch verrückt. Wo ist der Garten von deinem Vater?«

»Im Westgaag.«

»Das ist noch ein ganzes Stück.«

»Ach, nein«, sagte ich, und ich ging weiter und ließ sie erstaunt zurück. Ich blickte mich um, sie winkte mir zu, und ich winkte zurück und wusste plötzlich, dass ich sie liebte. Dennoch konnte sie nicht Gott sein, denn Gott war ein Mann. Warum stimmte mich das für einen Augenblick traurig? Ich wusste es nicht, ich wusste nur, dass ich wegen der Glut in ihrem Gesicht ganz plötzlich angefangen hatte, sie zu lieben. In der Ferne glänzte Blikken Loods in der Sonne, und als ich zurückblickte, schien Maassluis schon ganz schön weit weg zu sein, und die Zeiger der Turmuhr konnte ich nicht mehr erkennen.

Wie mochte Gott aussehen? Hatte Er, genau wie die Männer, die vorhin den Sarg trugen, einen schwarzen Anzug an? Oder würde Er vielmehr ganz in Weiß sein, wie eine Braut. Und leuchtend. Er konnte auch aussehen wie ein brennender Dornbusch. Aber Er konnte sich natürlich verkleiden, und als ich das dachte, fiel mir auf einmal ein: Vielleicht war der Mann auf dem Fahrrad ja Gott. Er wusste, wie mein Vater und meine Mutter hießen, er wusste, wie mein Großvater hieß und was er machte, ja, er wusste alles, genau wie Gott. Aber Gott auf dem Fahrrad? Das kam mir so merkwürdig vor, davon wurde in der Bibel nie gesprochen, und doch war es nicht völlig ausgeschlossen, denn Gott konnte alles. Also auch Fahrrad fahren. Aber dieser

Mann hatte doch gar nicht ausgesehen wie Gott; so ein kleines, unansehnliches Männchen mit einem braunen Jägerhut und einem eleganten Federchen am Hutband. Ein schwarzes Federchen am Hutband. Ein schwarzes Federchen, ich sah es plötzlich vor mir, während ich vorhin kaum darauf geachtet hatte, ein schwarzes Federchen, genau wie am Hut von Nachbarin Kraan. Warum sollte dieser Mann ein schwarzes Federchen tragen an einem braunen Hut, wenn er nicht Gott war und nichts vom Tod von Nachbar Kraan wusste.

Ein Auto überholte mich, war im Handumdrehen an Bikken Loods vorbei, dessen Dach so in der Sonne blendete, dass es wehtat. Auf der anderen Seite des Weges kämpfte ein Fahrradfahrer mit dem Gegenwind, und ich dachte: Wenn mein Vater dort fahren würde, könnte er diesen Mann augenblicklich überholen, mit oder ohne Gegenwind. Nach dem Radfahrer folgte eine Dame auf einem Fahrrad, die noch mehr Mühe mit dem Wind hatte, und bei Blikken Loods liefen kleine schwarze Gestalten in der Frühlingssonne herum, und über meinem Kopf flog ein Schwarm Gänse quer über den Weg. Es war, als ob Gottes Atem alles beseelte. Ja, Elias hatte Er in einem Sturm mit einem feurigen Wagen in den Himmel geholt, aber demselben Elias war Er zuvor in einer Windstille erschienen. Nun, windstill war es keineswegs, und das beruhigte mich plötzlich irgendwie – Er würde jetzt bestimmt nicht erscheinen, es wehte viel zu stark. Wie war das Wetter gewesen, als Er Henoch hinaufholte? Darüber erzählt die Bibel nichts. Adam war Er erschienen, wandelnd in der Abendkühle. Es war zwar kühl, aber nicht Abend. Warum hatte ich Angst vor Gott? Ich konnte Ihm doch einfach sagen, wenn Er kommen und neben mir gehen würde: »Herr Jesus, ich liebe Dich bestimmt mehr als meinen Vater und meine Mutter, aber es würde ihnen so viel Kummer bereiten, wenn Du mich jetzt hinwegnehmen würdest, vielleicht kannst Du noch ein bisschen warten. Henoch war doch auch schon sehr alt, als Du ihn hinwegnahmst?« Wie alt? Dass ich das nicht genau wusste – wie dumm. Methusalem war 969 Jahre alt geworden – der Älteste von allen, aber Henoch? Henoch war der Vater von Methusalem, konnte in jedem Fall nicht als kleines Kind hinweggenommen worden sein. Henoch wandelte mit Gott, »und Henoch wandelte mit Gott, und auf einmal war er nicht mehr da, denn Gott hatte ihn hinweggenommen«. Und wie? Warum stand darüber nichts in der Bibel? Hatte ihn hinweggenommen – nicht wie Nachbar Kraan in einem Sarg und einer Kutsche mit zwei Pferden davor, das eine mit Feuer und das andere mit Wasser. War Nachbar Kraan denn nicht mit Gott gewandelt?

»Kein frommerer Mann als Nachbar Kraan«, hatte ich meine Mutter oft sagen hören. Aber ja, er hatte da immer in seinem Kranz aus Grün gesessen, er war nie gewandelt. Vielleicht hatte Gott doch einmal zu ihm gesagt: »Kraan, komm nun mal nach draußen für eine tüchtige Wanderung«, aber Kraan hatte natürlich gesagt: »Ich muss erst noch diese Schuhe besohlen und den anderen Schuh nähen, und da muss noch eine neue Hacke drunter, und da müssen noch neue Schuhbänder rein, keine Zeit heute.« Deshalb war Kraan jetzt in einem Sarg weggebracht und nicht emporgehoben worden wie Henoch. Nein, ich wollte nicht in einen Sarg, aber ich wollte auch nicht emporgehoben werden. Ja, später schon, aber jetzt nicht, jetzt noch nicht. »Warte noch ein bisschen, Herrgott«, betete ich, »bitte warte noch ein bisschen.«

Ich kam an Blikken Loods vorbei. Das Dach glänzte so grell im Sonnenlicht, dass ich mit abgewandtem Kopf vorbeiging. Ich schaute den Deich hinunter über die grünen Knospen des noch nicht aufgeblühten Klatschmohns hinweg zu dem weißen Häuschen von Janus Hoekveen auf der Weverskade. Die hohen Pappeln rund um das Haus bewegten feierlich ihre Wipfel, als hätten sie den Wind gezähmt. Auf der Weverskade fuhr, gegen den Wind an, der Mann mit dem braunen Jägerhut. Mit einer Hand drückte er den Hut ab und zu auf den Kopf, also konnte es nicht Gott sein. Der brauchte natürlich keine Angst zu haben, dass Sein Hut wegwehte. Man konnte außerdem sehen, dass es ihn viel Mühe kostete, gegen den Wind anzukommen. Nein, kein Gedanke daran, dass es Gott war. Gott würde den Wind drehen lassen können oder gegen ihn anfahren können wie ein Engel. Gott würde bestimmt nicht auf einem so rostigen Fahrrad fahren. Aber der Mann trug noch immer das schwarze Federchen an seinem Hut, und er hatte alles gewusst. Gott konnte natürlich auch extra so tun, als wäre Er nicht Gott, um mich zu täuschen.

Ich spähte aufmerksam zu dem Fahrradfahrer auf der schmalen Weverskade, dachte dann plötzlich, dass er nach oben blicken könnte, wie viel Mühe es ihn auch kosten würde, mit diesem kräftigen Wind im Gesicht den Kopf zu heben. Deshalb tauchte ich unter in dem schon hohen Gras zwischen dem blühenden Wiesenschaumkraut; ich kroch ein Stück durch die Grashalme zu einem Weidengebüsch und versteckte mich dort. Ich konnte den Mann jetzt genau sehen, aber er mich nicht, wenn er nach oben blickte. Und doch – wenn es Gott war, nützte es gar nichts, sich zu verstecken. Er würde einen doch immer sehen, auch wenn Er tausendmal gegen den Wind anfuhr. Der Mann war jetzt bei einer der drei Brücken über den Fluss angekommen, die zu einer Deichauffahrt führte. Er hielt, lüftete den Hut, wischte sich den Schweiß von der Stirn und sah dann aufmerksam den Deich entlang, zuerst noch in Richtung von Blikken Loods, dann rückwärts in meine Richtung. Ich duckte mich tiefer ins Gras, lugte durch die Grashalme und sah ihn dort stehen, wie er immer wieder den Deichrand absuchte, den Kopf immer wieder hin und her wandte und jedes Mal den Hut lüftete, um sich den Schweiß abzuwischen. Ich wusste plötzlich sicher, dass es nicht Gott sein konnte, Gott würde genau wissen, wo ich war, brauchte nicht den Deich entlangzustarren. Ich war mir auch sicher, dass der Mann mich suchte, und das machte mir Angst, und doch war da zugleich der beruhigende Gedanke: In jedem Fall ist es nicht Gott, Gott sei Dank. Der Mann schob das Fahrrad die Deichauffahrt hinauf auf den Deich, starrte lange auf den Weg in Richtung Blikken Loods, stieg auf und fuhr dann in meine Richtung. Ich kauerte mich noch mehr zusammen hinter dem Weidengebüsch, und er kam sehr schnell vorwärts, weil er jetzt mit dem Wind fuhr, und ich sah, wie er die Deichböschung nach einem Lebenszeichen absuchte. Für einen Augenblick schien es, als schaffte er es doch noch, mich zu finden, denn er zögerte, als er ganz nah herangekommen war – vielleicht weil das Gras am Abhang zertreten war –, fuhr aber weiter, sich schwarz abzeichnend gegen den Himmel, der von meinem Platz aus nur eine Kante zu sein schien. Er schwebte über dem Grasstreifen, über dem Wiesenkerbel – der untere Teil seiner Reifen war nicht einmal zu sehen, und er pfiff eine unruhige Melodie, ein aufgeregtes Liedchen, das nun wirklich keinem Psalm glich. Aber ich wusste ja schon, dass es nicht Gott sein konnte. Das schwarze Federchen wiegte sich im Wind, und ich dachte: Was soll ich jetzt machen? Ich wagte nicht, den sicheren Schutz des Weidenbusches aufzugeben, aber ich konnte da auch nicht liegen bleiben. Zurück konnte ich nicht, er würde mich mit seinem Fahrrad immer einholen können, mit oder ohne Gegenwind. Weitergehen in seine Richtung? Niemals. Ich kroch langsam durch das Gras nach oben, schaute den Deich entlang und sah ihn über den weißen Beton verschwinden, womit der Deich planiert war. Ich wagte nicht aufzustehen, erkannte ihn vor dem Horizont nur noch als schwarzen Umriss, der aus dieser Entfernung gar kein Tempo mehr hatte, sondern immer kleiner wurde. Er fuhr eine Abfahrt vor dem Tol hinunter. Was würde er jetzt tun? Wieder auf die Weverskade fahren, gegen den Wind? Ich wartete nicht ab, überquerte hastig den Deich, rannte an der dichten Weißdornhecke entlang, bis ich zu einer Öffnung kam, und zwängte mich hindurch. Auf der anderen Seite der Hecke war ein schmaler Streifen Gras zwischen Acker und Weißdorn, und auf diesem Streifen rannte ich an der Hecke entlang, die mich den Blicken all derer entzog, die auf dem Deich fuhren oder liefen. Ich hatte den Wind im Rücken und konnte schnell weiterrennen, spähte aber doch immer wieder kurz durch die seltenen Öffnungen in der Hecke über den Deich. Ich sah ihn nicht und rannte weiter, obgleich weiter hinten Leute Unkraut verbrannten und ich wieder für einen Augenblick an den brennenden Dornbusch denken musste. Mir war klar, dass der Mann sehr wohl auf die Idee kommen konnte, ich würde hinter der Weißdornhecke laufen. Aber ich musste weiter, ich war jetzt viel näher beim Garten meines Vaters als bei uns zu Hause.

Auf der Höhe vom Tol angekommen, schaute ich lange durch eine kleine Öffnung in der Hecke. Ich sah den Mann nicht und überquerte vorsichtig den Weg, ließ mich auf der anderen Seite des Deichs ins Gras fallen und spähte über die Weverskade. Kein Radfahrer in Sicht. Nichts als wiegendes Schilfrohr neben einem schmalen Weg. Dennoch wagte ich nicht aufzustehen. Ich schaute in den Westgaag – der sich schlängelnde Weg lag hell und still in der Sonne. An seiner rechten Seite, im Fluss, erhob sich zwar hohes Schilfrohr, aber darin würde ich mich nicht verstecken können. An der linken Seite war ein atemberaubend hoher, schräger Abhang, der schon gemäht war. Auch da würde ich mich dem Blick des Mannes nicht entziehen können, für den Fall, dass er hinter mir her war. Was nun? Ich lag im Gras, die Sonne schien auf mich herab, als ob alles in Ordnung wäre, und überall wiegten sich die Baumkronen. Da sah ich auf dem Bauernhof, der links von der Straße lag, eine Kutsche. Sie erinnerte mich zuerst an die beiden Kutschen, die ich an diesem Tag gesehen hatte, aber das kleine hellbeige Pferdchen vor der Kutsche hatte keine Ähnlichkeit mit den beiden stattlichen Pferden vor vorhin. Es stand da, den Kopf gesenkt, wie die Statue eines Ponys, und ich erkannte das Tier, bevor ich die Kutsche erkannte. Auf dem Hof liefen friedlich Hühner herum, eine weiße Gans watschelte vorbei, und man sah ein kleines Mädchen mit weißer Schürze und einer Schleife im Haar. Ich rutschte auf dem Gras hinab, lief hastig über die Brücke, auf der früher einmal ein Zollhäuschen gewesen sein musste, und schlenderte auf den Hof. Außer dem Mädchen und den Hühnern und der Gans waren zwei Männer dort. Und mitten auf dem Hof standen zwei Schweine, so ruhig, als hätten sie schon seit Stunden so gestanden. Das eine, größere Schwein lag auf dem Rücken des anderen und winkte mit dem Schwänzchen. Es war fast, als würde es mit seinen beiden Vorderpfoten das andere Schwein umarmen. Einer der Männer, der ältere von beiden, sagte zu dem Mädchen: »Jetzt musst du genau hinsehen, wie oft Berend blinzelt, dann weißt du, wie viele Ferkel kommen.«

Ich betrachtete aufmerksam das Schwein, das so selbstbewusst auf dem Rücken des anderen lag. Seine Augen waren weit aufgesperrt, und es zwinkerte nicht ein einziges Mal mit den Lidern. Dann stieg es plötzlich herunter und schnaubte entrüstet, lief dann zur Kutsche und zu dem alten Mann. Der Eberbauer (ich hatte ihn schon erkannt) lief hinterher und sagte: »Das hast du wirklich gut gemacht.«

Das Tier grunzte wie zur Antwort und sprang so, aus dem Stand, in die Kutsche. Der Eberbauer schloss das schwarze Türchen, und ich hörte ein gutmütiges Grunzen, das der Eberbauer mit einem fröhlichen Lachen beantwortete. Dann sah er mich.

»So, so, was machst du denn hier? Wo ist dein Vater?«

»Im Garten.«

»Wie kommst du dann hierher?«

»Zu Fuß.«

»Ganz vom Garten her?«

»Nein, von zu Hause.«

»Sollst du denn zum Garten? Ist etwas mit deiner Mutter?«

»Nein, ich wollte einfach zu meinem Vater gehen. Darf ich ein kleines Stückchen mitfahren?«

»Natürlich, setz dich mal neben mich auf den Bock. Ja, vorsichtig aufsteigen, so, erst den rechten Fuß, dann den linken, nein, deine Hand hier, ja, jetzt den anderen Fuß nachziehen, ho, ho, warte, ich heb dich eben hoch, ich komm rum, ja, gut so. Wie ein Fürst, was, wie ein Fürst sitzt du da. Jetzt ich noch, und dann geht's los. Hü! Alter, hü!«

Er schüttelte die Zügel, und das Pferdchen hob den Kopf, blieb aber ruhig stehen. Er schüttelte nochmals, und nun setzte das Pferd zögernd seine Beine in Bewegung, und wir zockelten langsam in den Westgaag.

»Das hier hat seine beste Zeit wirklich hinter sich. Aber Berend, Junge, Junge, was ist der noch in Form. Na, besser das Tier hinter mir ist in Form als das Tier vor mir – da kann Berend sich nämlich schön erholen, wenn wir hier in so einem Zuckeltrab durch den Westgaag fahren, denn ich hoffe, dass er heute noch eine Sau decken kann, zwei wäre wohl zu viel verlangt, aber eine geht noch, was, Berend?« Er schlug mit seinem linken Arm leicht hinter sich auf die Kutsche.

Wieder hörte ich das beruhigende Grunzen, das der Eberbauer mit den Worten beantwortete: »Es gefällt dir auch noch immer, was, in deiner Kutsche? Soweit ich weiß, sind da noch zwei Sauen heiß, also, wenn es irgend geht, was, Berend?«

Er schwieg einen Augenblick, wandte sich dann an mich: »Was hältst du davon, Sohn von Pau, meine Frau sagt zu mir: ›Du musst die alte, abgetakelte Kutsche ausrangieren, du musst ein Auto kaufen und so einen kleinen Viehwagen dahinterhaken, und dann nimmst du zwei Eber mit statt einem, dann kriegst du viel mehr fertig an einem Tag. Während der eine sich erholt, lässt du den anderen decken, immer abwechselnd sozusagen, du kommst schneller voran, verdienst mehr.‹ ›Ja‹, sag ich dann, ›aber du brauchst nicht zu denken, dass du zwei Eber in einen Wagen setzen kannst. Nur wenn es Brüder sind, die von klein auf zusammen aufgewachsen sind, geht's.‹ ›Dann stell doch eine Trennwand in den Wagen.‹ ›Ja, das ginge schon‹, sag ich dann, und ich find auch was dran, aber ich kann doch meine Kutsche noch nicht aufgeben, ich kann mich noch nicht von ihr trennen, es ist ein so ruhiges und angenehmes Arbeiten, verstehst du, mit nur einem Eber, und ich verdien ein gutes Zubrot damit, was will ich mehr?«

»Ich würde nie ein Auto nehmen«, sagte ich.

»Nun hörst du es mal aus Kindermund, was, Frau, nie ein Auto, siehst du wohl. Und warum nicht?«

»Na, ich finde solch ein Pferdchen so schön.«

Er drückte mir das Geschirr in die Hand, und das Pferdchen lief ruhig weiter und schien gar nicht gemerkt zu haben, dass jetzt jemand anders die Zügel hielt.

»Ja, du, dieser neumodische Kram, das ist nichts. So 'n Auto – du musst erst deinen Führerschein machen, na, und dann ich noch in meinem Alter, ich gehör schon seit zwanzig Jahren zum alten Eisen, ich hab schon Kinder, die größer sind als ich, Piet, mein Ältester, überragt mich so um fünfzig Zentimeter, nein, ich schaff es noch bis an mein Grab mit dieser Kutsche, warte, gib mir eben die Zügel rüber, da will ein Fahrrad vorbei.«

Und da fuhr er, der Mann mit dem braunen Jägerhütchen. Direkt neben uns. Er hätte mich bequem anstupsen können, aber er sah nicht einmal zu uns her, hielt nur seinen Hut fest und schlingerte am Pferd entlang, das den Mann ungerührt vorbeifahren ließ. Ich schaute hinauf zu den Wolken, und es war, als sähe ich Gott auf Seinem Thron sitzen, und Er sah mich auch, Er wunderte sich über mich, weil ich die Zügel schon wieder festhalten durfte, Er winkte Seinem einzigen Sohn und sagte: »Sieh mal dort, das Pünktchen im Westgaag, das ist die Kutsche vom Eberbauern, genau dort in der Mitte zwischen Tol und der breiten Autostraße, ja, da zwischen dem Schilfrohr am Fluss mit den Seerosen und den grünen Seerosenblättern. Es geht zwar langsam, aber sie kommen doch voran, und das kleine Jungchen lenkt das Pferd.«

Ich sah es vor mir, so deutlich, als wäre es Wirklichkeit, und ich hörte das Schwein grunzen und den Eberbauern kichern, und das Schilfrohr räusperte sich. Weiter vorn radelte der Mann mit dem braunen Jägerhütchen, und er hatte sich noch kein einziges Mal umgeblickt. Wir fuhren und fuhren, ohne viel voranzukommen, und der Eberbauer redete noch immer.

»Acht Eier kriegt Berend jeden Abend, stimmt's, Berend? (Er wandte den Kopf zur Kutsche.) Und er schluckt sie runter wie Lakritze, ach, er ist doch ein guter Kerl. Nur dass er so ungeschickt schraubt, man würde doch meinen, dass er allmählich Erfahrung haben müsste, aber von wegen, jedes Mal wieder diese elende Arbeit. Als ob er die Öffnungen in den Sauen nicht richtig finden kann; vielleicht haben sie die alle an einer anderen Stelle. Weißt du, springen tut er wie sonst keiner, trotz seines Gewichts, aber das Schrauben ist immer noch nicht das Wahre, nun ja, bei den Menschen wird es nicht viel anders sein. Es ist schon ein Job, du bist immer unterwegs, und manchmal ist keine Sau in der ganzen Region mehr, die brünstig ist, dann hast du eine Zeit lang Ruhe. Es ist verrückt, was, aber so ein Tier, so ein Eber, der verschleißt von diesem Schrauben. Meiner Meinung nach musst du es sachte angehen lassen, so als Mann, du verschleißt davon.«

Er schwieg wieder und schüttelte bekümmert den Kopf.

»Berend ist schon ganz hübsch fertig, ich denke nicht, dass er es noch lange macht. Ich müsste ihn kastrieren lassen, damit sein Fleisch genießbar bleibt, aber ich glaube nicht, dass ich Berend jemals aufessen kann. Und ich verkaufe ihn auch nicht. Man hängt an so einem Tier, weißt du, vor allem an Berend häng ich sehr. Er ist immer guter Laune, ist nie krank, ist munter, obwohl er älter wird, und seine Verdauung ist noch immer in bester Ordnung – ich hab noch nie einen Tierarzt geholt –, nur dieses Schrauben, weißt du, das ist sein Schwachpunkt. Nun ja, es macht nichts, besser, er schraubt schlecht, als dass er dabei so schreit wie Klaas, mein voriger. Der hatte ihn genauso schnell drin wie wir früher unsere Hand im Klingelbeutel, wenn wir Extrageld brauchten, aber dann fing der vielleicht an zu schreien. Ganz Maasland konnte es hören, wie er das genoss! Oh, Klaas, Klaas, du hast dich zu Tode gebürstet, ach, ach … verflucht noch mal, da haben wir den schon wieder auf seinem Fahrrad. Gib mir mal eben die Zügel, ja, du lenkst, als hättest du nie was anderes getan, aber es ist doch besser, wenn ich sie mal kurz nehme. He, du Zappelphilipp, willst du immer weiter so besoffen hin und her schwanken? Es ist das letzte Mal, dass ich dir ausweiche.«

Der Mann mit dem braunen Jägerhütchen fuhr wieder an uns vorbei, jetzt in entgegengesetzter Richtung, und er sah mich und schaute mich zuerst überrascht an, dann winkte er mir strahlend zu. Wir waren dicht an der Autostraße, mussten lange warten, denn der Eberbauer wollte sie erst überqueren, wenn kein Auto mehr zu sehen war. Da standen wir, im Sonnenlicht und im Schatten, das Pferdchen ließ den Kopf sinken, und die seltenen Autos flogen vorbei. Immer war, entweder von links oder von rechts, ein Auto in der Ferne zu sehen, und deshalb warteten wir geduldig auf den einen, ruhigen Augenblick, der einfach nicht kommen wollte. Es war, als schliefen wir ein, als würden wir für immer mit dem Westgaag verwachsen und mit dem hohen Schilfrohr am Weg. Der Eberbauer rutschte nach hinten, sein Mund öffnete sich, ein Bläschen zerplatzte auf seinen Lippen. Behutsam zog er die Mütze über die Augen und sagte noch: »Zieh einfach an den Zügeln, wenn überhaupt nichts kommt«, und dann schlief er, und nochmals zerplatzte geduldig ein Bläschen. Ich sah die Straße entlang, fest entschlossen, nicht zu fahren, auch wenn kein Auto in Sicht sein sollte. Wir standen da, und wieder sah Gott auf uns herab, und Er wunderte sich darüber, dass wir nicht weiterfuhren. Dann grunzte plötzlich das Schwein, und ich erschrak so, dass ich die Zügel anzog, und die Kutsche setzte sich in Bewegung, während der Eberbauer ruhig weiterschlief. Wir überquerten die Straße, und ein Auto bremste vor uns mit beängstigendem Quietschen, ein zweites sah uns rechtzeitig ankommen und fuhr langsamer, um uns vorbeizulassen. Der Fahrer des ersten Autos stieg aus, schrie etwas und stieg wieder ein. Es erschien alles so unwirklich, als schliefe ich auf dem Bock und träumte. Aber es war der Eberbauer, der ein Bläschen blies, das einfach nicht platzen wollte. Wir fuhren weiter auf dem noch schmaler werdenden Weg, und ich blickte auf die fensterlose Mauer eines Bauernhofs, auf die die Sonne schien und die Äste eines Apfelbaums schwarze Schatten warfen. Weiter vorn gleißte die Sonne auf dem niedrigen Glas der Melonengewächshäuser, sodass man die Augen zukneifen musste, und daher schaute ich zum Polder hinüber, der auf der anderen Seite des Flusses lag. In der Ferne erhoben sich die beiden Türme von Maasland, und ich sah auch, dass der Wind abflaute, denn ein Stück weiter hingen die Wolken schon still am Himmel, und über mir eilten sie auch lange nicht mehr so schnell dahin. Das Pferd zuckelte weiter, bis ein zorniges Gegrunze aus der Kutsche zu hören war. Ich blickte mich um und sah einen Schweinefuß in einer der vielen Ritzen in der Kutschenwand. Das Gegrunze weckte den Eberbauern zwar nicht, machte aber seinen Schlaf unruhig; die Bläschen verschwanden, und stattdessen murmelte er etwas, und zugleich drückte der Eber in der Kutsche das Türchen, das nur oben mit einem Klotz verriegelt war, so weit auf, dass ich seine Schnauze sehen konnte. Ich stieß meinen Nachbarn an. »Er will raus«, rief ich.

»Was, wer?«

Die Mütze schob sich nach oben, und der Eberbauer wachte auf, blickte erstaunt um sich, runzelte kurz die Stirn, lachte dann aber fröhlich.

»Da wären wir fast bei Stien vorbeigefahren. Ja, Berend, du hast recht, mein Lieber, wir sind zu weit, wir fahren ein

Stück zurück, es ist doch was, so 'n Tier, da weiß er doch glatt, und das, obwohl er in einer dunklen Kutsche sitzt und nichts sehen kann, dass wir schon am Stall von Stien vorbei sind, und es ist doch schon wieder ein paar Monate her, dass er sie gedeckt hat. Aber er hat nun mal immer schon eine Schwäche für Stien gehabt, ja, ja, Berend, nur ruhig, wir fahren zurück, nur noch etwas weiter, denn hier können wir nicht wenden.«

Das Schwein protestierte nichtsdestoweniger laut, als wir weiterfuhren, und drückte mit aller Kraft gegen das Türchen, sodass der Klotz auf einmal nicht mehr hielt und der riesige Kopf sich nach draußen schob, während das Gegrunze noch lauter wurde und zorniger klang als vorher.

»Noch einen Augenblick Geduld, Berend, musst du nun unbedingt das Türchen wieder kaputt machen? Denk dran, ich reiß das runter, und dann kriegst du Regen auf deinen Kopf und stehst im Zug, wenn wir losfahren. So, wir sind da, ich werd dir erst mal eben runterhelfen, es ist für dich jetzt nur noch ein kleines Ende, und wir fahren dann zurück. Nein, lass dir doch helfen, Dickkopf, du hättest dir die Beine brechen können, grüß deinen Vater.«

Ich sauste davon, sowohl, um den letzten Teil meines Ausflugs so schnell wie möglich hinter mir zu haben, als auch aus Angst vor dem lauthals quiekenden Schwein, aber als ich um die Kurve war, lief ich langsamer. Der Wind hatte sich gelegt, und durch die Luft zogen zarte Frühlingsdüfte, die einen taumelig machten. Ich wanderte ruhig weiter, hier waren überall Häuser; wenn der Mann mit dem dunkelbraunen Hütchen wiederkommen würde, konnte ich sofort auf einen Hof laufen und um Hilfe rufen. Komisch, dank dieses Mannes hatte ich weniger Angst vor der Begegnung mit einem wandelnden Gott. Es war sogar, als würde ich nun niemals mehr Angst haben vor Gott auf der Straße, als wüsste ich nun, dass es so etwas einfach nicht gibt und auch nie gegeben hat, außer in den Tagen von Henoch. Gott, der einfach wie ein ganz normaler Mann über die Straße geht. Nein, das gibt es nicht, vor einem solchen Gott hatte ich keine Angst mehr. Aber ich wusste auch, dass ich fortan immer Angst haben würde vor Männern wie dem Radfahrer mit dem braunen Hütchen, und ich wusste außerdem, dass Gott auch unsichtbar gegenwärtig sein konnte. Ja, es war schon, als wandelte ich mit Gott, denn der Wind hatte sich gelegt, und es duftete unaussprechlich schön nach Leben und Frühling, sodass ich immer kleiner wurde, ein Punkt in einer immer weiter werdenden Landschaft. Die Türme von Maasland wichen zurück, der Polder wurde immer breiter und größer, und ich wurde nichtiger, kleiner als das kleinste Insekt, ich schrumpfte zusammen, ich war schon fast unsichtbar in einem riesigen Raum. Und dieser Raum, dieser immer größer werdende Raum, das war Gott. Mein Herz klopfte, und mein Atem pfiff, ich rannte wieder am Wasser entlang und am Schilfrohr und den gelben Schwertlilien. Ich wusste, dass ich mich beeilen musste, denn es würde jetzt nicht mehr lange dauern, bis ich hinweggenommen würde. »Und Henoch wandelte mit Gott, und auf einmal war er nicht mehr da, denn Gott hatte ihn hinweggenommen.«

Da war das Haus von Frau Poot, der Eigentümerin des Gartens, den mein Vater gepachtet hatte. Ich rannte über das Grundstück, am Haus vorbei, sah meinen Vater vor einem der Gewächshäuser stehen, rannte an der Lore vorbei, vorbei am Misthaufen, vorbei an den Treibhäusern. Mein Vater sah mich, und er blickte erstaunter, als ich ihn je hatte blicken sehen. Noch immer war ich ein Pünktchen in einem unermesslichen Raum, bis ich seine Beine umklammerte und mein Gesicht an seine Manchesterhose drückte, nicht nur um meine Augen an dem Stoff abzuwischen, sondern auch um vor ihm zu verbergen, dass Tränen darin standen. Gerade noch rechtzeitig, dachte ich, gerade noch rechtzeitig, und ich wusste, dass ich verloren hatte und Gottes nicht würdig war, denn, das war mir klar, ich liebte meinen Vater mehr, viel mehr als Gott.

»Wo ist deine Mutter?«, fragte er.

»Zu Hause«, sagte ich so laut wie möglich zu dem schwarzen Stoff seiner Hose.

»Bist du denn allein?«

»Ja, ich bin zu Fuß gekommen.«

»Zu Fuß, das ganze Ende? Ganz allein?«

»Ja.«

Er hob mich plötzlich hoch, und ich wusste nicht, ob er es tat, weil er wütend oder weil er besonders froh war. Aber er schien weder wütend noch froh zu sein, er rief lauthals: »Arie, Arie, nun hör dir das mal an, mein Sohn hier, kommt ganz allein aus Maassluis gelaufen, ist das nicht unglaublich?«

Ich hörte den Stolz in seiner Stimme und sah, wie erstaunt Nachbar Van der Hoeven mich, so hoch in der Luft schwebend, anblickte, und doch war ich selbst überhaupt nicht stolz – nur erleichtert und zugleich unglücklich, weil ich mich unwürdig wusste in den Augen Gottes, der mich beinahe hinweggenommen hätte und jetzt böse zusah, wie mein Vater mich zu Ihm emporhob, als wollte er Ihm zeigen, dass ich sein Besitz und nicht Sein Besitz war.

»Du kommst übrigens gerade noch rechtzeitig«, sagte mein Vater, »ich wollte eben zu Ai Kip gehen, einer seiner Knechte ist krank, und er hat mich gefragt, ob ich zum Melken komme. Wenn ich schon da gewesen wäre, hättest du mich ganz schön verpasst.«

»Nachbar Kraan ist weggebracht worden«, sagte ich.

»So«, sagte er.

»Und Onkel Job hat mich ausgeschimpft, weil ich die Pferde angeguckt habe.«

»Dieses Ekel! Da hast du zwei jüngere Brüder, noch dazu Zwillinge, und der eine, Huib, ist ein netter Kerl, aber der andere …«

Er trug mich, hoch über seinem Kopf, durch den Garten. Ich erzählte von der Kutsche, von Nachbarin Kraan, von dem Federchen, und alles, was ich sagte, war nicht nur an ihn, sondern auch an Ihn gerichtet, der alles so gut sehen konnte, weil ich in der Luft schwebte. Erst beim Haus von Frau Poot setzte er mich ab, um mich einen Augenblick später wieder hochzuheben und vorn aufs Fahrrad zu setzen. Und sofort kamen wir im jetzt sonnigen, windstillen, schattenreichen Westgaag in Fahrt. Mein Vater sang:

»Ach Mutter, schenk mir einen Spielball,
Den hatte ich immer so gern,
Wie herrlich könnte ich dann spielen
Dort droben bei unserm lieben Herrn.«

Während er sang, rückten die Türme von Maasland näher, und der Polder wurde kleiner. Die Wolken eilten nicht mehr so unwirklich hoch über den Himmel, und ich dachte: Nun sieht Gott mich hier fahren, und Er hätte mich beinahe hinweggenommen, hier, bei den Schwertlilien. Was wird Er jetzt denken? Jedes Wort aus dem Liedchen meines Vaters vergrößerte den Abstand zwischen Gott und mir; jeder liebevolle Puff meines Vaters in den Rücken, jede schnelle Bewegung seiner rauen Hand über mein Haar verminderten die Angst vor Gott. Ich dachte: Wenn Er jetzt genauso zuschaut wie vorhin, als ich vorn beim Eberbauern saß, sieht Er bestimmt, dass mein Vater mich so sehr liebt, dass er mich gar nicht entbehren kann.

Bei Ai Kip angekommen, fuhren wir auf den Hof. Mein Vater bremste mit den Holzschuhen im Kies ab, und das machte so viel Lärm, dass die herumlaufenden Hühner davonstoben. Mein Vater stellte mich über den Fahrradlenker hinweg auf den Boden. Wir gingen zu dem eingezäunten Stück hinter dem Stall. Mein Vater nahm einen Melkschemel und begrüßte Ai Kip und Thijs Loosjes, den ältesten Knecht. Er setzte sich unter eine rot gescheckte Kuh, und das wunderte mich, denn ich hatte ihn immer sagen hören: Die Roten und die Blassen, die kannst du lieber lassen, aber vielleicht war keine andere Kuh da. Ich schaute den sicheren Griffen zu, mit denen er die Zitzen des Euters bearbeitete. Er bewegte beide Hände abwechselnd auf und ab, und jedes Mal spritzte ein feiner, weißer Strahl in den Eimer, und die schäumende Masse aus dicken Blasen, die nie platzten, wurde immer höher. Und über dem Schaum, diesem Fest aus großen Blasen, hing ein feiner, durchsichtiger Nebel, der immer wieder für einen Augenblick dem weißen Strahl auswich.

Bei der zweiten Kuh, einer schwarz gescheckten, durfte ich auch melken. Ich hatte das schon einmal gemacht, aber wenn ich allein unter einer solchen Kuh saß, hatte ich noch immer Angst vor dem peitschenden Schwanz und vor den ungeduldigen Bewegungen, womit sie den Kopf dann schräg zurückwarf. Ich traute mich nur zu melken, wenn mein Vater in unmittelbarer Nähe war, und dann war es wie ein Wunder, denn man wusste nicht, warum gerade diese Bewegung – kurz die Fingerspitzen mit einer gewissen Kraft an den Zitzen entlang von oben nach unten bewegen und hier und da besonders drücken, und immer eine bestimmte Geschwindigkeit beibehalten – die Milch in den Eimer spritzen ließ. Es waren Tausende von Bewegungen denkbar, aber nur eine davon brachte Erfolg, und diese eine

Bewegung konnte man nur lernen, wenn man nicht allzu viel Angst und viel Geduld hatte. Neben uns melkte Thijs Loosjes viel ruhiger als mein Vater.

»Noch keine Heiratspläne?«, fragte ihn mein Vater.

»Nein, warum sollte ich?«

»Mann, du bist schon zwanzig Jahre verlobt.«

»Viel länger.«

»Gut, also länger. Ich begreif das nicht.«

»Es verlangt auch keiner von dir, dass du das begreifst.«

»Hast du denn überhaupt keine Lust, mit deinem Frauchen mal unter die Decke zu kriechen?«

»Wenn man sie zu sich ins Haus holt, will sie vielleicht mit einem am selben Tisch sitzen.«

»Na, und was ist dabei?«

»Ich halt das nicht aus, es ist gerade richtig so, sonntags sehe ich sie zweimal, wenn ich mit ihr zur Kirche gehe, und das ist mehr als genug, und das Übrige – nicht mit mir.«

»Früher, als ich hier noch gearbeitet hab und du noch auf dem Leeuwenhof erster Knecht warst, hatten wir hier einen Stier, den man beim besten Willen nicht dazu kriegen konnte, eine Kuh zu bespringen. Zuerst sieht man sich das ein paar Jahre an, denn man denkt: Solche Launen gehn vorüber, aber sie ging nicht vorüber, und Ai Kip sagt zu mir: ›Pau, wir müssen das Tier schlachten, wenn man ihn behält, haben wir das Problem in fünfzig Jahren noch.‹ ›Nun‹, sag ich, ›besser, du schlachtest ihn nicht jetzt, du musst nämlich alles gleich zu den Moffen bringen, besser, du gehst zum Tierarzt und bittest ihn, dass er ihm den Führerschein abnimmt, dann kannst du ihn bis zur Befreiung mästen.‹ ›Nein‹, sagt er, ›wir schlachten ihn schwarz.‹ Na, wir ihn im Stall schwarz geschlachtet und auf einen Wagen geladen, und ich eine Kuhle gegraben, um ihn aus dem Weg zu haben, und das Tier raus zur Kuhle, und ich spring in die Kuhle, um die Erde noch etwas eben zu machen, und da krieg ich doch auf einmal einen auf die Birne. Ich dachte sofort: Da hast du die Moffen. Aber da war gar nichts los: Die Vorderhaxe von dem Stier war vom Wagen gerutscht. Wir haben gut davon gegessen: Ab und an gruben wir ihn aus und schnitten ein Stück ab.«

»Was willst du damit sagen?«

»Nichts, ich erzähl dir das nur, weil dieser Stier genauso war wie du. Hast du wirklich vor, niemals mehr daraus zu machen als nur eine Verlobung?«

»Ja, ich heirate niemals.«

»Niemals ist aber ein langer Tag. Ich hab auch immer gedacht, dass ich nie wieder bei einem Chef arbeiten werde, und nun hab ich doch Pläne, mich abzusetzen.«

»Was hast du denn vor?«

»Ich hab mich bei der Gemeinde beworben, für die Grünanlagen. Oder auf dem Kirchhof.«

»Auf dem Kirchhof?«

»Ja, früher, wenn ich als kleiner Junge mit meiner Mutter am Friedhof bei Boonersluis vorbeiging, hab ich immer zu ihr gesagt: ›Wenn ich groß bin, will ich da arbeiten.‹«

»Haben sie dich denn schon angenommen bei der Gemeinde?«

»Ich muss nachher hin. Mit den Herren reden. Ich denk, dass ich nach dieser Kuh mal Schluss mache.«

Als wir am Tor standen und Ai Kip meinen Vater für das Melken bezahlte, sagte der Bauer plötzlich: »Ich hab noch so ein hübsches Brett, ich sah dich da ankommen, mit deinem Sohn vorn auf der Stange, wenn du nun aber das Brett von mir auf die Stange montierst, kannst du deinen Sohn hochherrschaftlich draufsetzen, ich brauche das Brett sowieso nicht mehr.«

»Gib mal her«, sagte mein Vater.

Ai Kip verschwand im Schuppen und kehrte mit einem runden Brett zurück, das mein Vater im Handumdrehen auf die Stange montiert hatte. Dann hob er mich auf das Brett, und Ai Kip sagte: »Dann musst du auch noch die beiden Fußstützen dranmachen, die hab ich auch für dich, hier, unter den Lenker musst du sie montieren.«

Und auch die Fußstützen wurden an das Fahrrad montiert, und dann fuhren wir los. Ich saß so fürstlich auf dem Brett, wie ich noch nie gesessen hatte. Ich konnte mich jetzt viel besser mit den Händen am Lenker festhalten, und ich sah links und rechts von mir die riesigen, behaarten Pranken meines Vaters. Ich schaute seine rechte Hand an, die so locker den Griff des Lenkers festhielt. Wie harmlos sah diese Hand aus, aber ich wusste, dass mein Vater nichts lieber tat, als anderen Leuten damit die Hand zu drücken, und ich sah vor mir, wie er, freundlich lächelnd, jemandem, der ihn nicht kannte, zum ersten Mal die Hand schüttelte und wie der andere plötzlich mit schmerzverzerrtem Gesicht versuchte, seine Hand aus der großen Faust meines Vaters zu befreien, und wie ihm das nicht gelang.

»Was ist denn?«, fragte mein Vater dann. »Dir scheint plötzlich irgendwas wehzutun.«

Sogar Gott, dachte ich, sogar Gott würde sich vielleicht in die Hose machen vor Schmerz, wenn mein Vater Ihm die Hand drückte, und ich seufzte, es war ein so vergnüglicher Gedanke, dass auch Gott meinem Vater nicht gewachsen war. Wir fuhren direkt auf die untergehende Sonne zu, bis wir zum Tol kamen. Als wir auf den Deich hinauffuhren, konnten wir die Sonne zuerst nicht sehen, weil die hohe Weißdornhecke den Weg säumte. Ich sah mich wieder hinter der Hecke rennen, und ich sah noch Rauch aufsteigen von dem Feuer, das kein brennender Dornbusch gewesen war, und bei jeder Betonfuge, die das Fahrrad kurz erschütterte, widerstand ich dem Bedürfnis, meinen Vater anzusehen. Nein, er wusste nicht, was passiert war, wusste nur von Nachbar Kraan und Onkel Job und dem Federchen. Ich sollte es ihm auch besser nicht erzählen, er würde dann bestimmt sagen: Warum bist du so bange, du brauchst niemals vor niemandem bange zu sein, ich bin das auch nicht. Ich sah auch die Stelle im Gras, wo ich gelegen hatte, um nach dem Mann mit dem braunen Jägerhütchen Ausschau zu halten, und es war schön, dass ich noch sehen konnte, wo ich das Gras zertreten hatte. Dort war es gewesen, und nun fuhr ich mit meinem Vater daran vorbei, und ich konnte hinsehen, ohne Angst zu haben. Wir fuhren ruhig weiter, und ich zählte, wie lange wir von Betonfuge zu Betonfuge brauchten. Beim Blikken Loods hörte die Hecke auf, und da hing die Sonne über dem Fluss – schon rot jetzt, sodass man hineinsehen konnte, ohne geblendet zu werden. Auf dem Fluss fuhr ein riesiges Schiff mit schlaff hängenden Flaggen in Richtung Meer, und auf den Bahngleisen, die den Polder zwischen dem Deich und dem Waterweg in zwei Teile schnitten, fuhr lautlos ein Zug. Ich hörte nur das Sirren der Fahrradreifen, ich hörte nur die Stimme meines Vaters, wie er mit einer gleichmäßigen, trägen Gemütlichkeit die Worte sang: »Ach, Väterchen, ach, Väterchen, kommst du wieder nach Haus.« Die Sonne fuhr mit uns, und ich dachte einen Augenblick: Sollte Gott die Sonne sein? Die Bibel erzählte ja, Gott sei ein Feuer, das blind macht. Wenn Gott die Sonne war, müsste Er jetzt wieder sehen, dass wir dort fuhren, mein Vater und ich, und dass kein Platz war für einen Dritten, dass es so gut war und nicht anders. Henoch wandelte mit Gott, und ich fuhr auf dem Fahrrad, auf der Höhe des Häuschens von Marie, mit meinem Vater, und vielleicht war ich Gottes nicht würdig, weil ich meinen Vater mehr liebte als Ihn, aber es konnte mir gleich sein, dort, hoch oben auf dem Deich, vorn auf dem Fahrrad, mit den Händen am Lenker und meinen Füßen so bequem auf den Fußstützen, den Blick einmal auf den riesigen Feuerball auf der gegenüberliegenden Flussseite gerichtet und dann wieder auf die langen, langen Schatten von meinem Vater und mir, die neben uns dahineilten über den weißen Beton und viel schneller voranzukommen schienen als wir und uns doch nie einholten. Es war, als würden wir bis an das Ende aller Zeiten dort zusammen fahren, mein Vater und ich, und als würde die Sonne immer so niedrig über dem Wasser stehen bleiben. Aber plötzlich waren unsere Schatten fort, als wir in die Stadt hineinfuhren und die Sonne nicht mehr sahen, weil die niedrigen Häuser am Deich im Weg waren. Wir fuhren durch die Hoogstraat, und mein Vater sagte: »Ich stell dich hier um die Ecke an die Mauer, du kannst runterkommen, du kannst auch sitzen bleiben, ich geh kurz und rede wegen meiner Bewerbung.«

Er lehnte sein Fahrrad gegen die fensterlose Mauer des Rathauses, genau vor der Treppe, die zum Hafenkai hinter den Häusern der Hoogstraat führte. Ich konnte die Sonne jetzt wieder sehen. Sie hing so dicht über dem Wasser, dass nicht einmal mehr Platz war für das kleine Boot von Dirkzwagers Schiffsagentur, das ausfuhr, um die letzten Nachrichten eines großen Schiffs zu hören, das auf dem Weg zum Meer war. Das Boot nahm für einen Augenblick einen Teil der Sonne weg; ich konnte es sehen, weil sowohl die Eisenbahnbrücke als auch die Kippenbrug offen waren. Das Boot verschwand, und die Sonne berührte das Wasser, und der Hafen wurde ein Flammenmeer. Ich hatte so etwas noch nie gesehen, denn die Eisenbahnbrücke und die Kippenbrug hatte ich noch nie in dem kurzen Augenblick am Spätnachmittag, wenn Sonne und Wasser sich berührten, geöffnet gesehen. Dort, am Eingang des Hafens, stand die Sonne wie ein zorniger Wächter, und ich musste an den geheimnisvollen und beängstigenden Bibeltext denken: »Und er vertrieb den Menschen und stellte östlich vom Garten Eden die Cherubim auf und des blinkenden Schwertes Flamme, den Weg zum Baum des Lebens zu bewachen.« Ich wusste plötzlich, dass die Sonne für mich dort stand, dass Gott sie dorthin gestellt hatte, weil ich mich an dem Nachmittag, genau wie Adam, von Ihm abgewendet hatte. Ich blickte auf das Wasser, das rot glühend an die Kaimauern schwappte, und ich dachte, erstaunt und voller Schuldbewusstsein und dennoch gleichzeitig zufrieden über meine Erkenntnis: Also das ist nun das Wasser des Lebens, das herfließt vom Thron Gottes und vom Lamm.

Christian Ude

Stadtradeln

OUTDOORBIKING?

Wenn man im fernen China das Fahrrad kennt und schätzt und massenweise nutzt und auch in New York Radlkuriere durch die Wolkenkratzerschluchten fetzen und die Niederlande ein einziges Fahrradparadies sind, dann müsste man eigentlich überall wissen, was das ist: ein Fahrrad. Stimmt. Man weiß es überall. Rund um den Globus. Bei Radlfreunden und Radlhassern. Wirklich überall. Außer im Fahrradfachhandel.

Sie glauben mir nicht? Dann versuchen Sie einmal, ein Fahrrad zu kaufen. Und zwar in einem Fachgeschäft! Sie werden einen Lebensabschnitt der Erniedrigung durchmachen müssen. Wie ich, nachdem mir im vorletzten Sommer mein Rad gestohlen worden war. Also ging ich in ein renommiertes Geschäft und äußerte unbedacht den Wunsch, ein neues Fahrrad zu erwerben. Der Verkäufer starrte mich an wie eine exotische Erscheinung, sein Blick wechselte zwischen Überheblichkeit und Mitleid: »Was wollen Sie?« »Ein Fahrrad«, wiederholte ich unbelehrbar. »Outdoorbiking?«, fragte er ungeduldig zurück. Nein, an so etwas Modisches hatte ich eigentlich nicht gedacht, also schüttelte ich den Kopf. Das hätte ich lieber sein lassen. Denn der Verkäufer führte mich an einer Reihe durchaus akzeptabel wirkender Räder vorbei in einen Nebenraum voller seltsamer Geräte, die unter der Kategorie »Indoorbiking« versammelt waren. Es begann mit eher bescheidenen Strampelmaschinen, mit denen man hübsch auf der Stelle treten konnte, steigerte sich dann aber zu High-Tech-Apparaturen, die über dem Lenkrad einen großen Farbbildschirm präsentierten, auf den man die unterschiedlichsten Landschaften zaubern konnte. Auf los, erklärte der Verkäufer, geht's los: Mitten durch eine rheinische Burgenlandschaft (man kann aber auch das Voralpenland wählen oder die Sahara) schlängelt sich eine Radrennstrecke, ich bin der Rennfahrer mit dem gelben Trikot, und wenn ich munter strample, überholt mich keiner, andernfalls aber zieht einer mit blauem oder rotem Trikot an mir vorbei und macht mich zum Verlierer am eigenen Gerät, das schon für ein paar tausend Mark – billiger als ein Auto – zu haben ist. Das also, hatte ich gerade gelernt, ist Indoorbiking. Ich sollte, meinte er allen Ernstes, den Kaufpreis berappen und dann immer wieder im Hobbykeller oder sonst wo strampeln wie ein Verrückter, damit der Rennfahrer mit dem gelben Trikot nicht überholt würde. Dies sei ein großer virtueller Leistungsansporn und außerdem ein geselliger Sport, da man ja mit anderen, deren Leistungsstärke man vorher einstellen könne, in Wettbewerb trete …

Das mit dem Wettbewerb am Bildschirm war mir neu, die Aussicht auf kleine Rennen mit Konkurrenten, deren Leistungsstärke ich vorher auf das Niveau asthmatischer Greise einstellen könnte, hatte auch durchaus etwas Verführerisches. Andererseits kam Indoorbiking grundsätzlich nicht infrage, schließlich hatte ich schon oft genug Hohn und Spott verbreitet über jene Zeitgenossen, die sich morgens beim Frühstücksfernsehen schweißtreibend abstrampeln und damit wiedergutmachen wollen, dass sie jede

Rolltreppe benutzen oder sogar nachträglich einen Aufzug in ihr Treppenhaus eingebaut haben, um nie mehr eine Stufe erklimmen zu müssen, und selbst zum Zigarettenautomaten mit dem Auto fahren, weil jeder Schritt zu Fuß ein Schritt zu viel sei …

»Was hatten Sie mir vorher angeboten?«, fragte ich den Verkäufer. »Bevor wir in diese Indoorabteilung kamen? Ich glaube, Outdoorbiking. Das liegt mir wahrscheinlich doch etwas mehr!«

Jetzt kann nichts mehr schiefgehen, dachte ich. Im Freien radeln, natürlich; das war's doch, was ich wollte.

Um den verstörten Verkäufer wieder etwas zu motivieren, sagte ich: »Wissen Sie, ich fahre gerne im Freien!« Das hätte ich aber auch lieber sein lassen. Denn er antwortete sofort beflissen: »Verstehe! Offroadtrekking!« Und schon ergriff er ein Gerät aus 7005-Aluminium mit verstellbarer Federgabel. »Ach nein«, seufzte ich, doch er deutete das blitzschnell als Genörgel an der Ausstattung. Also hob er ein zweites Rad aus der Halterung, ein Damen- und Herren-Trekking-Rad mit 27-Gang-Schaltwerk und Powermodulator V-Brakes.

Aber ich wollte doch nur Rad fahren. Also schüttelte ich den Kopf. »Ich verstehe«, eiferte der junge Mann, »es soll etwas Besonderes sein. Zum Beispiel dieser Moonraker mit Mamba Air Doppelbrückenfedergabel und Rock Shox Sid adjust Federbein sowie Scheibenbremsen, allerdings ohne Pedale.« »Ohne Pedale«, fragte ich, »was kostet denn dieses unvollständige Gerät?« »Dreitausendfünfhundertachtundsiebzig Komma dreiundfünfzig«, murmelte ich. Das schlug denn doch dem Fass die Krone ins Gesicht! »Jetzt kostet dieser Gnom von einem Fahrrad über dreieinhalbtausend, warum dann noch 53 Pfennige?« Damit war es mir erstmals gelungen, den Spieß umzudrehen und den Verkäufer in

Verlegenheit zu bringen: »Nicht Mark«, stammelte er, »Euro!« Und dann: »In Mark ist das eine ganz glatte Summe: 6999 Mark!« »Sehr glatt!«, höhnte ich und drehte mich weg.

»Wenn Sie etwas Preiswerteres haben wollen«, setzte er mit einem leicht tadelnden Unterton nach, »hätten wir auch dieses Modell mit Doublebutted Tubing, Manitou SX-LT Federgabel und Freeride Klickpedalen – dreitausendsechshundertneunundneunzig, und zwar Mark!«

»Verstehen Sie denn nicht«, wurde ich jetzt schon ein wenig grantig, »ich brauche keinen Manitou und keine Doppelbrückenfedergabel, sondern nur ein Rad, einfach zum Radeln.« In einem schwachen Nachzugsgefecht wollte er mir noch klarmachen, dass München praktisch von Voralpen und Endmoränen umstellt ist, sodass man dringend ein Mountainbike brauche, aber dann lenkte er doch ein: »Ach so, Sie wollen alles Sportliche vermeiden, nur so ein bisschen im Flachland hin und her, da schauen wir uns mal das Angebot Town and Country an.« Sprach's und deutete auf ein Sonderangebot für nur 999 Mark mit kugelbestahltem, polyesterbeschichtetem Oversize-Rahmen und ergometrisch geformtem Lenkerbügel. »Wenn Ihr Einkommen auch größere Sprünge erlaubt«, wurde er jetzt richtig süffisant, »hätten wir hier noch für 1199 Mark das Country von Peugeot mit profiliertem Drop-Shape-Unterrohr und Rapid-Fire-Schaltgriffen sowie geösten Aluminium-Hohlkammerfelgen.«

Wissen Sie, geneigter Leser, wie man Felgen öst? Sie werden es auch nie erfahren, jedenfalls nicht von mir, denn ich habe mich nicht getraut, danach zu fragen – nach all den vorangegangenen Blamagen.

»Wie ich schon sagte«, schaltete ich jetzt auf stur, »ich will eigentlich nur in der Stadt herumfahren und brauche deshalb kein Country-Rad und verzichte auch auf geöste

Felgen!« Nur in der Stadt herumfahren! Jetzt hatten wir uns gefunden! »Ach so, ein City-Comfort-Rad soll es sein!« Da hatte er tatsächlich eines vorrätig, mit industriegelagerter Schwinge und 7-Gang-Nabenschaltung, »für rückenschonendes, entspanntes Fahren«. Welche Feinfühligkeit der Werbefritzen, dass dieses Rad »City Comfort« hieß und nicht »Seniorenschaukel«.

Ich hatte mich schon des Namens wegen mit dem Modell angefreundet, da unternahm er einen letzten Versuch, mir eine standesgemäße Cityrad-Variante aufzuschwätzen. »Passender wäre natürlich für Sie das Modell ›Prestige‹ mit 48-Zähne-Kurbel und 27-Gang-Schaltwerk sowie geösten Aluminium-Hohlkammerfelgen …« Da waren sie schon wieder, diese verfluchten und geösten Hohlkammerfelgen!

Ich verließ das Geschäft und behaupte seither, dass am wirklich erschreckenden Anstieg der Fahrraddiebstähle auch der Fachhandel mit seinen Beratungsgesprächen ein gerüttelt Maß Mitschuld trägt.

VOM UNDERDOG ZUM TRENDSETTER

Mit dem Fahrrad zum Fabriktor zu eilen, die Stullen für die Brotzeit in Butterbrotpapier gehüllt und auf dem Gepäckträger eingeklemmt – das war einmal das untrügliche Kennzeichen unterer Lohngruppen. »Er fährt mit dem Rad zur Arbeit« war die taktvolle Umschreibung dafür, dass vermutlich die ganze Familie ein karges Leben fristete. Arme Leute halt, aber irgendwie rechtschaffen: Der Papi strampelt, damit es einmal besser wird. Fahrräder mit Hilfsmotor kündeten demgegenüber schon von einem gewissen wirtschaftlichen Aufschwung. Wenngleich die knatternden Hilfsmotoren kaum das Tempo geübter Pedaltreter erreichten und überdies die frisch erzeugten Umweltprobleme ihren eigenen Besitzern um die Ohren hauten und in die Nase steigen ließen, riefen sie doch schon einen gewissen Sozialneid hervor: Der Fahrzeughalter konnte *für sich arbeiten lassen*, auch wenn es nur ein kleiner lautstarker und stinkender Motor war. Auch die Isetta und der Messerschmitt-Kabinenroller verschafften ihren Besitzern noch kein seriöses Sozialprestige, dafür waren die Einstiegsmanöver durch die Vordertür oder zum aufgeklappten Dach hinein einfach zu lächerlich. Der ernst zu nehmende Mensch, der durch seine Fortbewegung zu imponieren verstand, begann in meiner Grundschulzeit mit einem Käfer oder vergleichbaren Auto. Die Schulkameraden aus solchen Familien konnten nach Ostern vom »Autowandern auf der Romantischen Straße« und im neuen Schuljahr von einer Reise zum Gardasee während der großen Ferien erzählen. Da war Musik drin. Radfahren stand nur für die Tristesse eines autolosen Zustands.

Diese Geringschätzung des Fahrrads in der Erwachsenenwelt wurde zu allem Überfluss dadurch gesteigert, dass Radfahren zum Synonym wurde für charakterliche Defizite subalterner Typen: *Sie buckeln nach oben und treten nach unten.* Damit musste sich ein Rad fahrender Erwachsener nicht nur auf der untersten Sprosse der Sozialprestigeleiter abstrampeln, sondern auch noch die Interpretation gefallen lassen, er offenbare, während er sich abmüht, einen teils schleimig-untertänigen, teils herrschsüchtig-hartherzigen Charakter. Wer in die Pedale trat, brauchte für den Spott nicht zu sorgen.

Diese Einstellung hat sich lange gehalten. Ich erinnere mich sehr ungern, aber sehr genau an einen ohnehin äußerst schwierigen Scheidungsmandanten, der mir kurz vor Beginn der mündlichen Verhandlung das Mandat entziehen wollte, weil er beobachtet hatte, wie ich vor dem Amtsgerichtsgebäude mein Rad angekettet hatte: »Wenn Sie no koan Wagn ham, kenna S' no ned vui gschiedn ham!« Meine Hinweise auf meinen Golf, auf die Parkplatzprobleme der Innenstadt und die Umweltbelastung durch Auspuffgase konnten ihn überhaupt nicht beruhigen, erst als zufällig ein vorsitzender Richter des Landgerichts vorbeiradelte und ich die überaus kühne These einfließen lassen konnte, dass dies bei der zweiten Instanz gewissermaßen zum guten Ton gehöre, lenkte er wieder ein. Wahrscheinlich war er aber noch einige Jahre fest davon überzeugt, dass er keinen Unterhalt für seine Söhne zahlen müsste, wenn er einen *richtigen* Anwalt mit einem in der zweiten Reihe vor dem Amtsgericht geparkten Auto gehabt hätte.

Inzwischen ist aber der sozial bemitleidenswerte Radfahrer, der Radler als gesellschaftlicher Underdog, von der Bildfläche des Zeitgeschehens verschwunden. Heute sind Radfahrer Trendsetter. Beispielsweise lassen sich sportliche Verwegenheit und zeitgemäße Ellenbogenmentalität mit einem Mountainbike in der Fußgängerzone viel wirkungsvoller demonstrieren als mit einem Sport-Cabrio, dessen Fahrer bei 200 Sachen ohnehin von niemandem erkannt und nach Verlassen des Fahrzeugs diesem auch nicht mehr zugeordnet wird.

Der rücksichtslose Velo-Raser auf dem Bürgersteig und in der Fußgängerzone hingegen sieht das Weiße im Auge seiner Opfer und wird ebenso nah und intensiv wahrgenommen, es ist eine Face-to-Face-Kommunikation mit dem Schrecken, den man im Augenblick hervorruft – da können Porsche-Fahrer nur vor Neid erblassen. Lange Zeit habe ich mich übrigens über die Rüpelszenen zwischen Radl-Rambos und Fußgängern damit hinweggetröstet, dass jetzt halt auch die Fahrer einschlägiger Automarken, die man auf der Autobahn an der Dauerschaltung der Lichthupe erkennt, gelegentlich aufs sportive Rad umsteigen. Aber neuerdings kommen mir Zweifel, ob der Marktanteil motorisierter Flitzer wirklich so hoch ist.

Zum Glück gibt es noch andere Trendsetter in der Biker-Szene, die den Zeitgeist nicht so brutal artikulieren. Zum Beispiel den »silver market«, wie die amerikanischen Marketingleute sagen, wenn sie ältere Herrschaften meinen. Es ist kaum zu glauben, wie viele Senioren ihren Ruhestand, der nach einer unausrottbaren Redensart stets wohlverdient ist, radelnderweise verbringen. Dabei unterscheiden sie sich vom berüchtigten jugendlichen Radl-Rambo keineswegs durch eine größere Gesetzestreue, sondern nur durch eine liebenswerte Zaghaftigkeit bei der Verkehrsübertretung: Sie sausen nicht in verkehrter Fahrtrichtung durch die Einbahnstraße, sondern sie schlenkern – natürlich auch in dieser Richtung. Und wenn sie auf dem Bürgersteig klingeln, damit Passanten rechtzeitig zur Seite springen, klingt dies nicht wie die Drohung, das Fußgängergschwerl andernfalls über den Haufen zu fahren, sondern eher wie die untertänige Bitte, ein Bremsmanöver vermeiden zu helfen, weil das Anfahren hinterher doch so strapaziös ist. Die lieben Alten im Sattel: durchaus eine anarchistische Gruppierung, aber sehr, sehr behutsam mit sich und mit anderen. Die Senioren werden nicht nur – wie alle Menschen – immer älter, sondern – im Gegensatz zu Babys, Schulkindern und Azubis – auch immer mehr. Da altert eine Großmacht heran. Dass sie sich immer öfter Rad fahrend fit hält, macht den Trend zum Rad zu einem herrschenden Sog.

Wirklich zu fürchten ist eine andere Gruppe von Trendsettern: die Fahrradkuriere, denen immer mehr unprofessionelle Verrückte nacheifern. Man erkennt sie zum Glück schon von Weitem, am windschnittigen Fahrradhelm mitten im gemächlichen Großstadtstau, und meist bleibt noch ausreichend Zeit, Hab und Gut in Sicherheit zu bringen. Dann flitzen sie heran, mit grimmigen Gesichtszügen und rollenden Augen, fahren haarscharf am Fußgänger vorbei, dass er den Fahrtwind noch mitbekommt, und treten in die Pedale, als ob es um ihr Leben ginge. Bestenfalls hinterlassen sie einen strengen Körpergeruch, schlimmstenfalls eine verschreckte Omi. Und mit dem Fahrtwind geht er dahin, der Charme des Stadtradelns, das doch ein Kontrastprogramm sein sollte zur Hektik der Motorisierten, eine zärtliche Annäherung an die Stadt und kein Quickie auf dem Bürgersteig.

Sprechen wir lieber von den Vernünftigen, die ja auch zunehmen, nur unauffälliger. Soweit es Mädchen sind, haben sie meist außer dem kleinen Fahrradtäschchen unter dem Sattel mit Flickzeug einen kleinen Rucksack bei sich, der in Gestalt eines Koalabären einen possierlichen Gesamteindruck hervorruft und obendrein ungemein praktisch ist. Komischerweise bin ich fest davon überzeugt, dass alle diese Mädchen Sozialpädagogik studieren oder es zumindest vorhaben.

Unheimlich trendy sind die Fitnessfahrer. Dabei würde man ihnen ihre schier unglaubliche Gesundheit und ihre täglich sich immer noch mehr steigernde Wellness durchaus verzeihen, wenn sie nur ihren Mund halten könnten. Aber genau das können sie – bei aller sonstigen Körperbeherrschung – eben nicht. Sie müssen ununterbrochen erzählen, wie weit sie am Wochenende gefahren sind und wie gut ihnen das tut und wie fit sie seitdem sind und wie gut sie sich fühlen und wie viele Kilometer sie sich fürs nächste Wochenende vorgenommen haben, wenn nicht noch mehr. Natürlich wissen auch wir Stadtradler aus purer Genusssucht, dass Radeln gesund ist. Aber es ist uns wurscht. Und wir reden nicht darüber. Fitness nimmt man in Kauf, man hechelt ihr nicht nach, ist das klar?

Nur die ganz Großen, dachte ich einige Zeit, versagen sich der Schlichtheit des Radverkehrs, ziehen prestigeträchtige Limousinen vor. Von wegen. Dem IHK-Präsidenten kann man genauso auf dem Radweg begegnen wie den Leitern staatlicher Museen und Theater. Wahre Souveränität beweist sich im Verzicht auf herkömmliche Statussymbole wie überdimensionierte Schlitten, die übrigens bei der Parkplatzsuche nichts als Ärger machen. Selbst einen Papst habe ich schon auf dem Radweg überholt. Natürlich nicht den Heiligen Vater, sondern einen Kritikerpapst. Seit meiner Schulzeit verkörpert er die Liebe zur Hochkultur: Joachim Kaiser. Man muss ihm nur zwei Takte aus einer Partitur zeigen, und er kann den Komponisten, das Werk, den Satz und die genaue Stelle nennen. Wahnsinn! Das ist Hochkultur! Auf dem Radweg an der Leopoldstraße, Richtung Münchner Freiheit, habe ich ihn zunächst unbemerkt überholt. Dann das Aha-Erlebnis: Das ist doch … An der nächsten Ampel: »Hallo, wie geht's?« Der in sich versunkene und dennoch korrekt fahrende Radler (das ist Hochkultur!) schiebt sein Rad mit dicker Aktenmappe auf dem Gepäckträger auf den Bürgersteig und erzählt die komplette Geschichte der Gruppe 47, die anlässlich ihres 50. Geburtstags in der Ausgabe des morgigen Tages erscheinen soll (Radler wissen früher Bescheid!). Weil ich die Gruppe 47 schon kannte und über Partituren nicht zu reden wagte, bewunderte ich seine Verkehrsmittelwahl: der Kritikerpapst auf dem Drahtesel. Daraufhin meinte er mit unerwarteter Schärfe, die ansonsten nur nach total misslungenen Klavierabenden zu fürchten ist: »Wer mit dem Auto in die Stadt fährt, muss ein Idiot sein.«

Da jubilierte ich innerlich. Er hat wirklich »Idiot« gesagt. Nicht irgendwer, sondern Joachim Kaiser, der Kritikerpapst. Wenn das kein Macht-Wort war!

P.S.: Seit dieser Begegnung auf dem Radweg hadere ich mit der »Süddeutschen Zeitung«. Warum lassen sie ihn nur über Musik und Theater schreiben und nicht über Verkehrspolitik?

SURVIVAL

Ich weiß, ich weiß. Eigentlich dürfte ich mich zu diesem Thema überhaupt nicht äußern. Wo ich doch schon im ersten Semester einen Bausparvertrag abgeschlossen habe und bei Touren durchs hügelige Isartal sogar einen dieser unglaublich albernen Fahrradhelme aufsetze (Rudolf Scharping mit seiner umfassenden Absturzerfahrung hat mich davon überzeugt, dass das immer noch besser sei als ein Loch im Kopf). Dieses kleinbürgerliche Sicherheitsstreben disqualifiziert mich. Es ist einfach out.

Auf der Höhe der Zeit ist man nur, wenn man sich beispielsweise von einer Brücke oder einem Kran herunterstürzt – in der teuflischen Ungewissheit, ob das Gummiband den Sturz rechtzeitig abbremst und einen wieder hochschnellen lässt, bevor man auf den Boden knallt. Echt geil. Für diesen Kitzel der Gefahr blättern ganze Abiturklassen pro Nase einen Hunderter hin. Am Wochenende stellen sie sich an der Regattastrecke (zu der ein wunderschöner Radweg führt) stundenlang an, um einmal vom Kran herab ins Nichts zu fallen.

Topmanager der deutschen Industrie jetten auf Firmenkosten nach Kanada, um mit dem Kanu ihr Überlebenstraining im Wildwasser zu absolvieren. Andere Wirtschaftskapitäne – die es offenbar in ihrem Unternehmen noch mit einer funktionierenden Innenrevision zu tun haben – dürfen zwar keine Interkontinentalflüge auf Kosten der Belegschaft und der Aktionäre buchen, um mal eine Gefahrensituation und einen Nervenkitzel zu genießen, müssen dafür aber verlängerte Wochenenden im Unterholz der deutschen Wälder verbringen und dem Seminarveranstalter beweisen, dass sie sich im Angesicht des drohenden Hungertodes auch von Beeren und Wurzeln ernähren können.

Doch es gibt nicht nur für unsere verspielten Einkommenseliten, sondern auch für den echten Prol von nebenan vielfältige Möglichkeiten, dem Tod ins Auge zu sehen. Stattliche Gruppen von Berufsschülern sind für die Vorzüge des öffentlichen Personennahverkehrs überhaupt nur zu gewinnen, weil es das S-Bahn-Surfen gibt: Das Leben wird nicht in vollen Zügen genossen, sondern außerhalb der Züge aufs Spiel gesetzt. Da schaudert es unsereinen, und die S-Bahn-Surfer schaudert es, wie man nur so spießig sein kann, das nicht voll fett zu finden.

Sind wir Radfahrer in Parks und Grünanlagen nur noch ein peinliches Auslaufmodell im Zeitalter der Extremsportarten? Es wäre mir, offen gestanden, völlig gleichgültig. Aber wer atemlos mithalten will mit dem Zeitgeist, wird Trost finden in der Unfallstatistik: Im Straßenverkehr sind allemal noch mehr Radfahrer zu Tode gekommen als Bungeejumper an der Regattastrecke oder Wirtschaftskapitäne im Wildwasser oder bei der Beerensuche oder Surfer auf der S-Bahn! Wer also, bitte schön, sind die Teufelskerle?

Doch zweifellos wir Stadtradler, die wir uns zwischen dem stehenden Autoverkehr (so heißen die parkenden Autos wirklich) und den vorbeirauschenden Wagenkolonnen hindurchschlängeln, jederzeit darauf gefasst, dass irgendein motorisierter Idiot uns beim Überholen übersieht oder aus kindlicher Freude über einen doch noch gefundenen Parkplatz die Autotür aufstößt – ist S-Bahn-Surfen daneben keine müde Angelegenheit, berechenbar bis ins kleinste Detail des Schienenverkehrs? Und beim Bungeejumping wird jedes Gummiseil vom TÜV Bayern/Sachsen vorher überprüft und extra zugelassen. Auch noch von den Sachsen! Und das soll dann tollkühn und abenteuerlich sein!? Über diesen Anspruch können Radler, die jemals eine dreispurige Straße als Linksabbieger Spur für Spur vorwärtsstrampelnd langsam überquert haben, ohne Rückspiegel und Warnleuchte, im Vertrauen auf die Mäßigung und Vernunft aller in Fahrtrichtung folgenden BMW-, Porsche- und Taxifahrer, doch nur mitleidig lächeln! Sein Leben in die Hand unbekannter Cabrio- und Lichthupenfahrer legen – das, würde Herr Karl sagen, ist die wahre Brutalität, das müsste doppelt so viel kosten wie ein Sprung vom Kran mit TÜV-geprüftem Gummiseil oder ein proviantloses Unternehmerwochenende!

Eigentlich müssten wir die Idole sein der offenbar ein wenig lebensmüden Generation der Extremsportler. Voll im Trend. Mehr noch: Deutschlands Betriebsräte sollten endlich aufwachen und den Herren aus der Chefetage, die auf der Betriebsversammlung rhetorisch den Gürtel enger schnallen, ehe sie zum Überlebenstraining nach Kanada fliegen, endlich einmal ein Survival im Straßenverkehr nahelegen: kein Wildwasser, keine Schwammerlsuche, nur eine Radfahrt von der Wohnung im besser verdienenden Süden zur Fabrik im Norden der Stadt – das wär's.

Zumindest die oft geprellten Kleinaktionäre sollten fordern, dass Automobilkonzernherren ihr Überleben auf dem Drahtesel und nicht auf dem britischen Markt trainieren. Und von den Fusionsstrategen des Bankgewerbes sollte man verlangen, dass sie erst einmal bei einer kleinen Radtour ihre Fähigkeit beweisen, rechtzeitig herauszufinden, wohin die Reise eigentlich gehen soll.

Strenger gefragt: Können wir Leute in Spitzenpositionen gebrauchen, die zu kleinmütig sind, ihr Leben den Gesetzen des Straßenverkehrs auszuliefern, die zu ängstlich sind, eine Innenstadt radelnd zu durchqueren, die unfähig sind, eine Radtour zu planen? Natürlich nicht. Lasst endlich die Radler ran, diese knallharten Männer mit den stählernen Nerven!

Tim Moore

Meine exzentrische Tour de France

»Ach, Sie schon wieder.« Es empfiehlt sich nicht, eine Französin öfter als einmal in zwei Wochen anzurufen, auch dann nicht beziehungsweise erst recht nicht, wenn sie dafür bezahlt wird, ein Infotelefon zu bedienen. Beim Pressebüro der Tour de France nach dem genauen Streckenverlauf zu fragen steht auf der Beliebtheitsskala für Telefonanfragen offenbar irgendwo zwischen »Haben Sie schon mal über die Vorzüge einer Haustierversicherung nachgedacht?« und »Was ist die Farbe Ihrer Schlüpfer?«. Da spielt es auch keine Rolle, dass die grobe Route der Tour bereits lange vor der offiziellen Vorstellung im September feststand, und die war sechs Monate her.

»Wir geben diese Information nicht vor dem 15. Mai bekannt«, sagte die Stimme trotzig, dann war die Leitung tot. Man konnte sich lebhaft vorstellen, wie sie gereizt den Hörer auf die Gabel knallt, während eine mitfühlende Kollegin von ihrer *Paris Match* aufsieht, ein weiteres Bonbon auswickelt und fragt: »Sag nichts – wieder so ein Journalist.«

Wie dem auch sei, immerhin hatte ich ein Datum. Mein Plan war, die Strecke vor dem Beginn des eigentlichen Rennens am 1. Juli abzufahren. Würde ich am 15. Mai aufbrechen, hätte ich sechs Wochen Zeit – doppelt so lange wie die Profis. Es bedeutete außerdem, dass ich immerhin noch während der ersten drei Tage 35 Jahre alt sein würde.

Andererseits war alles, was mir zur Vorbereitung und Planung meiner Odyssee zur Verfügung stand, vier Wochen Zeit und eine aus der Oktoberausgabe von *Procycling* herausgerissene Landkarte im Postkartenformat, auf der mit geschnörkeltem Federstrich die Start- und Zielorte jeder Etappe miteinander verbunden waren.

Jede Tour folgt einer neuen Route – in einem Jahr fährt man mit, im nächsten gegen den Uhrzeigersinn. Die Tour 2000 verlief gegen den Uhrzeigersinn. Beginnend im mittleren Westen des Landes, mäanderte die gemalte Linie nach Norden in die Bretagne, machte dort kehrt, eilte südwärts in die Pyrenäen, dann durch die Provence über Simpsons Ventoux in die Alpen. Hier hielt sie sich eine erschreckend lange Zeit auf, zuckte dabei wild hin und her und arbeitete sich über viele Umwege nach Norden vor. »Die gesamte Länge der französischen Alpen von Süden aus, eine Strecke, die zuletzt 1949 gefahren wurde, mit den Cols d'Allos, Vars und Izoard, alle über 2000 Meter hoch«, keuchte *Procycling* gierig. Dann kamen zwei Tage in der Schweiz und in Deutschland, danach ging es zurück über den Rhein ins Elsass und weiter nach Westen zur traditionellen Ankunft in Paris.

Die beiliegende Karte war zum Glück klein, doch die Zahlen, die in einem Kasten daneben standen, waren es nicht:

5. Juli, 5. Etappe: Vannes – Vitré, 198 km.
6. Juli, 6. Etappe: Vitré – Tours, 197 km.
7. Juli, 7. Etappe: Tours – Limoges, 192 km.
Sechshundert Kilometer in drei Tagen, um Himmels willen. Darf ich jetzt Pause machen? Anscheinend nicht.
8. Juli, 8. Etappe: Limoges – Villeneuve-sur-Lot, 200 km.
9. Juli, 9. Etappe: Agen – Dax, 182 km.
10. Juli, 10. Etappe: Dax – Lourdes/Hautacam, 205 km.
11. Juli, 11. Etappe: Bagnères-de-Bigorre – Revel, 219 km.

In sieben Tagen sollten die Fahrer eine Strecke zurücklegen, die sie unter anderen (und eher dämlichen Umständen) bis in die Vororte von Warschau geführt hätte. Schlimmer noch: Durch meine Fernseherfahrung wusste ich, dass die Fahrer eine Menge dieser Kilometer freihändig fahrend bei einem Schwätzchen mit den Kollegen zurücklegen würden, wobei sie ein Tempo hielten, dass ich auch bei größter Anstrengung nicht erreichen konnte.

Sobald es in die Berge geht, ist es mit der Gemütlichkeit aber vorbei. Die Route mag sich Jahr für Jahr ändern, doch jede Tour wird in der zweiten Woche gewonnen oder verloren, wenn die Anstiege der Pyrenäen und Alpen in der Nachmittagssonne brutzeln und die letzten Nachzügler nach acht Stunden Gluthitze und Atemnot als Bild des Jammers über die Ziellinie trudeln. Fußballer stöhnen bereits, wenn sie mehr als ein Spiel pro Woche bestreiten müssen, Olympiateilnehmer verlangen nach einem Tag Pause, wenn sie eine halbe Runde durchs Stadion gelaufen sind. Aber wenn die Tour de France die Berge erreicht, kämpfen die Teilnehmer Tag für Tag von Sonnenaufgang bis -untergang am Rande der Erschöpfung und quälen sich halb tot die höchsten Straßen Europas herauf, um sie dann in halsbrecherischem Tempo wieder hinunterzustürzen.

Zur Demonstration hatte *Procycling* freundlicherweise ein Streckenprofil der zwölften Etappe von Carpentras zum Mont Ventoux beigefügt. Ein Angst einflößendes Auf und Ab, das wie der Ausdruck eines Lügendetektors aussah. Alles in allem mussten 3630 Kilometer und sechzehn Berge in drei Wochen bewältigt werden, was darauf hinauslief, jeden Tag von London nach Bristol zu fahren, nur dass Swindon auf der im kalten Nebel liegenden Spitze eines Berges läge, der so steil wäre, dass man sich beim Versuch, ihn zu Fuß zu erklimmen, das Knie ins Gesicht rammen würde.

Langsam, aber sicher wurde mir die Halsstarrigkeit meines Vorhabens bewusst. Da ich aber bereits in zwei Wochen starten wollte und ein voreilig erstandenes Zugticket nach Dover in der Tasche hatte, riss ich mich zusammen. Ich meldete mich bei einem Fitnessstudio an, kaufte mir *Chris Boardman's Complete Book of Cycling* und versuchte, die Bremsen meines Peugeot-Rades in Ordnung zu bringen.

Den Text von Mr. Boardmans Buch beachtete ich nicht weiter, nachdem ich gelesen hatte, wie wichtig es sei, am Weihnachtstag zu trainieren, um gegenüber der Konkurrenz einen psychologischen Vorteil zu haben. Und nachdem ich auf Sätze gestoßen war wie: »Die Tour war dabei, mich zu zerstören, denn sie zermürbte meinen Geist ... Die Tour ist das Größte. Sie ist wie Olympia, Wimbledon und die Fußball-WM in einem ... Dieses Gefühl in deinem Bauch, dass die nächsten drei Wochen verdammt wehtun werden.«

Angesichts solcher Worte schien es nicht ideal, dass ich weniger als zwei Wochen vor meiner Abreise eigentlich kein straßentaugliches Rad besaß. Jeden Abend für eine halbe Stunde den Treidelpfad rauf und runter zu joggen war ein Schritt in die richtige Richtung, aber kein besonders großer. Ich musste Rad fahren. Oder wenigstens Übungen machen, die mit Radfahren zu tun hatten.

Von Chris Boardman, einem früheren Olympiasieger und dem ersten Engländer im Gelben Trikot seit Tom Simpson, konnte man wenigstens erwarten, dass er etwas von Trainingsmethodik verstand. So imitierte ich zweimal täglich das gezeichnete Ebenbild von Mr. Boardman, wobei ich den Text mit einer Hand verdeckte (die bloße Erwähnung von »Muskelgruppen auf den Oberschenkeln« verursachte mir Übelkeit). Manches wirkte zumindest authentisch, ähnelte den Verrenkungen, die Fußballer an der

Seitenlinie machen, um sich aufzuwärmen: die Ferse an den Hintern pressen, sich gegen die Wand stemmen, mit dem Bein auf einem Stuhl die Nase auf den Oberschenkel drücken (zu der Variante mit dem Bein auf dem Tisch arbeitete ich mich vor, als das Gefühl, dass meine Knie jeden Moment nachgeben und durchbrechen würden, nachließ). Andere Übungen, etwa solche zur Stärkung der Wirbelsäule und des Gesäßmuskels, nötigten mich zu seltsamen Posen, die ich zuletzt eingenommen hatte, als Miss Pillins uns in der zweiten Klasse aufgefordert hatte, uns vorzustellen, wir seien die aus dem frostigen Boden sprießenden ersten Schneeglöckchen des Frühlings.

In den letzten Jahren waren solche Sperenzchen zunehmend zum Bestandteil eines gefährlichen und lächerlichen Fitnessticks geworden, als dessen gefährlichste und lächerlichste Ausformung das Spinning gelten muss. Sich auf einem Heimtrainer abzurackern, mit pathologischem Gruppenzwang, gebellten Kommandos und hysterischem *Hi-NRG*-Aerobic-Soundtrack, schien verglichen mit Jogging am Fluss wie eine Bärenjagd im Vergleich zu Yoga. Mit anderen Worten: gerade drastisch genug für das, was ich vorhatte. Eine Woche vor meiner Abfahrt ging ich also zum Spinning.

Der stickige Spinning-Raum meines Fitnessstudios bestand aus einer Klaustrophobie verursachenden Menge von Heimtrainern, die sich in engen, respektvollen Halbkreisen um die Maschine des Kursleiters gruppierten. Voller Unbehagen setzte ich mich auf den viel zu hohen Sattel – inmitten von zwei Dutzend drahtigen Frauen in ihren Vierzigern und einem dicken, rothaarigen Iren. Ich wünschte mir jetzt gleich eine Invasion vom Mars, wobei das erste Mitglied des Säuberungskommandos, das seinen grünen Kopf durch die Tür streckte, sicher zu der Auffassung gelangen würde, einen geweihten Raum entdeckt zu haben, in der eine obskure Meute ihrem König Spin huldigte. Erst später wurde mir bewusst: Mit den unermüdlichen Anfeuerungsrufen, den Ellbogenduellen mit den Nebenleuten, dem ständigen Aus-dem-Sattel-Gehen, dem zermürbenden, rücksichtslosen Wettbewerbsdenken glich die Spinning-Runde einem geschlossenen Peloton. Näher würde ich der Erfahrung eines wilden Massensprints nie kommen.

In der Hoffnung, eine vergleichsweise gute Figur zu machen, hatte ich mich neben den Iren gesetzt. Aber nach zehn Minuten Kommandos, *Flashdance*-Sound und zunehmendem Reifenwiderstand (»Schaltet einen Gang hoch, und eins und zwei und AUF die Pedale, und gebt mir zehn, und LOS!«) rann der Schweiß bereits in Sturzbächen von meinem herabhängenden Kinn auf die malochenden Knie, von dort aus auf das sich nutzlos drehende Vorderrad, um sich dann auf das durchtrainierte, rasierte Fleisch in meiner Umgebung zu verteilen. Im Fitnessstudio wie im Profiradsport geht es darum, sich niemals Schmerzen oder Schwäche anmerken zu lassen. Doch als der Bergauf-Sprint begann, kam der Kursleiter zu mir. Wohl weil er bemerkt hatte, mit welch beeindruckendem Schauspieltalent ich einen Mann mimte, der in der Sauna exekutiert wird. »Lass es ruhig angehen, ja«, flüsterte er besänftigend, als Donna Summer Liebe zu fühlen begann. Das heisere Grunzen, das ich als Antwort herausbrachte, half mir nicht weiter.

Danach schaltete ich immer dann einen Gang runter, wenn er uns aufforderte, hochzuschalten. Dennoch fühlte ich mich am Ende der vierzigminütigen Trainingseinheit sehr, sehr schlecht; vermutlich schlechter, als ich mich je zuvor gefühlt hatte. Der Techno-Beat meines gebeutelten Herzens pochte in meinem Kopf, meine Muskelgruppen hatten sich aufgelöst, und ein mittelalterlicher Schlachter mit Lederschürze riss ungelenk an meinen Sehnen. Als ich endlich zitternd vom Rad in eine unansehnliche Pfütze aus Körperflüssigkeiten stieg, hatte ich das Gefühl, dass meine Füße zu platt getretenen Anhängseln geworden waren.

»Das erste Mal?«, fragte der Ire, der aus irgendeinem Grund dem Tode weniger nah zu sein schien als vorher.

»Das letzte Mal?«, witzelte eine hohlwangige Frau mit Armen wie Schleppkabel, deren fliederfarbenes Oberteil lediglich mit einem winzigen Spritzer Schweiß befleckt war, der wahrscheinlich einmal mir gehörte.

Ich blieb eine Antwort schuldig. Doch nach dem Training am nächsten Tag offenbarte ich mich dem Kursleiter. »Das ist aber ein ganz schönes Unternehmen«, sagte er und dachte wahrscheinlich, dass es auch mein letztes sein würde. Dann erzählte er, dass eine »seiner« Frauen gerade von einer Radtour in den Anden zurückgekehrt sei, eine andere sei im Himalaja gewesen. »Keine Angst«, sagte er, als er bemerkte, dass mich das weder tröstete noch aufbaute, »das war schon ein ziemlicher Brocken, den wir vorhin simuliert haben. Ungefähr 22 Kilometer. Du wirst wahrscheinlich nur etwa 20 Prozent dieser Leistung aufbringen müssen.«

Ich nickte schwitzend. Alles, woran ich denken konnte, war, just in einem Raum voll überhitzten Lycra-Stoffes 22 Kilometer für nichts und wieder nichts gefahren zu sein. Es würden wohl Zeiten kommen, in denen ich mir nichts so sehr wünschte, wie diese 22 Kilometer zurückzubekommen, um sie während einer schweren alpinen Krise als Joker einsetzen zu können. »Allerdings«, sagte der Kursleiter und blinzelte nachdenklich, »wirst du das Level etwa acht Stunden am Tag halten müssen.«

Ich blendete diese Ungeheuerlichkeit irgendwie aus und ging noch einmal zum Spinning und zweimal Joggen. Dann fragte ich nochmals vorsichtig bei Chris Boardman um Rat und sah mich mit der erschreckenden Enthüllung konfrontiert, dass »das Training eine Woche vor dem Start abgeschlossen sein sollte … Es ist unwahrscheinlich, danach noch eine bessere Form aufzubauen.« Weil es bei mir schon in fünf Tagen losgehen sollte, interpretierte ich die Theorie der Trainingsreduktion (»Das Volumen wird langsam verringert, wenn das Ziel näher rückt«) dahingehend, dass ich meine Bemühungen umgehend einstellte. Stattdessen ging ich einkaufen.

Sportartikelhersteller profitieren von dem ehernen Gesetz, dass Menschen ihr Versagen lieber auf das Fehlen von teurem Equipment als auf körperliche Unzulänglichkeiten zurückführen. Zumal Ersterem leichter abzuhelfen ist. Jedes Mal, wenn ich die Zeichnungen von Mr. Boardman betrachtete, wie er auf allen Vieren einen unsichtbaren Mond anheulte oder sein Bein über den Esstisch schwang, hatte ich das dringende Bedürfnis, sein erschreckendes Buch zuzuklappen und in der Stadt Dinge aus Kohlefaser zu kaufen.

Da ich keine Ahnung von Fahrrädern hatte, wenigstens nicht von solchen, die mehr als 15 Pfund kosteten, wurde das Durchstöbern der Kleinanzeigen in Radmagazinen zu einer ernüchternden Erfahrung. Es schien ein Leichtes zu sein, mehr als 1500 Pfund allein für einen Rahmen auszugeben, also für eine radlose, kettenlose, pedallose Ansammlung von Metallrohren. Fast willkürlich legte ich die Hälfte dieser Summe als Budget für ein komplettes Rad fest. Alles darunter rief in mir die Angst wach, wieder an einen Trabant auf zwei Rädern zu geraten, und dann würde alles wieder hochkommen: Materialermüdung nach vier Tagen und mein Vater, wie er mir gütig die Hand auf die Schulter legt und erklärt, dass ein Mann keine Angst vor den

Wechseljahren haben muss. Sollte ich dagegen mehr als 750 Pfund ausgeben, wäre ich vermutlich zu doof, den Unterschied zu bemerken, und würde außerdem die Grundregel vernachlässigen, wonach teures Gerät fachkundige Wartung verlangt. Ich wollte keinen Fiesta und auch keinen Ferrari. Ein hübscher Golf würde reichen.

Ich weiß nicht mehr, warum mir das GT ZR3000 sofort gefiel. Es mochte die Erinnerung an das schräge GT-Logo sein, das auf vielen Querstangen im Peloton blinkte; vielleicht auch die Kombination aus Zahlen und Buchstaben, welche Bilder eines enorm kraftvollen Motorrades hervorrief und hohe Geschwindigkeit bei minimaler menschlicher Anstrengung versprach. Als sich durch einen Anruf bei Martin Warren von GT herausstellte, dass das ZR3000 ein Vorjahrsmodell und daher zu einem attraktiven Discountpreis zu haben war, stand meine Entscheidung fest. »Wollen Sie es selber zusammenbauen, oder …?«, fragte er und beendete die folgende, lediglich von meinem Wimmern unterbrochene Stille mit den Worten: »Oder … ja, ich, ähm, werde bei Ihnen die ›Oder‹-Option notieren.«

Das Rad war natürlich nur der Anfang. Die Tour wird von sage und schreibe 4000 Leuten – Journalisten, Offiziellen, den Mitgliedern der Promotion-Karawane – begleitet, von denen allein 600 dafür da sind, die zwanzig Teams mit ihren jeweils neun Fahrern zu unterstützen. Diese Helfer werden in über 1000 Fahrzeugen durch die Gegend kutschiert und sorgen für Essen, Getränke, Ersatzteile und -kleidung, Vitamine und, äh …, »Vitamine«. Alles Dinge, die ich mir eigenhändig besorgen und in Taschen transportieren musste.

Es gibt eine Menge Leute, die ihr trauriges, langweiliges Dasein dadurch erhellen, dass sie in Ausübung ihres Berufes anderen Menschen das Leben schwer machen. Die meisten arbeiten bei der Polizei oder in Paris, doch bei den letzten Erledigungen für meine Reise musste ich feststellen, dass viele auch hinter den Tresen von Fahrradgeschäften lauern.

Ich hatte mich bis jetzt von solchen Läden ferngehalten, doch die Zeit drängte, und ich brauchte Hilfe, egal, wo und von wem.

In oberlehrerhaftem Ton informierte man mich, dass das ZR3000 als Modell vom Vorjahr ebenso konkurrenzfähig wie ein Eimer voller Kippen und gebrauchter Teebeutel war und überhaupt lächerlich ungeeignet für mein Vorhaben. Die Muffen, was und wo auch immer sie waren, würden abbrechen, sobald ich Taschen anbrachte, ganz abgesehen davon, dass meine Taschenhalter nicht passten und sowieso bloß ein Vollidiot Taschen benutzen würde – und hör dir das mal an, Dave, hier ist so ein Vogel, der will die Tour de France fahren, verstehst du, und weiß noch nicht mal, ob sein Rad Presta- oder Schraders-Ventile hat.

Es war Martin Warren, der wohl ahnte, mit welch außergewöhnlicher Zahl von Wichsern ich es zu tun haben würde, und der mir deshalb nahegelegt hatte, mit Richard Hallett zu sprechen, dem technischen Redakteur der *Cycling Weekly.* Hallett war offenbar ein gefragter Mann, wegen seiner Fähigkeit, einen in Kleidungs- und Zubehörfragen zu beraten, ohne den Bittsteller zu verspotten. Eigentlich wollte ich ihn nicht behelligen, aber nachdem mir zwei Widerlinge in einem Laden in der Fulham Road sagten, ich würde nicht wie ein Radfahrer gehen, hatte ich die Schnauze voll und rief ihn an. Er hörte geduldig zu, dann stellte er in ziemlich strengem Ton eine einzige Frage:

»Sind Sie dick?«

Dass ich ebendas nicht bin, war, ehrlich gesagt, mein einziger Trost gewesen, während ich den wachsenden Stapel an Radsportliteratur durchgesehen hatte. Die besten Sprinter mögen breitschenklige Kraftprotze sein, doch die Kletterer – diejenigen, die mit Leichtigkeit über die kahlen Hänge des Ventoux oder des Izoard fliegen – waren meist ebenso zerbrechlich aussehende Hänflinge wie ich. Tatsächlich hatte ich mir, so lächerlich das klingen mag, größenwahnsinnige Phantasien gestattet, in denen ich als Hochgebirgsspezialist groß rauskam, allein aufgrund der Behauptung, wonach man »zum guten Kletterer geboren und nicht gemacht« wird.

»Nein«, sagte ich und kostete eine der seltenen Gelegenheiten aus, Stolz zu empfinden. (Später fragte ich mich, wie er wohl reagiert hätte, wenn ich gesagt hätte: »Aber sicher bin ich fett! Ich bin ein riesiger Pfannkuchen!«)

»Na, dann werden Sie zumindest nicht sterben. Und nun lassen Sie uns über die Ausrüstung reden.«

Hätte ich Sachen hören wollen wie »Na ja, kommt drauf an, was Sie wollen«, so wäre ich bei Richard Hallett an der falschen Adresse gewesen. Ich hatte überhaupt keine Ahnung, was ich wollte; ich wollte Anweisungen. Richard ist der Typ, der Antworten gibt wie »Italia Turbomatic 3; Michelin Axial Pro 25Cs; Shimano SH-MO36«, und dafür gebührt ihm mein tief empfundener Dank. Fragen des Sattels, der Schuhe, der Reifen, des Schlosses, des Werkzeugs und vieler anderer Dinge, die ich vernachlässigt hatte, wurden in einem Stakkato aus kurzen Sätzen erledigt. »... Dann brauchen Sie noch vier Schläuche, eine Ersatzkarkasse, einen Sechskantschlüssel, drei Paar Trägerhosen, zwei Flaschenhalter ... oh, und ausreichend Savlon.«

»Für den Fall, dass ich stürze?«

»Nein. Na ja, schon, aber nicht nur. Ist gut gegen Blasen und Infektionen. Jeden Morgen auf alle Stellen auftragen, die mit dem Sattel in Berührung kommen. Wissen Sie, wo Ihr Perineum ist?«

Er hielt inne, vielleicht spürte er, dass unsere Unterhaltung auf haarigem Terrain angelangt war. Vielleicht aber auch nicht. »Kurz gesagt, schmieren Sie sich einfach ordentlich den Arsch und die Eier ein.«

Tut mir leid, Mr Hallett, aber daran, sich ordentlich Arsch und Eier einzuschmieren, ist nichts einfach. Ich hatte die scheußliche Vorstellung, nackt auf einem Hotel-Bidet zu sitzen und mir die Lenden zu salben wie ein künftiger Ehemann bei einem Junggesellenabschied, zu dem niemand erschienen ist.

»So ist es nun mal. Ihre Eier werden schwitzen, das gibt Infektionen.« Richard Hallett klang jetzt wie ein Oberfeldwebel, der seiner Einheit einen Vortrag über die Gefahren im Umgang mit den örtlichen Mädchen hält. Dann verlor er für einen kurzen Moment seine Strenge und fügte in einer seltsam verträumten Stimme hinzu: »Nun ja … kleistern Sie sie richtig satt zu.«

In den folgenden Tagen bekam ich regelmäßig Besuch von Lieferanten, die Ortlieb-Taschen, wasserdichte Kleidung von Parrot, Oakley-Sonnenbrillen und andere Ausrüstungsgegenstände brachten, die den Eindruck erwecken sollten, ich wüsste, was ich tat. Zum Ausgleich entschied ich mich gegen ein modernes Tour-Jersey und für ein monochromes Peugeothemd im Retro-Design, das an jene Hemden erinnerte, die der junge Eddy Merckx oder auch Tom Simpson getragen hatten. Wäre da nicht die schreckliche Synthetikmischung gewesen, hätte ich es lieben können, mehr jedenfalls als die obszönen und lächerlichen Lycra-Shorts, in deren Schritt sich ein dickes, belüftetes Polster befand, das aussah wie eine Damenbinde aus der Zeit, als sie noch keine »Flügel« hatten. Bald hatten meine Kinder herausgefunden, dass die Shorts wegen ihrer starren Struktur auf einer flachen, festen Oberfläche von alleine standen.

Drei Tage vor meiner Abfahrt öffnete ich schließlich die Tür und wurde von einer Pappschachtel in der Größe einer Matratze begrüßt. Das ZR3000 war da. Aufgeregt wie ein kleines Kind riss ich die Schachtel auf: Darin befand sich eine sehr blaue, sehr leichte Maschine mit Reifen, die so dünn wie Hula-Hoop-Ringe waren. Ich zählte die Ritzel (wie ich die Zahnräder an beiden Enden der Kette mittlerweile zu bezeichnen gelernt hatte) und fand heraus, dass mir, bei drei Kränzen vorn und neun hinten, insgesamt 27 Gänge zur Verfügung standen. Nach einer längeren Panik und einem Anruf bei Martin Warren, der mit vorwurfsvollem Geschnatter begann und beschämtem Flüstern endete, stellte sich heraus, dass man die Gänge wählte, indem die Bremshebel nach innen und außen bewegt wurden.

Nicht weniger schwer war es, den von Richard Hallett empfohlenen Sattel anzubringen – eine gnadenlose Arschpresse, die an die alte Anzeige in den Gelben Seiten erinnerte, in der ein junger Bursche auf seinem Geburtstagsgeschenk in den Sonnenaufgang radelt, während Dad durch die Gardinen lugt und selbstzufrieden murmelt: »Ich hatte recht mit dem Sattel.« Um meinen Sattel hatte es viele Auseinandersetzungen gegeben. Einige hatten mir ein pummeliges, mit Silikon gefülltes Exemplar empfohlen. Hallett, dessen komplizierte Psyche von infizierten Hoden und Quälerei in der Tradition Stakhanovs erfüllt war, bestand darauf, dass ich mir damit auf lange Sicht keinen Gefallen tat. »Es wird drei Tage lang bequem sein, dann fangen die Entzündungen an«, sagte er und veranschaulichte das mit einer Geschichte über den Holländer Joop Zoetemelk, der während der Tour 1976 eine Pressekonferenz zum Verstummen brachte, indem er seine Hosen hochrollte und eine Eiterbeule von der Größe eines Hühnereis zur Schau stellte.

Man hatte mich vor den Pedalen gewarnt oder vielmehr vor den skiähnlichen Bindungen, die man heute verwendet. Ich war bislang noch nicht einmal mit den mittlerweile überholten Pedalhaken gefahren, die die Tour-Fahrer seit 1903 und bis Mitte der Achtziger benutzt hatten. Als jemand, der sich auf einem Rad nicht wohlfühlt, wenn er an einer roten Ampel nicht beide Füße auf den Boden pflanzen kann, war die Vorstellung, an Pedale festgegurtet zu sein, nicht gerade angenehm. Aber wenigstens konnte man diese Pedalhaken sehen, große Stahlschlaufen um die Schuhspitzen. Und wenn man sie gesehen hatte, war alles, was man tun musste, um sich zu befreien, den Fuß zurückzuziehen. Das Problem mit dem neueren System war dagegen, dass die Klaue (ein Begriff, dessen Beigeschmack von Fußfesseln und Strafvollzug mich verfolgen würde) außerhalb des Blickfeldes an der Fußsohle befestigt war. Aus den Augen, aus dem Sinn.

Meine erste Fahrt, bei der ich vorsichtig den Bürgersteig bis zur Kew Bridge entlanggeschwankt war (mit eingehakten Schuhen, aber ohne Jersey und Shorts, für die ich mich noch nicht qualifiziert fühlte), ließ mich tief verstört zurück. Die ungewohnte Fahrhaltung mit dem Kopf nach unten war nicht bloß unangenehm, sondern auch gefährlich: Wollte man sehen, wohin man fuhr, anstatt woher man gerade kam, erforderte dies eine unnatürliche – und außerdem unbequeme – Drehung des Halses. Die Lenkergriffe waren auch keine Hilfe: so schmal und steif, dass jeder Buckel im Asphalt den ganzen Rahmen vibrieren ließ wie eine Stimmgabel. So federleicht und empfindlich, dass man sich auf einem nicht zugerittenen Bullen beim Rodeo wähnte, wenn man einen Bordstein herunterfuhr. Als ich mit dem Überangebot an Übersetzungsoptionen experimentierte, ging ich runter in Gang Nummer 27: Die Füße kurbelten wie verrückt, ein Dutzend widerstandsfreie Umdrehungen für eine Strecke von zwei Autolängen. So ungeheuerlich mir das schien, so wusste ich tief im Innern, dass Zeiten kommen würden, in denen ich mit aller Kraft in die Pedale treten musste, um mit Gang Nummer 27 im Schneckentempo vorwärtszukommen, ja, in denen nicht mal 27 genug sein würde, nicht annähernd genug.

Sekunden später aber spielte das keine Rolle mehr. Als ich in den fünfzehnten Gang oder so zurückschaltete, war ich verblüfft über den leichtfüßigen Auftritt des ZR3000: Mit den früheren Rädern war die lang gezogene Steigung der Kew Bridge stets ein Hindernis gewesen, bei dem es einem die Lungen zerriss. Jetzt schwebte ich majestätisch an zwei Schulmädchen auf Mountainbikes vorbei und fühlte mich mit einem Schlag ziemlich erfolgreich.

Was kommt noch gleich nach dem Hochmut? Ach ja. Gerade hatte ich den Scheitelpunkt der Brücke im Galopp genommen und raste die andere Seite hinunter, als ich mich plötzlich mit einer langen Schlange stockenden Verkehrs konfrontiert sah. Von der unmittelbaren Effizienz der Bremsen überrascht, vergaß ich die für die Befreiung des Schuhs vom Pedal erforderliche Drehung des Fußgelenks. Die gute Nachricht war, dass ich an einer Bushaltestelle zum Stillstand kam und durch die innige Umarmung mit einem Betonpfeiler eine Rolle vorwärts in den vierspurigen Stoßverkehr vermeiden konnte. Die schlechte Nachricht war, dass da zwei Dutzend Leute auf den Bus warteten, denen die bühnenreife Premiere von Mister Drunkpedal unerwartete, jedoch willkommene Unterhaltung bot. Wenn man einmal von dem Schuljungen absah, der sich gegen den Betonpfeiler gelehnt hatte.

Was wenig verheißungsvolle Starts angeht, so stand dies auf einer Stufe mit Captain Scott, wie er aus seinem Zelt auf die Tundra blickt und sagt: »Ich weiß nicht, wie es euch geht, aber Südpolen hatte ich mir anders vorgestellt.« In kaum hundert Stunden würde es losgehen, und mit je mehr Leuten ich sprach, desto mutloser wurde ich. Martin Warren wurde sehr still, als ich ihn anrief, um zu erfragen, wie oft die Bremsbeläge geölt werden müssten, und mein Freund Matthew war entsetzt ob der umfassenden Unwissenheit und Inkompetenz, die ich während einer Untersuchung im Hinterradwechsel an den Tag legte. Ein Anruf bei einem anderen Freund, Simon O'Brien – der mir dankbar für die Erwähnung seines Liverpooler Radlertreffs *The Hub* sein wird, weniger dankbar für den Hinweis auf seine berühmt-berüchtigte Rolle als Damon Grant in der TV-Serie *Brookside* –, wurde regelmäßig von ungläubigen Lachsalven unterbrochen.

In den kurzen Pausen dazwischen schenkte mir Simon ein paar wohlgemeinte Ratschläge. Fahr nicht mehr als durchschnittlich 80 Kilometer pro Tag; buche dir für jeden zehnten Tag ein gutes Hotel, um dir ein Ziel zu geben und eine Belohnung dafür, es zu erreichen; schaufele Kohlenhydrate in dich hinein. »Du kannst überhaupt nicht genug essen«, betonte er. Das sind genau die Worte, die man hören will, wenn man im Begriff ist, vier Wochen in Frankreich zu verbringen. Vorausgesetzt, man überhört den nächsten Satz: »Vor allem Bananen und Backpflaumen.«

War es auch eine traurige Aussicht, sich warme, matschige Früchte in den trockenen Mund zu stopfen, so war sie doch immerhin den Ernährungstipps vorzuziehen, auf die ich in Diskussionsforen im Internet stieß. »Für eine 200-Kilometer-Fahrt packe ich gewöhnlich vier Power-Riegel und zwölf *Fig Newtons* ein«, schrieb ein kanadischer Ausdauerenthusiast. Ich versuchte mir vorzustellen, wie ein Power-Riegel aussieht, und versuchte, mir bloß nicht vorzustellen, wie ein *Fig Newton* schmeckt. *Fig Newton*. Das klang wie das Ergebnis jenes alten Spiels, bei dem man sich eine Zweitidentität als Pornostar ausdenkt, indem man den Namen seines ersten Haustiers mit dem der Straße kombiniert, in der man als Kind gewohnt hat.

Es kam immer mehr Ausrüstungskrempel zusammen. Meine Ortlieb-Taschen wurden durch ein hübsches kleines Täschchen ergänzt, das am Lenker befestigt wurde und schließlich mein bester Freund werden sollte. Nachdem ich alles angebracht hatte – ein Prozess, der wahrscheinlich nicht ganz so viele Stunden hätte dauern sollen und bei dem ich auch nicht unbedingt Komponenten des demontierten Rades wie ein in die Ecke gedrängtes Wesen hätte anfauchen müssen – begann ich zu packen.

Wenn ich heute die Liste betrachte, die ich damals zusammengestellt habe, sehe ich, dass das Wort »Rasierer« durchgestrichen, wieder hingeschrieben und erneut durchgestrichen ist.

Seitdem ich Mister Boardmans Einschätzung gelesen hatte, dass selbst wenige Kilogramm den Ausschlag geben können, ob man den höchsten Gipfel der Provence hinauffliegt oder sich im Tal des Todes wiederfindet, hatte ich wochenlang gebrütet, wie sich Gewicht einsparen ließe. Mein treuer Braun-Elektrorasierer (175 Gramm) hatte dabei entscheidende symbolische Bedeutung gewonnen: ihn durch eine federleichte, aber erbärmliche Einwegklinge (7 Gramm) zu ersetzen würde beweisen, dass ich die Sache ernst nahm. Ich hatte gar überlegt, ganz aufs Rasieren zu verzichten, war aber zu der Einsicht gelangt, dass ich nach einem Monat unbarmherziger Sonne und Pflaumen schon genug Ähnlichkeit mit Robinson Crusoe aufweisen würde.

Als ich die unverzichtbaren Dinge auf einen Haufen warf, wurde mir die Hoffnungslosigkeit des Unterfangens bewusst. Karten, Ersatzteile, Werkzeug, Schloss, Allwetterkleidung und (so oft ich auch versuchte, sie unter Multivitaminen und der Zahnbürste zu verstecken) eine riesige Tube Savlon, die mich lüstern anstarrte: Nachdem das alles in den Taschen verstaut war, benötigte man zwei Personen, um das ZR3000 zu tragen. Und das, wo es doch einst ein flüchtiger Luftgeist gewesen war, den man mit zwei Fingern hochheben konnte.

Aber nun kam es auch nicht mehr darauf an. Ich hatte meine Abendgarderobe auf ein T-Shirt, ein paar Slips, eine dünne Baumwollhose und ebenjenes Schuhwerk beschränkt, an das ich tagsüber gefesselt sein würde, doch jetzt packte ich noch drei Shirts und Unterhosen, eine ausgebeulte Strandhose, einen Haufen Socken und ein Paar Espandrilles ein. Auch ein paar dicke Ratgeber schafften den Sprung von der Warteliste, ebenso ein halbes Dutzend Ausgaben von *Procycling*, die Matthew mir geliehen hatte. Dazu gesellte sich mein Braun, wenngleich ich als Zeichen des guten Willens auf die Schutzhaube und die lustige kleine Reinigungsbürste verzichtete. Ich schnitt mir die Nägel extrakurz, nahm den Siegelring ab und legte mir einen strengen Kurzhaarschnitt zu. Dann setzte ich mich hin und schaute ein Video.

Tour de France 1903-1985 hielt, was die Verpackung versprach, wenigstens bis kurz vor dem Ende. Nachdem die großen Fahrer der Tour gebührend gefeiert worden waren, wurde die nasale, schlecht synchronisierte britische Stimme abrupt ausgeblendet, um einer aufwühlenden Orchestereinlage im *Oneclin Line-Stil* Platz zu machen. Vor einem Hintergrund aus grobkörnigen Sechziger-Jahre-Bildern begann mit bedeutungsschwangerer Stimme ein Mann zu sprechen, der sich anhörte, als würde Charles Aznavour einen auf Orson Welles machen.

»Gleich einem von Napoleons Soldaten braucht ein Teilnehmer der Tour de France nur ›Ich war dabei‹ zu sagen, und schon werden ihm der Respekt und die Bewunderung zuteil, die außergewöhnlichen Menschen vorbehalten ist. Jener Elite, die sich durch Hingabe und Leidensfähigkeit auszeichnet und wie Guillaumet, der Mechaniker des Luftfahrtpioniers Mermoz, von sich sagen kann: ›Ich habe getan, was kein Tier vermag.‹«

Es folgte eine kurze Pause, in der sich der Erzähler vermutlich zwei Schafe vorstellte, wie sie verwirrt vor einem Werkzeugkasten für Flugzeugreparaturen stehen. Dann setzte erneut schmetternd der epische Soundtrack ein, und der Kommentator legte wieder los.

»In einem scheinbaren Widerspruch erreicht der Fahrer Transzendenz in Bezug auf sein Ich, und er gewinnt einen neuen Sinn für das Absolute, indem er tief in sich geht und sich selbst träumt, so wie es Tiere tun, wenn der Überlebensinstinkt ihnen befiehlt, zu laufen, zu rennen, zu kämpfen. Der Fahrer in der Tour hat seinen Platz irgendwo zwischen den Tieren und den Göttern, mal ist er das eine, mal das andere, oftmals beides. Er ist ständig hin- und hergerissen zwischen diesen beiden entgegengesetzten Polen seines Schicksals.«

Na, das war etwas, worauf ich mich freuen konnte. Vielleicht hatte ich ja bisher alles falsch verstanden. Statt Muskeln aufzubauen oder zumindest halbherzige Versuche in diese Richtung zu unternehmen, hätte ich besser meinen Sinn für das Absolute verfeinern sollen. Eine konzentrierte Einheit auf dem Laufband der Transzendenz, und mein Schicksal würde mit dem der Allerbesten um die Wette schwingen.

Bedauerlicherweise deutete meine einzige ausführliche Trainingsfahrt – nach Harrow und zurück, alles in allem eine Strecke von 20 Meilen – an, dass mein Platz eher bei den Tieren denn bei den Göttern war und wahrscheinlich näher bei den Wirbellosen als bei den Säugern. Auf dem Radweg der North Circular Road musste ich auf Höhe des Gunnersbury Parks scharf und schmerzvoll bremsen, um den Zusammenstoß mit einem großen Radfahrer zu vermeiden, der mit hoher Geschwindigkeit aus einem der Parktore schoss. Als ich wacklig, aber glücklicherweise mit ausgehakten Schuhen zum Stehen kam, standen unsere Reifen vielleicht einen Zoll auseinander. Mit einem Gefühl, als hätte ich Rheumasalbe mit Savion verwechselt, schaute ich auf und erkannte, dass der große Radfahrer jener Typ Skinhead mittleren Alters war, von dem jeder außer unseren Zeitungskarikaturisten annimmt, dass er längst von den Straßen verschwunden ist.

»Sorry, Kumpel«, sagte er, doch das fiese Grinsen, das seine dünnen, aufgescheuerten Lippen formten, ließ erahnen, dass an dieser Entschuldigung ein Haken war. Als ich wortlos weiterfuhr, war es dann auch keine Überraschung, von hinten den lauten Ruf »PIMMEL!« zu hören.

Nachher wunderte ich mich über die unselige Chemie, die anscheinend immer dann entsteht, wenn man ein Fahrrad und mich mit dem Gunnersbury Park kombiniert. Da war ich also wieder, fast dreißig Jahre später, um erneut von einem hässlichen, gelangweilten Kerl beleidigt zu werden. Und wenn ich darüber nachdenke, ist es absolut möglich, dass die beiden Ereignisse nicht nur auf derselben Bühne, sondern auch mit denselben Darstellern stattgefunden haben.

In solchen Momenten arbeitet das Gehirn auf Hochtouren. Als ich die Beschimpfung doppelt und dreifach zurückgab, geschah das in der Vermutung, dass Körperbau und unterlegenes Gerät meinen Feind an einer erfolgreichen

Verfolgung hindern würden. Meine Berechnungen berücksichtigten aber weder meine eigene körperliche Verfassung noch die Tatsache, dass ich mich durch den plötzlichen Halt in einem unpassend hohen Gang befand. Und wenn etwas erbärmlicher ist, als wegzulaufen, dann ist es wegzulaufen, während man vorgibt, man täte es nicht. Bestrebt, eine Balance zwischen lebensrettender Flucht und gesichtswahrender Nonchalance zu finden, kroch ich innerlich sterbend die North Circular Road hinauf und wagte nicht, mich umzudrehen, bis ich zwei Meilen später den Hanger Hill erklommen hatte.

Diese Anstrengung, im Zusammenspiel mit einem allzu pikanten Abendessen, das eine Hommage an meine lebenslange Vorliebe für Tabasco, Malzessig und Grapefruitsaft gewesen war, brachte den pH-Wert meines Körpers derart durcheinander, dass mir bei der Abfahrt zum Kreisverkehr an der Hangar Lane arg blümerant wurde. Es begann mit einem leichten Stechen, doch der kleine Mann mit der Nadel geriet bald außer Kontrolle. Ich stoppte in der Nähe einer Gruppe von Rauchern vor einem großen Bürogebäude, und im Gefühl, innerlich tätowiert zu werden, stieg ich wimmernd vom Rad. Während zahlreicher weiterer Nothalte verschaffte ich mir kurzfristig Linderung, indem ich mich vornüberbeugte und mit beiden Fäusten kräftig auf meine linke Magenseite schlug. Nicht eben die Haltung, die man am Rande einer öffentlichen Schnellstraße einnehmen wollte, und ich nehme an, dass meine Darstellung eines Mannes, der versucht, sich die eigene Milz zu entfernen, bei den Verkehrsteilnehmern während der Nord-Londoner Rushhour einiges Aufsehen erregt hat.

Als ich die Residenz meines Freundes Paul Rose in Harrow erreichte, sah ich aus wie Stephen Roche in La Plague und hörte mich an wie Stephen Hawking in der Scala. Nachdem er mir über die Schwelle geholfen hatte, leitete Paul lebensrettende Maßnahmen ein. Dazu gehörten drei Bier, sechs Magentabletten und mehrere Dutzend Durchläufe eines Videoclips auf einem Heimwerkerkanal im Kabelfernsehen. Darin brachte ein zuvor harmlos wirkender Bildhauer plötzliche und radikale Verachtung für seine halb vollendete, katzenartige Schöpfung zum Ausdruck, indem er sie mit einem einzigen, herzhaften Aufwärtshaken köpfte. Ich hatte zwei Stunden für die Fahrt hierher gebraucht; für den Rückweg benötigte ich nur ein Viertel der Zeit.

Dennoch war es keine ermutigende Jungfernfahrt gewesen. Hätte ich vorgehabt, mit dem Fahrrad nach, sagen wir mal, Oxford oder Brighton zu fahren, hätte ich die Sache wohl abgeblasen. Merkwürdigerweise war es gerade das gewaltige Ausmaß meiner Reiseroute, das mich nicht den Mut verlieren ließ: Diese verrückte, aufgeblähte Zahl von 3630 Kilometern konnte man einfach nicht ernst nehmen.

Am Abend vor meiner Abreise schlenderte ich leicht angeschickert die Straße hinunter zum Fluss. Es war mild, und einige Mädchen saßen um ein munter knisterndes Lagerfeuer am Ufer herum. Offenbar hatten sich die Elemente und die Umgebung verschworen, mir Heimweh einzuflößen, bevor ich überhaupt weg war. Beinahe unvermeidlich tummelte sich eine Gruppe französischer Studenten um eine Bank und unterhielt sich über die Tour de France. Obwohl ich bloß das eine oder andere Hauptwort verstand – »Armstrong«, »Virenque«, »EPO« (das berüchtigte Mittel zur Mehrung der roten Blutkörperchen) –, war die Vorfreude nicht zu überhören. Das Rennen würde erst in einem Monat beginnen, doch die im Exil lebende Jugend Galliens befand sich schon jetzt in Alarmbereitschaft.

Das ZR3000 lehnte neben der Haustür, und auf dem Heimweg drückte ich mich an ihm vorbei und fragte mich, was ich für mein Fahrrad empfand und wie sich diese Empfindungen nach 3630 Kilometern geändert haben würden. Erschlagen vom Gepäck, war das schlanke, hungrige Aussehen der Maschine verschwunden: Es war, als wäre auf einem Lotus ein Dachgepäckträger angebracht worden. Meine Kinder hatten die winzige Oberfläche des Sattels über und über mit Cinderella-Aufklebern dekoriert (»Du wirst auf diesen Ball gehen, Cinderella«), und es gab bereits einige lange Kratzer und eine hässliche Beule, weil ich es beim wiederholten, unbeholfenen Absteigen auf dem Weg nach Harrow nicht geschafft hatte, meine Metallsohlen über die Querstange zu wuchten.

War ich wirklich drauf und dran, mein Bein über diese Querstange zu schwingen und es dort für über einen Monat zu lassen? Als unverbesserlicher Faulpelz hatte man mich mehr als einmal gedrängt, mich aufs Rad zu setzen. Wer aber hätte gedacht, dass es so weit kommen würde.

Christof Siemes

Wie stürze ich richtig?

Drei, zwei, eins – und los. Das Gefälle unterhalb des Starthäuschens in 1668 Meter Höhe: rund 70 Prozent. Blankes Eis. Da fährt man nicht runter, da stürzt man hinab wie aus dem 15. Stock eines Hochhauses. Das Tempo nach fünf Sekunden: 70 Stundenkilometer. Mit 100 geht es wenig später in die Mausefalle, Gefälle jetzt: 85 Prozent. Da hilft nur springen, bevor sie zuschnappt, 60 Meter weit. Dann der Steilhang – heißt der so, weil gegen ihn alles Vorherige flach ist? Egal, runter, nur runter, über Seidlalmsprung, Hausbergkante, Kompression hinein in den Zielhang. Nach knapp dreieinhalb Kilometern und zwei Minuten ist Schluss. Dann haben die besten Skifahrer der Welt die Streif, die schnellste und gefährlichste Abfahrt der Welt, überstanden. Wenn's gut geht. Wenn nicht, hängen sie, mit oder ohne Ski, irgendwo im Fangzaun, in der luftgepolsterten Matte, im Baum.

Drei, zwei, eins – und los. Die Steigung der Talstation der Hahnenkammbahn in 780 Meter Höhe: 15 Prozent. Feiner Schotter. Da fährt man nicht einfach rauf, da braucht man Kraft auf der Pedale, als wäre jeder Tritt der letzte. Das Tempo nach fünf Minuten: sieben Stundenkilometer. Mit noch etwas weniger geht es in die Spitzkehren der Steilhangumfahrung. Steigung jetzt: 20 Prozent. Da hilft nur keuchen und schalten, in den kleinsten Gang, den Rettungsring. Wird es denn niemals flacher? Egal, hinauf, nur hinauf, vorbei an den hölzernen Kamera- und Zuschauerpodesten für das Skirennen, über die Hocheckhütte zur Bergstation der Hahnenkammbahn. Nach neun Kilometern und gut anderthalb Stunden ist Schluss. Dann haben die furchtlosesten Radler die Streif, eine der spektakulärsten Mountainbike-Strecken Europas, überstanden. Wenn's gut geht. Wenn nicht, hängen sie noch eine Stunde später, das Rad schiebend, in der Mausefalle. Oder sitzen fest auf der Seidlalm und reden bei gespritztem Apfelsaft und Zwetschgenkuchen über das Schicksal vom Heinzer Franz, dessen hoffnungsvolle Skikarriere nach einem fatalen Flug durch die Schneise da vorn unterm Küchenfenster der Hütte endete.

LEKTION EINS: ABSTEIGEN ÜBEN!

Im Sommer hinaufzufahren, wo im Winter die Skiprofis Rückgrat, Kreuzbänder, mitunter gar das Leben riskieren – das hat was. Dachten sich die Tourismusplaner in Kitzbühel und Umgebung. »Bike die Streif« heißt ihr Sixpack gegen das Sommerloch in der Wintersporthochburg, das allein mit Golf und Wandern nicht zu stopfen ist. Sechs Routen führen von Kitzbühel und dem weniger aufgedonnerten Nachbarort Kirchberg hinauf auf den Hahnenkamm, macht insgesamt 6000 Höhenmeter. Die Strecken folgen mehr oder weniger dem Verlauf bekannter Skipisten und sind genauso klassifiziert: Blau heißt leicht, Rot »erfordert sportliches Radfahrkönnen«, wie es in der Legende der Mountainbike-Karte heißt, und Schwarz ist für die, die unbedingt die Blutwertung gewinnen wollen.

Und die geht so: Wer auf der Strecke bei Stürzen oder Unfällen das meiste Blut verliert, wird nach Ende der Tortur von den Mitfahrern zu Kaffee und Kuchen eingeladen.

Erfunden hat das Ritual der Exenberger Kurt. Die Narben neben den Tattoos auf dem Körper des 1,90 Meter großen Modellathleten künden davon, dass er mit seinen 27 Jahren bereits so ziemlich jeden Sport ausprobiert hat, der in den Tiroler Alpen einen Kick verspricht. Skifahren kann hier jeder, also versuchte er sich pubertierend auch als Skispringer – bis ihm bei der Premiere von der 90-Meter-Schanze der rechte Ski davonflog. Fürderhin blieb er bodenständig, versuchte sich als Triathlet und Semiprofi im Radrennstall der österreichischen Post. »Aber das hab ich nicht gepackt – vom Kopf her nicht, zu monoton.« Nach einem Intermezzo als Après-Ski-Kneipier, was im vergnügungssüchtigen Kitzbühel auch ein Hochleistungssport ist, gibt er nun im Winter den Snowboardlehrer, macht für Werbefilme den Affen – schlägt im Gorillakostüm auf Skiern Salti – und arbeitet im Sommer als Mountainbike-Guide. Und weil in Österreich Titel das halbe Leben sind, hat er sich die Bezeichnung nicht ausgedacht, sondern eine staatliche Prüfung dafür abgelegt. Vor vier Jahren gründete Professor Bike dann seine *academy*, in der er von Mitte Mai bis Oktober nicht nur High-Tech-Räder vermietet, sondern erklärt, wie man Pannen behebt, wo die besten Strecken sind und – das vor allem – wie man überhaupt richtig fährt.

»Mountainbiken ist viel komplizierter als Skifahren«, sagt Kurt, »deshalb wird es irgendwann ganz selbstverständlich sein, auch darin einen Kurs zu belegen.« Wie es ein großer Unterschied ist, mit einem normalen oder einem Carvingski zu fahren, so muss man auch ein *fully*, das *full suspension bike* mit seiner üppigen Federung, anders rannehmen als ein ungefedertes *hardtail*. Genug Stoff für eine ganze Fakultät, die Exenberger in der Mausefalle untergebracht hat, der sommers arbeitslosen Après-Ski-Bar des Hotels Klausen in Kirchberg, direkt an der Talstation der Fleckalmbahn. Für praktische Übungen dient zurzeit noch das Kinder-Ferienparadies im Tannenwald oberhalb des Dorfes. Vom kommenden Wochenende an wird die Teststrecke gleich auf dem Campus hinter der Mausefalle sein: Dann eröffnet der von Kurt entworfene Bikepark Kitzbüheler Alpen. Hier wird es Dinge geben, von denen wir Rad fahrenden Laien nur ahnen, wozu sie gut sein könnten: neben einer Cross-Country-Strecke und einem Freeride-Trail ein BikerX, eine Dirt-Jump-Section und eine Drop Zone.

Das freilich ist was fürs Oberseminar. Bis zur Zwischenprüfung heißt es erst mal gar nicht fahren, sondern absteigen üben. Wer das lächerlich findet, kann sich ja mal überlegen, was er macht, wenn es bei einem Gefälle von mehr als 20 Prozent nicht mehr weitergeht, links der Abgrund gähnt, von rechts der Felsen drängt und vorn ein Brocken den Weg versperrt. Wem dann noch die Füße in den Klickpedalen feststecken, die zwar prima Halt bei allerlei Tricks bieten, aber auch wie Skibindungen nie dann aufgehen, wenn man es wirklich braucht – wer in so einer Situation nicht Tropfen für die Blutwertung sammeln will, dem hilft es, bei »Absteigen mit Kurt« aufgepasst zu haben.

Da lernen wir nämlich, in einer einzigen Bewegung die Füße zu befreien, das Rad vorn hochzureißen und im sicheren Stand zu landen. Oder in Momenten höchster Not im tollkühnen Sprung über den Lenker nach vorn zu entkommen, ohne dabei die besten Teile zu ruinieren. Oder einfach nur so lange auf der Stelle zu balancieren, bis uns die Lösung für das Problem eingefallen ist. Und wenn alles nicht hilft, erinnern wir uns vielleicht noch an die zweite Stunde beim Dozenten mit den dicken Waden: Wie stürze ich richtig? Nur wer das weiß, ist bereit für Bunny Hops über Stock und Stein, für Wendemanöver auf der Stelle, für den Floater, der einen gefahrlos über meterhohe Kanten gleiten lässt – vorausgesetzt, man ist schnell genug und bringt bei der Landung zuerst das Hinterrad auf den Boden. Wenn nicht: siehe oben, Abschnitt Blutwertung.

Keine Sorge, man muss kein Dr. Draufgänger sein, um in Kirchberg und Umgebung überhaupt fahren zu können. Neben dem Sixpack auf dem Hahnenkamm gibt es rund 50 weitere perfekt in Blau-Gelb ausgeschilderte Touren, alles in allem mehr als 2500 Kilometer, die mehr als 57 000 Höhenmeter überklettern. Für jeden körperlichen Zustand die passende Passage.

Der Biker ist der größte Sommerprofiteur einer gewaltigen Wintersportinfrastruktur, deren Macher die Natur ziemlich gnadenlos zurechtbiegen. Der Wanderer wird sie verfluchen, die verschämt begrünten Pistenschneisen, die sein Auge beleidigen, die breiten Schotterpisten, Forst- und Ziehwege, auf denen das Material für den Winterzirkus hinaufgekarrt wird, all die Fangnetze, Pistenmarkierungen, die Jagateekanister, Landjäger und Knödelgebirge für die übernächste Orgie. Für uns mehr oder weniger flott dahineilende Mountainbiker aber sind diese Nachschubautobahnen nicht Schandmal, sondern Segen. Sie ersparen uns so manche unbezwingbare Direttissima auf die diversen Gipfel zwischen Großem Retterstein und Kitzbüheler Horn; gemächlich und schnaufend wie ein Bierlaster, kriechen wir über zahllose Serpentinen bergan. Und finden oben alles, was der Radler braucht zwischen gleichnamigem Getränk, Geselchtem und Kaiserschmarrn.

Was macht es da, wenn die echten Gipfel, wie der 1830 Meter hohe Pengelstein, von Seilbahnstation, Rummelschuppen und Generatorenhäuschen eingekreist werden, ja unter ihnen fast verschwinden? Tragen wir halt das Rad die letzten 20, 30 unwegsamen Meter hinauf, und wer den Blickwinkel richtig wählt, sieht statt gräulicher Betonwüste ein Panorama, wie es das so makellos sonst nur auf der Fototapete im Partykeller gibt: die Zackenbatterie des Wilden Kaisers, die eisigen Häupter von Großglockner und Großvenediger, das schroffe Aufbegehren der Leoganger Steinberge. Von hier oben sehen sogar all die kleinen, mit dem Zirkel vermessenen und in die Berghänge gestanzten Stauseen natürlich aus. Ihr Wasser speist im Winter die Schneekanonen, an denen mittlerweile Wohl und Wehe des ganzen Geschäfts hängt.

Auch bei der Talfahrt hat die gezähmte Wildnis Vorteile, jedenfalls für den, der auf dem Mountainbike auch Entspannung und nicht nur seine Grenzen sucht. Denn bergab zu fahren im alpinen Gelände ist mindestens so anstrengend wie bergauf, erst recht auf einem schmalen Wanderweg, den wir Biker *single trail* nennen. Bis zum Krampf klammern sich die Finger an die Bremsgriffe. Nur nicht so schnell werden, dass es einen aus der Kurve trägt oder man vor dem nächsten Viehgatter, umgestürzten Baum oder Steinschlag nicht mehr zum Stehen kommt! Aber auch wer zu langsam ist, den bestraft der Hang: Dann bockt das Vorderrad noch an der kleinsten Wurzel, und wer trotz tief gestellten Sattels den Schwerpunkt zu weit nach vorn oben verlagert, lernt auf dem Weg hinab vom Brechhornhaus eine Absteigetechnik, die auf keinem Lehrplan steht: kopfüber.

AM ENDE EIN SCHLAG INS WASSER

Da scheint die Piste vom Pengelstein harmloser zu sein: steil zwar, aber breit wie eine Landstraße und zunächst ganz ohne Kurven. »Aber gerade hier passieren beim Kitzalpbike die schlimmsten Unfälle«, sagt Kurt. Der Kitzalpbike – das ist die Rallye Paris–Dakar für Mountainbiker. Die Härte.

Ein Marathon für jedermann, der sich über maximal 88 Kilometer und 3600 Höhenmeter quälen will. An einem Tag wohlgemerkt. Leute wie Kurt brauchen dafür gut viereinhalb Stunden, es gibt Zähleibige, die geben auch nach der dreifachen Zeit nicht auf. Am Sonntag werden sie alle bei der siebten Auflage des Rennens, am Scheitel dieser Pengelsteiner Geröllautobahn, stehen. »Dann sind sie froh, dass es nur noch bergab geht, und lassen's laufen«, sagt Kurt. Doch dann sind die Steine nicht so murmelklein, wie sie erschöpften Augen erscheinen. Auch ist der Hang viel steiler, das Schneefeld in der Mitte der Schussfahrt viel sulziger als gedacht. Eine Schlüsselstelle für die Blutwertung; beim Rennen wartet hier ein Streckenposten mit Funkverbindung zum Rettungshubschrauber.

Derart sensibilisiert, übersteht man die Rutschpartie schadlos. Und darf es dann im einfachen Teil trotzdem nicht bedenkenlos laufen lassen. »Pausen machen!«, fordert Kurt. »Vom Bremsen werden die Felgen glühend heiß, die Schläuche dehnen und verschieben sich, da reißt ganz schnell das Ventil ab.« Mit kühlem Kopf, lauwarmen Felgen, schlappen Oberschenkeln und verspanntem Rücken erreichen wir schließlich die lieblicheren Gefilde, die strotzend grünen, in Kleerosa und Butterblumengelb gesprenkelten Wiesen, die Bauernhäuser, auf deren First ein kleiner Glockenstuhl von Frömmigkeit und Prosperität der Gegend kündet. Die Tour endet als Schlag ins Wasser: mit einem Hechtsprung in das Moordunkel des Schwarzsees, der schon Anfang Juni Badetemperatur hat. Die Brühe soll auch gut sein als Desinfektion.

Der Autor hat die Blutwertung gewonnen und wurde zu Kaffee und Kuchen bei Lorenzini in Kirchberg eingeladen.

Thomas Grasberger

Trendsport? Schon!

Nach der täglichen Grundsatzentscheidung für Sushi mit Kraut oder Leberkäs-Tapas heißt die zweitwichtigste Glaubensfrage, die den Münchner umtreibt: Wie hältst du's mit den Trendsportarten? Leider müssen wir zu unserem Bedauern auch in diesem Bereich feststellen, dass gute alte Traditionen stark in den Hintergrund gedrängt werden. Die Urmünchner Disziplinen wie Wettkampfjodeln, Fingerhakeln, Schmalzlerschnupfen, Noagerlzutzeln, Nosnramme-Schiaßn, Maibaumkraxeln oder Maßkrug-Weit- respektive Zielwerfen sind völlig out. Eisstockschützen gibt es in Nymphenburg auf dem Kanal noch ein paar. Die Rankel- und Rauf-Olympioniken sind alle Profis geworden und jetzt bei der Münchner Polizei für Oktoberfest-Einsätze zuständig. Und das Fensterln ist auch nicht mehr das, was es einmal war, vor allem nicht in Hochhausgebieten wie Neuperlach. Alles in allem kann man sagen, die Münchner Traditionsathleten leben recht zurückgezogen und lassen sich nur mehr zu bestimmten Stammesturnfesten blicken. Das Stadtbild beherrschen sie jedenfalls nicht mehr. Das tun jetzt die neuen Trendsportler.

Schaut man sich in den Straßen um, dann fällt auf, dass der Münchner Sportsfreund heutzutage recht häufig Rollen untendran hat. München ist nämlich die Hauptstadt der lustigen Bewegung. Inlineskater, Rollerblader, Mountainbiker! In allen Größen, Farben, Formen und jeden Alters. Eine Stadt läuft Amok. Wollen Sie Fünfzigjährige in Anzug und Krawatte auf einem Tretroller sehen? Kein Problem, stellen Sie sich in Schwabing an die Straße, und warten Sie bei einigermaßen schönem Wetter nur zehn Minuten … Sie müssen nicht mal Geld reinwerfen, der tritt ganz von alleine.

Eines scheint sicher, es muss sich bei all diesen Lustigsportlern doch in erster Linie um Zugereiste handeln: »Hessen auf Rädern« oder so. Denn der Bayer an sich würde nie ohne Grund laufen oder mit Rollschuhen herumfahren. Allenfalls, wenn er auf der Flucht ist. Zum Beispiel vor Joggern oder Rollerbladern.

Ein richtig echter Münchner Trend aber ist in den vergangenen Jahren das Radfahren geworden. Wobei gleich dazugesagt werden muss, dass der gemeine Münchner eher nicht auf die 300 Kilometer Gewalttour im hautengen Arsch-frisst-Hose-Stretch-Anzügerl, Modell Rudolf Scharping, steht. Im Gegenteil: An der Isar wird eher eine Tour de Nonchalance gefahren. Der Münchner ist nämlich ein Meister der Kurzstrecke. Die reicht oft nur ein paar Kilometer, meist vom Odeonsplatz durch den Englischen Garten bis zum Aumeister, wo sich der völlig verausgabte Athlet im Biergarten bei der wohlverdienten – nein, nicht Radler-! – Maß ausruht.

Das eigentlich Kräfteraubende bei solchen Touren ist nicht etwa das hohe Tempo, sondern die angestrebte größtmögliche legere Langsamkeit, die oft so weit getrieben wird, dass der Fahrer kurz vorm Umfallen ist. Dazu kommt noch, dass er häufig mit dem Kopf wackelt und mit einer Hand winkt. Dieser Fahrstil führt natürlich zu einer relativ großen Schwankungsbreite auf den Radwegen, und so mancher Münchner macht auf dem Hinweg schon den Eindruck, als käme er gerade vom Aumeister. Dabei ist er bestimmt kein schlechter Fahrer, und Alkohol ist auch nicht unbedingt im Spiel. Es ist vielmehr eine neue Trendsportart, die mit großer Leidenschaft gepflegt wird und von Münchens größtem lebenden Radsportler ins Leben gerufen wurde. Dies will kurz erklärt sein:

In München heißt der Radfahrer eigentlich Radlfahrer. Oder kurz Radler. Will man es noch kürzer und trendiger benennen, dann sagt man heute ganz einfach: Ude. Das Wort stammt übrigens aus dem Münchnerischen, obwohl es etymologisch eher auf einen mongolischen Ortsnamen schließen lässt. Und wer weiß, vielleicht ist der Hang zur Ruhelosigkeit, dieses Nomadisieren auf dem Fahrrad, irgendwie ja doch das Erbe mongolischer Reitervölker. Soviel wir heute wissen, kommt der Begriff aber vom Eigennamen eines Münchners, der der berühmteste Radlfahrer der Stadt und nebenbei auch noch ihr Oberbürgermeister ist: Christian Ude. Der Mann ist als Radfahrer so berühmt, dass er zwar – leider! leider! – noch kein eigenes Denkmal bekommen, aber immerhin schon ein eigenes, recht launiges Buch über das Radfahren im urbanen Raum veröffentlicht hat: »Stadtradeln« heißt es kurz und bündig.

Darin erzählt er, der Titel deutet es ja schon an, wie er mit dem Radl sonntags durch die Stadt radelt. Genauer, er fährt durch Schwabing, lächelt unablässig und grüßt alle Leute. Weil diese Form der Freizeitbeschäftigung so untrennbar verbunden ist mit der Person des Oberbürgermeisters, nennt der Münchner seinen neuen Lieblingssport einfach nur: »Herum-Uden«. Oder in seiner trendsportlichen Variante auf Neudeutsch: Uding!

Das Uding-Taschenbuch schmückt übrigens eine Banderole, die den Uding-Papst selbst auf einem Fahrrad zeigt. Auffallend ist dabei sein Lächeln. Und sein Oberlippenbart. Lässt dieses Lächeln immerhin darauf schließen, dass Uding gesund ist, Spaß macht und den Körper mit Glückshormonen überflutet, bleibt die Sache mit dem Bart für Laien einigermaßen unergründlich. Nur wer im Sommer selbst schon einmal durch den Englischen Garten ge-udet ist, kann erahnen, warum dieser Mann einen solchen Bart trägt. Weil München nämlich eine grüne Stadt ist und Myriaden von Mücken hat. Udet der Uding-Sportler unvorsichtigerweise ohne seinen Uding-Bart, fliegen ihm dauernd die Fliegen in den Mund hinein.

Sie sehen selbst: Das ist mehr als nur ein Trendsport. Es ist bitterer Ernst. Wie das Leben eines Kommunalpolitikers. Freilich, sagen Sie jetzt vielleicht, bei aller Liebe zu Sport und Politik, aber das ist doch alles noch lange kein Grund, sich einen solchen Oberlippenbart wachsen zu lassen. Damit haben Sie im Prinzip auch recht. Aber erstens hat ihn ja noch nie jemand oben ohne gesehen. Und zweitens: Was soll der arme Mann denn tun? Nur grüßen, ohne zu lächeln? Oder nur noch lächeln, ohne zu grüßen, dafür aber ständig die Mücken aus dem Gesicht wedeln? Möchten Sie so Ihren Sonntag verbringen? Oder noch ernster gefragt: Gewinnt man so Wahlen?

Sie sehen selbst, wie komplex es ist, in München richtige Stadtpolitik zu machen.

Aber allen Schwierigkeiten zum Trotz ist diese spezifische Form der Radlfahrerei im urbanen Raum so populär geworden, dass der Oberbürgermeister regelmäßig über 60 Prozent der Stimmen bekommt und Uding zur beliebtesten Freizeitbeschäftigung der Münchner geworden ist. Auch wenn der Oberbürgermeister selbst mitunter auftritt wie ein Mufti. Jedenfalls hätte so mancher orientalische Despot seinen Turban gezückt vor Hochachtung, als der Großwesir Ibn Ude das neue Stadion durchgepeitscht hat. Oder als er angesichts des Münchner Sicherheitsgipfels die

Grundrechte beim Wort nahm – und sämtliche Rechte auf Meinungsfreiheit und Demonstration in Grund und Boden stampfen ließ. So mancher kritische Münchner maulte da etwas von »Westentaschen-Noske«. Geholfen hat es freilich nichts. Und geschadet hat es dem Ude anscheinend auch nicht. Bei der Kommunalwahl war er wieder ganz vorn. Hauptsach', er hat einen Humor, sagt sich der Münchner Wähler. Dabei könnte dieser ihn viel besser gebrauchen. Angesichts solcher politischen Entwicklungen. Wenn Sie demnächst hier zu Besuch sind, dann schnappen Sie sich ein Radl, und uden Sie ein wenig herum! Fahren Sie langsam durch die Stadt, lächeln Sie so breit wie möglich, nicken Sie dazu mit dem Kopf, abwechselnd mal nach links und mal nach rechts, wo Sie eben gerade irgendwelche Bürger vermuten, und sagen Sie von Zeit zu Zeit laut und verständlich »Grüßgottgrüßgott«. Bei der Gelegenheit lernen Sie nicht nur die schöne Stadt, sondern vielleicht auch ein paar nette Münchner kennen.

Mart Smeets

Col de la Madeleine

Erik Andersen schaute sich um. Er hatte genug von den Spielereien der anderen. Er misstraute vor allem Van der Meer. Das Gespräch mit dem deutschen Teamchef vor gut einer Stunde hatte er aus der Ferne gesehen und gut im Gedächtnis behalten. Der Holländer galt im Peloton als linker Vogel. Er organisierte und regelte vieles, gewann das eine oder andere Rennen, war auch häufig im Finish bedeutender Wettkämpfe zu finden, aber verkaufte auch schon mal dies oder das, und genau dieses System kannte Andersen noch nicht. Dafür war er zu jung und unerfahren; und die Frage von Van der Meer vor einiger Zeit, ob sein Sponsor denn noch etwas Spielgeld zur Verfügung hätte, hatte ihn deutlich unsicher gemacht. Was wollte der alte Fuchs von ihm?

Deshalb war er erst mal weggefahren, ausgerissen. Nicht um ein idiotisches Solo von gut achtzig Kilometern zu bewältigen, mehr, um die sechs anderen zu testen. Würden sie ihm folgen? Und wer wollte das?

In der Ferne sah er White, der kräftig beschleunigte. Die anderen fuhren ruhig Rad an Rad, und Andersen ließ etwas nach. Er wartete auf die sechs, und als die Straße leicht anstieg, schlossen die anderen auf. Genau in diesem Augenblick riss er wieder aus. Innerhalb einer halben Minute hatte er dreißig Meter Vorsprung und schaute sich abermals um.

Wer reagierte jetzt? War es wieder nur der unerfahrene Amerikaner? Nein, jetzt war es Dutronc, der die Führung übernommen hatte und sich mit Dazan und Van der Meer am Hinterrad schnell näherte. Die Oldies also. White fuhr zwanzig Meter dahinter und hatte Van Geneugden und Müller bei sich.

»Schön«, dachte der Norweger und schnappte sich seine Flasche. So lagen die Verhältnisse also.

Der Anstieg zum Mont Cenis war auf den ersten Kilometern sehr schwer. Die Temperatur am Fuß des Berges lag bei achtundzwanzig Grad; es war drückend schwül geworden. Van der Meer spürte, wie die Kilometer, die sie bis dahin zurückgelegt hatten, allmählich in seine Beine stiegen. Er zweifelte nicht daran, dass dies auch bei den anderen der Fall war, aber keiner beklagte sich offen darüber.

Wie viel waren sie nun gefahren? Er holte die Karte aus seiner Trikottasche und fühlte dabei die kleinen Pillen, die er am Morgen von José bekommen hatte. Die zwei roten runden waren Muntermacher, die er erst im Finish nehmen sollte; das andere Zeugs durfte er nur nehmen, wenn er Krämpfe spürte. Ganz kurz war er drauf und dran, eine zu nehmen, aber diesen Gedanken schob er schnell beiseite. Dann saß er ohne da, und er wusste ganz sicher, dass Dazan, Van Geneugden, Dutronc und Müller auch noch Sachen bei sich hatten. Sie waren Tour-de-France-Veteranen – man wusste einfach, wie das Spiel funktionierte. Schnell begutachtete er sein Kärtchen. Wo waren sie hier? Am Fuß des vierten Berges ungefähr.

Noch 90 Kilometer also. Und dieser Anstieg würde bestimmt fünfunddreißig Minuten dauern. Kurz schielte er zum Norweger und zum Amerikaner. Beide Kerle sahen noch verdammt gut aus. Würden sie auch …? Van der Meer wusste es nicht. Er kannte den Betreuer des amerikanischen

Teams. Ein Mann, der viel mit Ginseng und japanischem Öl arbeitete und die Fahrer mit seinem Spleen für Vitamine verrückt machte. Vor vier Jahren hatte er im Team von Van der Meer gearbeitet. Nur für eine Saison, denn er kannte die harten Sachen nicht und blieb zu sehr in seinen östlichen Weisheiten stecken, gerade im Kontakt zu den Fahrern, die den Nutzen von Ginsengpulver auf ihrem Marmeladenbrot nicht recht einsahen. Dass er jemals mit EPO gearbeitet hatte, bezweifelte Van der Meer. Er hatte zwar schon mal gehört, dass es eine thailändische EPO-Variante geben sollte, aber wahrscheinlich war das ein Märchen. Andererseits hatte er schon mal Gesprächsfetzen von italienischen Fahrern aufgeschnappt, und dabei ging es um dieses geheimnisvolle und effektive exotische Zeugs. Das sei der Grund, so hatte er später gehört, dass eine Anzahl italienischer Teams im europäischen Winter in Kuala Lumpur fuhr.

Und der Norweger? Er fuhr für ein spanisches Team, in dem der im Radsport nicht mehr gern gesehene italienische Arzt Zanzani dieses Jahr im Frühjahr kurze Zeit beschäftigt gewesen war. Das bedeutete, dass die Fahrer in jedem Fall gut vorbereitet außerhalb der großen Radrennen fuhren, denn das beherrschte Zanzani ziemlich gut. Van der Meer hatte sich vor drei Jahren mit dem Arzt verständigt. Er hatte dies auf eigene Veranlassung getan und hatte niemandem aus seiner Mannschaft davon erzählt. Er war nach Mailand geflogen und wurde dort von einem Assistenten von Zanzani abgeholt. In einem kleinen, umgebauten Bauernhof hatte der Arzt ihn untersucht. Es war Blut abgenommen worden, er hatte zwei Töpfe vollpinkeln müssen. Dann hatten sich die beiden mit starkem Kaffee ins mit Radrenntrikots behangene Behandlungszimmer gesetzt. Dottore hatte den Holländer gefragt, ob er selbst marschieren wolle, und Van der Meer hatte gefragt, wo für den Arzt die Grenzen lägen.

»Das«, hatte der eitle Mittfünfziger mit modischem Haarschnitt geantwortet, »ist von Fahrer zu Fahrer verschieden.«

Van der Meer hatte das erst nicht ganz verstanden. Zanzani wurde deutlicher: »Keine zwei Menschen sind gleich. Ich kann mit Ihnen wahrscheinlich zweimal mehr machen als beispielsweise mit Gomez, dem spanischen Bergspezi, aber vielleicht nicht so viel wie mit Konkatov, dem prächtigen Zeitfahrer aus Russland, der schon vier Jahre in italienischen Mannschaften fährt und jeden Monat bei mir reinschaut. Darum muss ich zuerst Ihren Körper kennenlernen. Ich werde ein paar Proben nehmen und die Ergebnisse analysieren.« Und dann hatte der Italiener auch bekräftigt, dass nicht alles, was er tat, sich im grauen Bereich zwischen ›verboten‹ und ›vielleicht nicht ganz erlaubt‹ bewegte. »Ich kann auch sehr gute Vitamin- und Glukosepräparate verschreiben … Da ist nichts Verbotenes dran. Das darf jeder wissen, das darf man im Fernsehen erzählen.«

Van der Meer hatte gefragt, ob Zanzani ihm eine Definition von Doping geben könnte, worauf der Arzt kurz nachgedacht hatte: »Alles, was im Untersuchungslaboratorium gefunden wird«, hatte er dann gesagt. Und Van der Meer hatte geantwortet, dass dies wohl eine sehr großzügige und vage Umschreibung sei. Denn: Was könne man überhaupt noch finden, da die Betreuer in der letzten Zeit über eine umfangreiche Palette von ausgezeichnet funktionierenden Mitteln verfügten, die die Laboranalysen in die Irre leiteten?

»Haben Sie schon mal Kreatin genommen?«, fragte der Arzt. Van der Meer hatte es bestätigt. Ja, sicher, und in größeren Mengen dazu. »Nichts Verbotenes dran.« Zanzani hatte ergänzt: »Und ein schönes Tarnmittel, vergessen Sie das nicht.«

Der Arzt hatte die Blut- und Urinergebnisse später am Nachmittag, nach einem reichhaltigen Mittagessen, mit Van der Meer besprochen und ihn gefragt, ob er bereits von anderen Fahrern wisse, wie er zu arbeiten pflege. Jaja, Van der Meer hatte genickt; er wusste, dass Zanzani nicht billig war, dass er seine Fahrer außergewöhnlich gut begleitete, inklusive eines 24-Stunden-Service. Der Fahrer musste nur eine Telefonnummer in Italien wählen, und entweder der Arzt selbst oder einer seiner persönlichen Assistenten eilte zu Hilfe.

Van der Meer hatte dann direkt gefragt, wie weit Zanzani im Präparieren ging. »In den Ferienmonaten November und Dezember ... Ich nenne das die Erholungsmonate«, hatte der Arzt gesagt. »Aber dann meine ich Muskelpräparate. Wenn man glaubt, unbegrenzt EPO nehmen zu können ... Nein, dann darf man nicht zu mir kommen. Ich will keine Toten in meinem Wartezimmer.«

Van der Meer war später mit dem Arzt zu einem Abschluss gekommen und hatte sich dort zwei Jahre lang behandeln lassen, wie er selbst sagte. Ja, er hatte EPO bekommen und eine ganze Reihe starker Kuren mit Dianabol mitgemacht. Die Blauen, wie Zanzani sie nannte, sorgten für eine stärkere Muskelmasse, etwas, in das Van der Meer Vertrauen setzte. Mehr Muskeln bedeuten mehr Kraft, bedeuten schneller Rad fahren, so hatte er es für sich beschlossen. »Wenn ich bloß nicht zu schnell impotent werde«, hatte er lachend gesagt; die Antwort hörte sich sehr nebulös an, fand Van der Meer, denn Zanzani hatte mit einem ernsten Gesicht geantwortet: »Impotent nicht, aber in der Samenproduktion können Defizite auftauchen. Das kann eine Nebenwirkung sein.«

»Wo liegt der Unterschied?«, hatte Van der Meer gefragt, und der Italiener hatte geschwiegen. Wie viel hatte er doch noch dem Arzt bezahlt? Während er an White und Müller vorbei langsam nach vorn fuhr, erinnerte er sich, dass es 55 000 Gulden pro Jahr gewesen waren, zu überweisen auf ein Schweizer Nummernkonto. Und was hatte es ihm gebracht?

Zanzani war in jeder Hinsicht ein Gentleman gewesen. Er hatte Van der Meer sorgfältig behandelt; nur als er einmal um klassisch wirkende Amphetamine nachgefragt hatte, hatte ihn der Arzt ausgelacht: »Die nehme ich, wenn ich hart durchgearbeitet habe und zu meiner Freundin gehe. Mein Liebesleben bleibt dadurch interessant.«

»Genau, aber ich hab das Zeugs vielleicht mal im Finale eines großen Rennens nötig«, hatte Van der Meer gesagt. Daraufhin hatte Zanzani ihm später ein Päckchen mit grellroten dreieckigen Pillen, gelbschwarzen Kügelchen und grünen, länglichen Pillen gegeben. »Wenn du zur Kontrolle gebeten wirst mit diesen Dingen in deinem Körper, dann bist du dran«, hatte der Doktor gesagt und lachend hinzugefügt: »Aber da kennt ihr Schurken ja alle Tricks.« Van der Meer hatte auch ein erprobtes Mittel mitbekommen, um EPO-Gebrauch schnell und sicher zu verbergen. »Trinken, schnell und viel trinken … wenn es eben geht, bis zu eineinhalb Liter … Wasser, Tafelwasser, San Pellegrino, Evian … egal, wenn's nur viel ist. Wenn ein Hämatokrittest angekündigt wird: sofort zu trinken anfangen. Wenn du mal eine Behandlung während der Saison nimmst und ein Rennen mitmachst: Sorge dafür, dass du immer ausreichend Wasser in der Nähe hast. Einer meiner Klienten hat so schon mal seine Haut retten können. Er kam knapp unter 50 heraus. Wenn er nicht so schnell getrunken hätte, wäre er aus dem Rennen genommen worden. So gewann er.«

Van der Meer kannte die Geschichte. Es war tatsächlich Dazan gewesen, der Mann, der jetzt drei Positionen vor ihm fuhr. Im Peloton war das kaum bekannt, aber ein paar Topfahrer wussten es. Dazan hatte an diesem Morgen, irgendwo in der Tour de Suisse, den gesamten Wasservorrat um halb sechs Uhr morgens getrunken. Eineinhalb Stunden später kamen Ärzte im Auftrag der UCI zur Blutabnahme – und es wurde nichts gefunden. Dazan hatte an diesem Morgen dann ein paar Mal vom Fahrrad gemusst – im wahren Sinne des Wortes.

Van der Meer schaltete zurück. Die richtige Steigung begann jetzt, und abgesehen von Dutronc mussten sie in der nächsten Kurve schon alle in den Pedalen stehen. Fünf Minuten vorher hatte ein Motorradfahrer beim Passieren der Gruppe gerufen, dass der Abstand auf siebenunddreißig Minuten zurückgegangen war. Van der Meer hatte daraufhin beschlossen, dass es an der Zeit war zu handeln. Er fuhr an Dutronc vorbei, fuhr innen durch die Kurve und startete durch.

»Cochon«, hörte er hinter sich. Er schaute nach hinten und sah, dass Müller heftig zu kämpfen hatte. Der Weg führte langsam weiter steigend nach links. Es standen sehr viele Zuschauer am Rand, und Van der Meer ließ sich etwas zurückfallen, wartete eben, bis der Franzose wieder die Führung übernommen hatte, und fuhr dann neben Van Geneugden.

»Geht's noch?«, fragte er. Der Belgier verzog das Gesicht und schnauzte: »Solange du nicht wie ein Verrückter die Berge hochkletterst... Wozu sollte der letzte Antritt gut sein? Es ist noch zu früh, das Rennen freizugeben.«

Van der Meer schaute den Belgier an. Das war eine deutliche Antwort; dieser träge Pappkopf wusste zumindest, worum es ging.

»Gesamtklassement oder Etappe?«, fragte Van der Meer, ohne mit der Wimper zu zucken.

Van Geneugden schwieg und schüttelte sein Haupt; dann, auf einmal: »Nee, du Kaaskop, so einfach wird das nicht gehen, da fühle ich mich jetzt noch in den Beinen zu gut.«

Van der Meer nickte ihm zu zum Zeichen, dass er die Botschaft verstanden hatte. »Ich bleibe interessiert«, sagte er und fiel zurück, bis er neben Dazan war.

Irgendetwas am Fahrstil von Dazan verriet Van der Meer, dass der Italiener nicht um jeden Preis gewinnen wollte. Fuhr er mit offener Börse? Oder hatte er bereits einen Deal gemacht – und wenn ja, mit wem? Er schaute Dazan an und bekam »Moderato« zurück. Van der Meer wusste, dass er aufpassen musste; italienische Veteranen, die in einem Rennen »Moderato« sagen, sind lebensgefährlich. Er drehte sich um und sah das pfingstrosafarbene Haupt von Müller in etwa sechs Meter Abstand. Der Deutsche fuhr in seinem eigenen Tempo an die Gruppe heran. So viel Charakter hatte er doch noch, aber Van der Meer wusste, dass das steile Stück des Anstiegs noch kommen würde. Er streckte seinen Arm hoch und machte mit der rechten Hand ein Zeichen, dass er trinken wolle. Aus der Gruppe der Autos sah er seinen Wagen nach vorn kommen. Der Chefassistent hatte den Tag seines Lebens. Noch niemals hatte er so weit vorn die Tour mitmachen können.

»Macht's Spaß?«, fragte Van der Meer den Mann am Steuer. Der reichte dem Radfahrer mit verwundertem Gesichtsausdruck eine Flasche; welcher Fahrer kam im Anstieg zu einem Berg der ersten Kategorie dazu, solch eine Frage zu stellen?

Van der Meer hielt ganz kurz die Flasche fest und ließ sich für vielleicht drei Sekunden ziehen. »Herrliches Gefühl«, lachte er in den Wagen hinein und fragte, wie groß der Vorsprung jetzt sei.

»Ungefähr vierzig Minuten«, erhielt er als Antwort. »Das kann nicht wahr sein«, erwiderte er und stieß sich vom Wagen ab zur anderen Seite der Straße, wo er einen Schluck aus der Flasche nahm und zu seiner Freude feststellte, dass es warmer Tee war. Nichts leckerer als warmer Tee, wenn du müde wirst und die Kilometer sich bemerkbar machen.

»Das ist Spezialtee«, hörte er es hinter sich aus dem Auto rufen, und überrascht drehte er sich um. Das Gesicht des Chefassistenten schaute ihn vergnügt an. Van der Meer wollte erst erbost etwas antworten, hielt sich aber zurück. Anstatt die Flasche schnell leer zu trinken und wegzuwerfen, stopfte er sie in seine rechte Trikottasche. Die könnte noch mal nützlich sein.

Andreas Münzner

Die Höhe der Alpen

Frühe Morgenluft, kein Wind, und doch bläst es uns kühl ins Gesicht. Wir sind zu fünft. Einer hinter dem anderen, in einer geraden Linie, die nur ab und zu leicht zur Seite flattert, sich aber sofort wieder strafft. Manchmal auch läuft eine Welle durch die Linie, von vorne nach hinten, verliert sich im Nichts. Dann eine zweite, ebenso schnell vorüber, und wieder stilles Wabern, minutenlang. Die Linie steht, stilles Wabern. Bis sich dann auf einmal der Kopf von der Linie löst, an ihr heruntergleitet und sofort wieder vom Hinterteil angesaugt wird. Das passiert alle paar Minuten. Sonst nichts, nur ab und zu die Wellen. Die Linie steht. Plötzlich wird die Linie zum Band, das langsam kippt, sich in einer leicht gedrehten Richtung wieder aufrichtet, wieder zur Linie wird. Stilles Wabern. Wenn der Wind von der Seite bläst, liegt die Linie leicht versetzt da. Sonst schnurgerade, in der kühlen Morgenluft.

Die Linie hat sich aufgelöst, die Steigung wird bald beginnen, Einzelne heben sich ein erstes Mal aus den Sätteln, um den Rücken zu lockern. Ich spüre, wie leicht meine Beine kreisen, schaue auf die Zahnräder, die unter mir schimmern, als drehten sie rückwärts, in Zeitlupe. Sonst ist mein Vater immer allein mit ihnen gefahren, den Männern von der Siedlung. Wir sind zeitig aufgebrochen, der Vater hat beim Morgengrauen an meine Türe geklopft, und dann sind wir mit unseren Rädern auf den Wendeplatz vor die Eigentumswohnungssiedlung getreten. Goldenes Sonnenlicht überflutet uns jetzt und wärmt die leicht fröstelnden Glieder. Der Meiere hat eine ganz neue Übersetzung, die Naben glänzen, ein ganz leises Schnurren nur macht sein ultraleichter Renner, aber der Meiere ist zu schwer dafür. Mein Vater hat gesagt, das ist doch Unsinn, jetzt kauft sich der Meiere so ein Rennrad für zweieinhalbtausend Franken, und dann fährt er am Ostersonntag und dann noch einmal an einem Sonntag, und sonst steht's im Keller. Ein richtiger Sonntagsfahrer eben. Außerdem sieht man es ihm an, an seinem Bauch. Obwohl, der Vater hat auch schon Mühe gehabt gegen ihn. Einmal hat ihn der Meiere ganz gottserbärmlich abgehängt. Obwohl er nur so ein Sonntagsfahrer ist. Aber das war an der Ibergeregg, und die sind sie von hinten hochgefahren, und mein Vater war schon joggen gewesen vorher. Heute an der Sattelegg hat ja der Meiere überhaupt keine Chance, die ist viel kürzer als die Ibergeregg, und jetzt hat er eh wieder zugenommen.

Mein Vater hat sich zurückfallen lassen, noch ein letztes flaches Stück, bevor es wirklich losgeht, hier lässt es das Tempo zu, es muss nicht unbedingt Windschatten gefahren werden. Ich rolle neben ihm, vorne die Gruppe der Männer. Er redet mit gedämpfter Stimme, unterbrochen nur durch ein Keuchen ab und zu. Letzte Einfamilienhäuschen mit sauber gemähtem Rasen, der See, im Hintergrund die weißen Gipfel. Eine Weile treten wir schweigend in die Pedale. So dick wie der Meiere will ich schon nie werden, sage ich, den hängen wir sicher ab, heute. Meinst du nicht? Mein Vater schweigt. Das würde ich nicht einfach so sagen, man weiß nie, was kommt, sagt er, und so gut trainiert bist du jetzt auch wieder nicht. Er ist schon ein Fätze, sage ich laut heraus, fast so, dass er es hören könnte, und er wiederholt es, ja, ein ziemlicher Fätze. Das schweizerdeutsche Wort klingt komisch in seinem hochdeutschen Mund. Aber irgendwie sieht er gemütlich aus, füge ich hinzu, weißt du, so bedächtig. Jetzt hat er dann bald zu viel Gewicht für solche Touren, sagt mein Vater. Der hätte lieber schon im Frühling ein bisschen mehr trainiert. Das wäre aber ziemlich verkrampft, schon so früh anfangen zu trainieren, werfe ich ein. Obwohl es schon ein gutes Gefühl ist, wenn man einmal jemanden überholen kann. Klar muss man nicht, sagt der Vater, aber du siehst ja, was sonst passiert. Man kann ja auch einfach so Velo fahren, oder nicht? Nur wirst du bald merken, sagt der Vater, dass das keine Früchte trägt, denn wenn's dich schon beim ersten Hügel oder am Anfang des Bergs verbläst, dann ist eben fertig. Ich sage, aber das macht doch nichts, man muss ja nicht unbedingt den ganzen Berg hinauf. Der Vater lacht. Er sagt, ich war auch mal so wie du. Da war ich sogar schon ein Stück älter, in Berlin. Ich finde aber, wir sind jetzt nicht in Berlin, wir sind vor der Sattelegg, und ich weiß plötzlich gar nicht mehr, ob ich wirklich auf diese Sattelegg will. Ich finde es plötzlich albern, Windschatten zu fahren und mich einzuordnen wie bei einem Ausflug des Kindergartens, damals mussten wir sogar noch die klebrigen Händchen der Nebengehenden halten. Ich will an den See hinunter und schauen, ob die Egli jagen, denn es ist noch früh am Morgen und das Seeufer flach hier, eine Gegend für Kapitale. Die Egli, das sind die mit den Streifen und Stacheln, von denen man höchstens am frühen Morgen einmal in der Tiefe des Wassers einen dunklen Schatten sieht, an der Oberfläche aber immer wieder die Farben der fliehenden Kleinfischschwärme, den spiegelglatten See, der in den Tag wächst, und dann regnet es Schpiisli.

Ich sage, ich komme nicht weiter, ich biege im nächsten Dorf ab. Das sei eben schade bei mir, meint der Vater, immer wenn es darauf ankomme, würde ich kneifen, es lohne sich eben, sich mal zusammenzureißen, am Schluss habe man dann eben etwas in der Hand und sonst nichts. Ich habe lieber einen zappelnden Egli in der Hand, finde ich. Bei ihm seien die höchsten Glücksmomente immer gewesen, sagt er in vertraulicherem Tonfall, während vor uns auch die anderen Männer noch ein letztes Mal das Tempo etwas verlangsamt haben, heruntergeschaltet in ein runderes, schnelleres Beinkurbeln, wenn er sich zusammengerissen habe, es sei zwar immer hart gewesen, aber dann habe es sich auch gelohnt danach, nicht wie damals in Berlin, als er zwei Jahre auf sein Diplom habe warten müssen, da habe er sich dann auch gehen lassen, so kurz vor dem Mauerbau, sie hätten ihn eben nicht weglassen wollen, weil sie gewusst hätten, so einer würde in den Westen gehen. Das sei das Schlimmste gewesen. Zwei Jahre habe er dort verplempert. Dann aber, als sie ihm das Diplom ausgehändigt hätten, sei er endlich frei gewesen und sei gegangen. Endlich habe er sich in die Arbeit stürzen können. Manchmal müsse man eben anpacken, damit etwas dabei herausschaue, danach könne man sich dann frei fühlen.

Ich sage, schöne Freiheit, das, und überhaupt, ich will jetzt lieber am See schauen, ob die Egli jagen, außerdem laichen die Frösche jetzt. Es ist mir schon klar, denke ich, dass man für das Interesse, ob jetzt die Frösche laichen oder nicht, keinen Nobelpreis kriegt, mich interessiert es aber, ich finde es sogar unsäglich spannend. Er sagt, komm doch wenigstens mit bis ins Tal hoch, dann hast du auch eine Abfahrt. Und wenn du bis ganz nach oben kommst, das schaffst du ja spielend, ich kenne dich, dann geht's hinten auch viel leichter runter, und du musst nicht den See entlang durch die Dörfer und den ganzen Verkehr. Ich sage, die Egli jagen aber nur am Morgen. Du bereitest das besser einmal richtig vor, meint er, und damit hat er natürlich recht. Jetzt sind wir doch beim Radfahren und nicht beim Angeln, sagt er, aber tu, was dir gefällt.

Die Steigung ist noch sanft hier. Fast im Takt und dennoch in loser Formierung bewegen wir uns voran. Kein Auto stört das Bild, kein Lärm, ein bisschen kühle Luft hier im Schatten, vor uns erhebt sich der tannenbekleidete Berg, die höheren, unbewaldeten Regionen bleiben im Dunst des Strahlenkranzes über den Tannen verborgen. Leicht wie ein Wiesel stehe ich in den Pedalen, wie eine Nähmaschine schnurrt das Rad unter mir. Auf der Hinfahrt habe ich mich zurückgehalten. Denn ich weiß: Einteilen, auch der Berg ist eingeteilt. Anstieg, Steilstück und Zielgerade. Zuerst fahren sie los wie die Wahnsinnigen, und dann, im steilen Stück, sammelt man sie ein wie tote Mücken. Zuerst protzen sie und treten in die Pedale wie die Wilden, aber dann sieht man sie ein paar Kilometer weiter oben in einer Kurve neben ihrem Fahrrad stehen und verdächtig an der Kette zerren. Das darf man eben nicht machen. So wild lostreten. Sonst verbläst es einen, und das letzte Mal hat es ja den Meiere so grausig verblasen, seine Frau musste ihn schließlich mit dem Auto holen kommen. Der fährt dann ganz schnell ein, in die Tiefgarage der Eigentumswohnungssiedlung, damit ihn keiner sieht, zieht sich noch im Wagen um und holt das Fahrrad erst am Abend, im Dunkeln, aus der Garage in den Keller. Wenn er nicht gar vergessen hat, dass ja das Rad auf dem Dachständer ist und die Tiefgarage nicht hoch genug dafür, wie es dem Rütimann kürzlich passiert ist, drum ist der auch nicht dabei heute, er hat sich noch nicht für einen neuen Renner entscheiden können, oder er ist noch daran, sein altes Fahrrad wieder auseinanderzufalten, wie die Männer am Morgen gescherzt haben. Wahrscheinlich hat er nicht genug Kohle, hat der Erwin noch hinzugefügt, halb verständnisvoll, halb lachend.

Ich trete fester in die Pedale, ich fühle ein Jucken in den Beinen, kein Widerstand ist spürbar, warum schleichen sie nur so, frage ich mich, die alten Männer? Es ist doch eine Prachtstrecke. Mein Unmut ist verflogen, die Egli sind vergessen, Berlin auch, weg sind die blinkenden Egli und eiligen Berliner, jetzt zählt nur noch der Berg. Ich schaue hinter mich. Ernste Gesichter. Der Erwin ist schon weiter zurückgefallen. Direkt hinter mir, ruhig wie eine Maschine, mein Vater, dann der Meiere, der keucht schon ein bisschen. Ich will auch nicht gerade bremsen. Ganz allmählich und bewusst nicht zu unhöflich-brüsk erhöhe ich das Tempo, höre bald schon den regelmäßigen Atem hinter mir nicht mehr, eine seltsame Stille, und hinter dem Tunnel habe ich sie alle abgehängt.

Die Frühlingssonne zeichnet ihre Muster in den Waldboden, der neben dem Asphaltstreifen unter meinen Augen vorbeizieht. Ich habe das alte Fahrrad meines Vaters. Ein korrosionsfest lackierter Rahmen. Die Mittelstange ist an den Ösen für das Schaltkabel ganz rostig. Im Regen ist er damit nie gefahren. Der Schweiß meines Vaters brachte das Rad zum Rosten. Das bringt sogar die Frühlingssonne zum Kichern.

Ich fahre ruhiger jetzt. In den Beinen spüre ich einen leichten Widerstand, während sie ruhig unter mir kreisen. Bei der Brücke kommt die Abzweigung, und dann geht's rechts hoch, hat der Meiere mir noch zugerufen. Denn wo ich jetzt bin, das ist erst der flache Anstieg aufs Plateau, hier geht's noch nicht richtig hoch, obwohl es schon hochgeht, aber eben noch nicht richtig. Dann kommen die steilen Kehren, hat der Meiere gerufen. Nach dem Plateau des Tales. Neben der Straße unten rauscht der Bach, über den dann die Brücke wohl gehen muss, noch bin ich im Wald. Stilles Wabern, nur für mich. Ich weiß gar nicht, warum es so leicht geht. Und schon wird es flacher, schon kommt das Plateau, ich denke, sicher bald auch die Brücke, das weite Tal eröffnet vor mir seine Pracht, wie jetzt die Männer sagen würden. Ich fahre und fahre, ich fahre schnell, weil es flach ist, ich fahre, und immer noch kommt keine Brücke. Ich fahre bis ganz hinter ins Tal, sogar mir kommt es jetzt weit vor, bis ich auf einmal denke, Abzweigung, Brücke, da war doch eine Abzweigung, gleich am Anfang des Plateaus, im Dörfchen, da war zwar keine Brücke, aber eine Abzweigung, und vielleicht kommt die Brücke dann danach, hier ist weit und breit keine Brücke zu sehen.

Im Steilstück sind die Bäume gefällt, die Landschaft zieht wieder langsamer vorbei, nach der flachen Abfahrt durch das Tal zurück plötzlich der Anstieg, der, den ich vorhin verpasst habe. Erbarmungslos steigt die Straße, steigt und steigt, langsamer werden darf ich nicht, ich werde aber langsamer, finde schließlich den Rhythmus am Berg, denjenigen meiner Atmung und denjenigen des ewigen Kreisens meiner Beine. Baumstümpfe leuchten frisch abgesägt in den Himmel, Mücken kreisen um die feuchten Jahresringe, werden sie in den goldenen Harz fallen, werden sie als schwarze Punkte drin liegen bleiben, vielleicht in der Mitte?

Hell strahlt der Tag nun herauf, immer dunstiger sieht das Tal von hier oben aus, immer heller und mittäglicher wird es, je höher ich steige, Umdrehung um Umdrehung dem Berg abgewinnend. Die Situation hat sich abrupt gewendet, die Positionen sind vertauscht. Wo vorher ich an der Spitze war und trotz des großen Abstands mich immer wieder nach meinen Verfolgern umwandte, liege ich jetzt dank meiner Extrarunde ins Tal zuhinterst, bin auf einmal derjenige, der das Feld aufrollen kann, die Verblasenen einsammeln. Wenn ich schnell genug bin. Wenn ich sie überhaupt einhole. Und sonst? Ich habe ja eine Entschuldigung. Oder gilt die etwa nicht? Klingt die vielleicht genauso wie diejenige von Erwin, der sich ja damals verfahren hatte, nachdem er allein losgeprescht war, verfahren, wie es alle sofort merkten und nur er nicht merkte, dass die anderen es merkten, absichtlich verfahren? Jetzt darf ich wenigstens Verblasene einsammeln, als Beweisstücke, nur nicht absacken jetzt, und ich merke, wie es beginnt zu ziehen in den Oberschenkeln, die steilen Kehren haben es in sich, würde der Erwin jetzt sagen, auch brennt die Sonne härter jetzt. Wie weit mögen die anderen sein? Sooft ich auch zwischen den einzelnen Tannen hochspähe, nirgends im Hang ein wippender Oberkörper, nirgends in der Sonne aufblitzende Speichen. Was mögen sie wohl denken? Nichts natürlich, natürlich gar nichts, natürlich denken sie einfach, ich sei auf und davon. Das bin ich ja auch, denke ich, nur, wie kann ich ihnen das glaubhaft machen, wenn sie dann alle oben sitzen, und ich komme keuchend an? Nur nicht aufgeben, wie damals an unserem Hausberg, als ich gar nicht mit meinem Bruder und meiner Mutter hochfahren wollte, sondern mir auf halber Höhe im Tierpark die Steinböcke ansehen ging, und dann kriegte der Bruder einen Zweifränkler, weil er es geschafft hatte, und ich ging leer aus.

Wie ich den Berg hochfliege, denke ich. Nur so an ihnen vorbeiflitzen würde ich, stelle ich mir vor, warum kommen sie denn noch nicht, habe ich tatsächlich so viel Zeit verloren im Tal? Habe ich mich vielleicht doch absichtlich verfahren? Bin extra geradeaus weitergestrampelt, dort bei der Abzweigung zur harten Realität des Bergs? Einmal wurde unser Lehrer durch die Frau Haug vertreten, und sie nannte mich zwei Wochen lang bei einem von mir erfundenen Namen, den ich ihr angegeben hatte, und dann, nach Überprüfen der Klassenliste, sagte sie eines Morgens meinen richtigen in die Klasse hinein, und ich sagte dummerweise, ja, was ist, nicht mehr daran denkend.

Wie ich den Berg hochfliege! Wie hätte ich es ihnen endlich einmal zeigen können! Ich stehe die ganze Zeit im Sattel, weit kann es nicht mehr sein. Als vor mir ein bunter Punkt auftaucht, herangleitet, zum grellen, krampfhaft wippenden Farbklecks wird, der auf gleicher Höhe zusammenzuckend fast an den unteren Bildrand kippt, und hinter meinem Rücken das Keuchen des dicken Meiere bald leiser wird, hebe ich kaum den Kopf. Endlich ist die Hütte da! Jetzt kommt das Endstück, jetzt kannst du aufdrehen, hat der Meiere noch gekeucht. Ich frage mich, wo nur die anderen sind. Weit können sie nicht sein. Wenn nur der Berg höher wäre! Wenn nur das Tal nicht so lang gewesen wäre! Wenn ich nur schon am Anfang des Steilhangs schneller gefahren wäre!

Während die Männer auf der Aussichtsterrasse ihr Mineralwasser trinken, in die sonnenüberfluteten Voralpen blinzeln, während der Meiere sein Bier schlürft und auch die anderen ihre Bauchfalten nicht mehr unter den bunten Trikots zu verbergen suchen, sitze ich mit erwartungsvoller Haltung vor meinem Eistee. Ich habe keinen Durst, trotz der Hitze. Wer war denn der Erste, frage ich in die stille Runde. Wir haben immer gedacht, du seiest weit voraus, sagt mein Vater, und er lacht. Aber als ich dich dann von der letzten Kehre des Steilstücks aus, bei der Hütte, dort, wo die große Wiese anfängt, nicht gesehen habe, habe ich mir schon etwas zusammengereimt. Als dann dein Fahrrad nicht hier stand, war es klar. Wir haben es dir aber deutlich genug gesagt. Erwin schaut mich bewundernd an; ihn habe ich auf dem Parkplatz noch eingeholt. Bis ganz hinten im Tal bist du gewesen? Erwin grinst. Am Schluss, lacht mein Vater in die Sonne hinein, zählt eben nur das Resultat. Und wer keinen Kopf hat usw.

Auf der Rückfahrt schlägt die Linie ein zügiges Tempo an. Jedes Mal wenn ich an der Spitze gefahren sei, wird mir später erzählt, sei ich wie ein Wahnsinniger angetreten, und dann sei wieder Vesperpause gewesen. Man habe schon gemerkt, dass ich Mühe hätte, alle hätten es gemerkt. Immer wieder kleine Steigungen und lange, ermüdende Geraden. Aufgeben darf ich natürlich jetzt auf keinen Fall, sage ich mir, schon gar nicht nach meinem ungekürten Bergspurt.

Stilles Wabern. Der Wind bläst uns entgegen oder vor allem mir, so scheint es wenigstens. Kurz vor dem Ziel, einige Dörfer vor unserem, wird die Linie plötzlich zum Band, das langsam kippt, sich in einer leicht gedrehten Richtung wieder aufrichtet. Die Spitze ist unerwartet zum Wald hoch abgebogen, sie wollen wohl nicht die Straßen durch die Dörfer fahren, sondern oben die Autobahn entlang im Wald, sie wollen das steile Sträßlein hoch und dann ruhig, ohne Verkehr, auf der Anhöhe zurück, wo man auch einen besseren Ausblick hat. Die Steigung fängt abrupt an. Ich komme völlig unvorbereitet in den Hang, habe kaum Zeit herunterzuschalten. Immer weiter falle ich zurück, verliere die anderen bald aus den Augen, und je mehr meine Beine stampfen, desto mehr drehen sie im Leeren, desto weniger komme ich vom Fleck. Die Steigung wird plötzlich zur senkrechten Wand, steht unüberwindlich vor mir. Ich trete und trete. Wenn ich jetzt absteige, dann werde ich mich für immer verachten, dann muss ich nächsten Monat zehnmal fünfzig Meter tauchen im Hallenbad, dann darf ich nächsten Monat nie warm duschen, sondern nur eiskalt, und mir nichts kaufen vom Taschengeld, sondern muss es mit dem ganzen Gesparten in den Gully schmeißen. Der Schweiß tropft im Halbsekundentakt von der Nase auf die rostige Öse. Ich quäle mich. Wenn ich jetzt nicht durchhalte, muss ich noch dieses Jahr die Öse durchrosten mit meinem Schweiß, durchrosten, bis sie abfällt. In die Stille des Asphalts hinein sage ich, jetzt fallen mir bald die Beine ab, dann muss ich tief keuchen, mein Hals brennt. Jetzt fallen mir bald die Beine ab. In meinem überhitzten Kopf gefällt mir auf einmal dieses Sätzchen, ich wiederhole es, murmelnd, mir fallen die Beine ab, mir fallen die Beine ab, ein Singsang entsteht, und ich höre nicht mehr auf damit. Mir fallen die Beine ab. Und ich winde mich diese letzte Steigung hoch.

Als ich auf den kleinen Wendeplatz vor der Siedlung einfahre, lassen die anderen schon eine ganze Weile im Kreis ihre Räder auslaufen, um die Beine zu lockern. Der Meiere steht daneben, stolz auf seinen neuen Renner gestützt, und gibt Kommentare in die Runde der langsam kreisenden Muskelpakete, bunt und hauteng eingepackt. Die ganze Eigentumswohnungssiedlung kann sehen, wie locker die schweren Männer auf ihren schlanken Gefährten sitzen und vom bezwungenen Berg prahlen. Plötzlich fragt der Meiere, während er seine Zahnräder kontrolliert, und was war denn mit unserem Juniorrennfahrer am Schluss? Ich steige ab. Ich will etwas antworten, doch dann sagt schnell der Erwin, er ist ja auch ein bisschen weiter gewesen als wir. Mein Vater lächelt und sagt nach einer Weile, es gehört halt doch noch ein bisschen mehr dazu als nur so ein bisschen Radeln. Richtig einteilen ist eben gar nicht so einfach.

Matt Seaton

Dritte Etappe

> Hüte dich vor allen Unternehmungen, für die man neue Kleidung braucht.
>
> *Henry David Thoreau*

»Du kaufst dir ein neues Fahrrad?« Ruth zog fragend eine Augenbraue hoch.

Unbeeindruckt von ihrem skeptischen Ton, machte ich mich mit doppelter Energie daran, eine Pfanne auszukratzen.

»Äh ... ja«, antwortete ich widerstrebend.

»Wann willst du es dir denn kaufen?«

»Eigentlich hab ich es schon ... Gekauft, meine ich. Ich hol es am Samstag ab.«

»Ist denn dein altes kaputt?«

»Nein, äh ... Aber ich brauche einen besseren Rahmen und so.«

»Und so?«

»Ja ... bessere Bremsen und eine Indexschaltung.«

»Eine *Indexschaltung*? Was kostet es denn?«

»Ungefähr sechshundert Pfund ... aber das ist unglaublich günstig: Es ist fast das Doppelte wert.«

»Ja, wirklich unglaublich. Na ja, es ist ja dein Geld, schätze ich.«

Diese Aussage führte eine künstliche Unterscheidung ein, denn wir warfen unsere Einkünfte mehr oder weniger zu einem gemeinsamen Einkommen zusammen. Und als Redakteurin einer Filmfachzeitschrift steuerte Ruth den größeren Nettobetrag dazu bei. Sie hatte diese moralisch überlegene Position durch eine heimliche List errungen.

»Ich könnte mein altes Fahrrad verkaufen … aber ich dachte, vielleicht willst du es. Eigentlich ist es ein bisschen zu klein für mich, es müsste also für dich genau richtig sein.«

»Du meinst, ob ich haben will, was du ausrangiert hast? Danke.«

»Ich *könnte* es auch verkaufen, wenn du es nicht willst. Es ist immer noch ein paar hundert Pfund wert.«

»Ich weiß nicht, ob ich es haben will, wenn es keine *Indexschaltung* hat.« Gegen ihren Willen huschte ein Lächeln über ihr Gesicht.

»Klar, aber jetzt mal ehrlich: Es ist immer noch hundertmal besser als diese Rostschleuder, die du im Moment fährst.«

»Hm. Na gut … aber du musst es für mich putzen. Und die Reifen aufpumpen. Das ist im Preis inbegriffen.«

»Okay, wird gemacht.«

Ich ließ das Wasser von einem Teller ablaufen, bevor ich ihn mit schwungvoller Gebärde in den Abtropfkorb stellte.

Das Zen der Fahrradpflege war etwas, wovon ich nicht behaupten konnte, es je entdeckt zu haben. Die eigene gehegte und gepflegte Maschine zu putzen ist eines, sich um das verdreckte Gebrauchsrad seiner Freundin zu kümmern etwas völlig anderes. Es war erstaunlich, wie schnell meine Liebe zu meinem alten, einst so sorgsam gehüteten Fahrrad erkaltete, nachdem ich es Ruth vermacht hatte. Jetzt, da ich es nicht mehr verehrte, bedeutete es mir fast überhaupt nichts mehr. Ungeliebt, verlor es bald jeden Liebreiz. Wenn die Kette vom Regen zu rosten begann, spritzte ich ein bisschen Öl darauf, doch mit der Zeit wurde es zu einem krümeligen schwarzen Fett, das den ganzen Mechanismus verstopfte. Irgendwann dauerte mich der Zustand ihres Rades dann so sehr, dass ich mich seiner erbarmte und es schnell abspritzte und einfettete. So erfüllte ich, wenn auch nicht gerade voller Eifer, meinen Teil unserer Abmachung.

Bei meinem eigenen Rad war das anders. Ich sorgte dafür, dass das gebürstete Aluminium der Kurbelgarnitur immer matt glänzte, dass die eloxierten Oberflächen der Felgen staubfrei waren und schimmerten, ja ich hielt sogar die Kette so sauber, dass selbst aus der Entfernung jedes einzelne silberne Glied zu erkennen war.

Mit einer gewissen Erfahrung kann man während des Fahrens spüren und hören, ob die Kette gleichmäßig läuft. Das macht einen greifbaren Unterschied in dem, was ein Rad leistet, mehr noch als Aluminiumfelgen oder ein handgefertigter Rahmen. Wenn gerade nicht viel passierte, war das Einzige, was man in einem großen, sich schnell bewegenden Feld von sechzig oder siebzig Fahrern hörte, das emsige Surren, mit dem die straffen Ketten um Kettenblätter und Ritzel herumsausten. Diese reine, kinetische Musik war das weiße Rauschen des Rennens. Manchmal nahm man es überhaupt nicht wahr, dann wieder löschte es alles andere aus.

Eine alte, ausgeleierte Kette, deren Glieder die Zähne nicht mehr eng umschlossen, oder eine, deren Hülsen mit Öl und Dreck verklebt waren, verlor die wunderbare Leistungsfähigkeit, die sie in neuem, noch mit dem Wachs des Herstellers polierten Zustand besaß. Wenn man sie aufgelegt hatte, musste man die Kette ein wenig schmieren, um die Glieder zu lockern. Ein wenig, nicht zu viel: Überschüssiges Öl würde Dreck anziehen, vor allem wenn die Straßen nass waren. Dann würden die Räder kleine Schmutzpartikel in jeden beweglichen Teil spritzen. Schon nach einem einzigen Morgen konnte aus einer glänzenden, schnurrenden

Übersetzung ein quietschendes Etwas geworden sein, das aussah und lief, als wäre es mit einer Mischung aus Sand und Zuckersirup geschmiert worden.

Eine der Prüfungen, denen man sich als passionierter Radfahrer ausgesetzt sah, bestand darin, dass man, wenn man im Winter von einer langen, harten Fahrt heimkam – mit schmerzenden Beinen und einem Ziehen im Rücken, eigentlich zu nichts mehr fähig außer dazu, auf dem Sofa zu liegen –, dass man sich dann noch eine Stunde oder noch länger über sein geliebtes, aber besudeltes Rad beugen musste. Auch wegen des Salzes, das auf den winterlichen Straßen gestreut war, musste man es unbedingt putzen, bevor die Korrosion den nicht rostfreien Stahl und die empfindlichen Aluminiumoberflächen zu zerfressen begann.

Für das alles gab es irgendwo einen rationalen Grund: Wenn man sein Rad nicht pflegte, ließ es einen früher oder später im Stich. Dann würde man an einem kalten, feuchten Sonntagmorgen irgendwo draußen in Kent stehen, dreißig Kilometer vom nächsten Fahrradladen entfernt – der ohnehin geschlossen sein würde –, und im höchsten Gang weiterfahren müssen, weil das Schaltseil gerissen war. Doch es war letztlich nicht der Verschleiß, der mich dazu motivierte. Wie alles andere auch war die Pflege des Rades eine Frage des Ernstes und der Disziplin, mit denen man das Radfahren betrieb. Der Zustand des Rades war ein sichtbares Zeichen der Ambitionen des Fahrers. Wenn man nicht bereit war, sein Rad zu putzen, woher sollte man dann die Bereitschaft nehmen, hart genug zu trainieren, um Rennen fahren zu können? Sich selbst und sein Rad vorzubereiten war etwas, das mit Engagement zu tun hatte. Den Typen, die den Schmutz und Schlamm von letzter Woche an ihrem Rad ließen, fehlte einfach die richtige Einstellung.

Wenn man sich einen Profi ansieht, dann blitzt und glänzt an ihm alles wie neu – sein Rad, sein Trikot, die Sonnenbrille, die Schuhe, ja sogar seine Beine. Wer schon einmal ein größeres Rennen vom Straßenrand aus verfolgt hat, der hat diesen tiefen Glanz gesehen, der die Fahrer mit einem halbgottähnlichen, goldenen Lichtschein umgibt. Auf dem Boden sind die Profis meist kleine, schmächtige Männer. Mit einem Gewicht, das durch beständiges Training und eine sorgfältig abgestimmte Ernährung bei siebzig Kilo oder darunter gehalten wird, sehen sie aus wie Tänzer, Jockeys oder Boxer. Doch auf ihren Maschinen wirken sie viel größer. Der tiefe Mahagonischimmer ihrer schlanken, sonnengebräunten Glieder und die exotischen Farben ihrer Hosen und ihrer Trikots erzeugen eine blendende Aura, wie Sonnenlicht, das im Objektiv einer Kamera aufscheint. Noch an den trübsten Tagen sehen sie so aus, als ließe eine übernatürliche Energie sie von innen heraus erstrahlen.

Damit würden wir niemals wetteifern können. Unsere Trikots wurden mit der Zeit grau vom Straßenschmutz und vom häufigen Waschen. Unsere Räder mussten mehrere Saisons überstehen, und ihr Lack verlor schnell seinen Glanz. Die Mechaniker der Profiteams wechseln an den Rädern ihrer Fahrer täglich die Ketten. Wir wechselten die Kette ein-, höchstens zweimal pro Saison, wenn die durch die Belastung erfolgte minimale Dehnung jedes Gliedes die Funktionstüchtigkeit beeinträchtigte. Doch ich tat mein Bestes, die Rolle vom Erscheinungsbild her auszufüllen, denn alles andere hätte mich schon vor dem Start als Verlierer gebrandmarkt. Sorg dafür, dass deine Maschine so neu wirkt wie möglich, dann hast du psychologisch einen Vorsprung. Wenn man gut aussah und die eigene Maschine sich in tadellosem Zustand befand, wurde das von den anderen registriert, und sei es auch nur unterschwellig.

Und als ich lernte, Rennen zu fahren, gewann meine Beziehung zu meinem Rad eine völlig neue Dimension. Die kühle, äußerliche Objektivität seiner glänzenden Winkel und polierten Oberflächen schliff sich mit jedem Kilometer ab, und das Rad fühlte sich mehr und mehr wie ein organischer Fortsatz meiner selbst an. Während ich von einem Rad zum nächsten wechselte und diejenigen, die ich gerade besaß, verfeinerte, stellte ich fest, dass jedes Rad sich anders anfühlte, durch die jeweilige Verbindung von Rahmentyp, Geometrie und Komponenten seinen eigenen Charakter hatte. Genau wie einem Tennisspieler der Aufschlag oder einem Golfer das Ausholen irgendwann so in Fleisch und Blut übergeht, dass der Schläger sich wie eine Verlängerung von Arm und Hand anfühlt, so wird auch ein gutes Rad zu einem Teil des Fahrers. Mit der Zeit und mit den Kilometern passt man sich aneinander an. Es entwickelt sich ein intimes Verhältnis. Wenn man seinen perfekten Partner gefunden hat, tanzt er mit einem, wenn man auf den Pedalen steht.

Durch die subtile Metamorphose, die eine durch Training endlos wiederholte Tätigkeit erfährt, begann die banale Beschäftigung des Radfahrens einen Reichtum an Erfahrungen zu enthalten, den man sich nie hätte vorstellen können, wurde zu etwas, das nicht nur befriedigend war, sondern schön. In seinen Erinnerungen an seine Jugend in Beverly Hills beschreibt Henry Miller sein damaliges Lieblingsfahrrad als seine erste Liebe. Es war ein elegantes Bahnrad mit einem abfallenden Oberrohr, das vor dem Krieg im böhmischen Chemnitz hergestellt worden war. Miller hatte es sich am Ende eines Sechstagerennens im Madison Square Garden in New York gekauft.

Im Madison Square Garden traten die Zirkusse auf, die nach Manhattan kamen, und neben anderen populären Veranstaltungen fanden dort auf einer temporär errichteten

Holzbahn auch professionelle Radrennen statt. Die Leute schlossen Wetten ab, gewannen oder verloren ein Vermögen, während die Radsportler so unglaubliche Leistungen vollbrachten, wie vierundzwanzig Stunden durchzufahren. Auch heute gibt es noch eine Art von Rennen, die man Madison nennt: ein Wettkampf zwischen Mannschaften aus je zwei Fahrern, die abwechselnd eine schnelle Runde mitfahren und sich eine Runde lang ausruhen. Beim Wechsel berührt der eine Fahrer den anderen nicht nur, sondern nimmt ihn an der Hand und schleudert ihn, seinen eigenen Schwung nutzend, nach vorn. Auf diese Weise jagen sich auf der Bahn mehrere Paare, was das Ganze zu einer spektakulären Form von Radrennen macht, die besondere Anforderungen an Kraft, Können und Mut der Fahrer stellt.

Miller war auf sein Bahnrad so stolz, dass er es nach jeder Fahrt putzte und polierte. Er brachte seine Mutter zur Verzweiflung mit den Ölflecken, die er im Flur hinterließ: »Manchmal geriet sie derart in Wut, dass sie voller Sarkasmus erklärte: ›Es wundert mich, dass du das Ding nicht mit ins Bett nimmst!‹ Und ich gab zurück: ›Das würde ich auch tun, wenn ich ein anständiges Zimmer hätte und ein größeres Bett.‹«

Für Miller wurde dieses Rad »ein Freund fürs Leben«.

Als ich mir schließlich meine eigene leichte Rennmaschine kaufte, das rot-blaue Donohue, entwickelte ich zu ihm ein ähnliches Verhältnis. Ich konnte es nicht ertragen, wenn es schmutzig war. Seine Reinigung wurde zu einer Frage der Körperpflege. Obwohl das Putzen und seine Wartung immer eine unangenehme Arbeit blieben, fiel mir das Ganze doch nicht sehr schwer. Ich konnte gut einen Samstagnachmittag damit verbringen, wenn es nichts anderes im Fernsehen gab als das monotone Klicken des Fernschreibers, der die Fußballergebnisse bekannt gab. Ich setzte mich im Wohnzimmer auf den Boden, breitete vor mir ein altes Handtuch aus und nahm mir als Erstes eine Nabe vor. Nachdem ich die Kugellager freigelegt hatte, wischte ich jede einzelne der zwölf Kugeln auf jeder Seite der Achse ab, dann ließ ich sie eine nach der anderen wieder in die Lagerschale fallen, presste ein wenig frisches Lithiumfett hinein und setzte die Nabe wieder zusammen. Bei dem letzten, heiklen Teil dieser Operation mussten die Konen gerade so stark angezogen werden, dass die Lager fest an ihrem Platz saßen und die Felge nicht eierte, aber nicht so stark, dass es die reibungslose Rotation des Rades störte.

Das war eine mechanische Arbeit und eine geistlose, aber angenehme Art, diese wundersam leeren Stunden auszufüllen. Aber am Ende stand etwas, das wirklich vollendet war. Also doch noch ein Körnchen Zen.

»I! Nimm die bloß weg!«

Ruth zuckte im Bett vor mir zurück, als hätte ich einen Miniatur-Stachelstock unter der Decke versteckt.

»Die piken!«

»Tun sie nicht«, gab ich zurück.

Es war drei Tage her, dass ich mir zum ersten Mal die Beine rasiert hatte. Ich griff nach unten und spürte einen Hauch von Stoppeln. Sie kamen mir jedoch ziemlich weich vor, längst nicht so kratzig wie ein Bart.

»Hier, fühl doch mal. Die sind ganz weich, die piken gar nicht«, fuhr ich in meinem sanftesten Ton fort. Ich näherte meine Beine wieder den ihren.

»Nein!«, schrie sie. »Und *wie* die piken.«

Sie schlug das Federbett unter ihren Beinen ein, sodass es jeden weiteren Kontakt verhinderte, und vertiefte sich in die neueste Ausgabe der *Vogue*.

Ich knipste auf meiner Seite das Licht aus. Nachdem ich

eine Minute auf dem Rücken gelegen und gelauscht hatte, wie wir allmählich langsamer und im Gleichtakt atmeten, rückte ich näher an sie heran. Es kam zu einem kurzen Pas de deux unter der Decke. Schließlich fanden wir eine Möglichkeit, miteinander zu schlafen, bei der ich mit dem Bauch ihre Lendengegend wärmte, während ich die Beine von ihr wegstreckte und sie die ihren anzog, sodass sie einander nicht berührten.

Am schwierigsten war es an den Knien: vorn all diese buckligen Erhebungen und dunklen Vertiefungen, die der Rasierer wie ein bösartiger kleiner Rasenmäher zu glatten Flächen zurechtzuschneiden versuchte. Und hinten all diese lästigen Falten und leicht zu verletzenden Sehnen. Es war in vielerlei Hinsicht eine heikle Angelegenheit.

Als ich meine Beine zum ersten Mal in rasiertem Zustand sah, rosa vom Bad und plötzlich glatt, war ich sehr irritiert. Es war, als wären es nicht meine. Sie sahen zwar nicht aus wie die Beine einer Frau, aber auch nicht so wie die eines Mannes. Sie wirkten muskulöser und zugleich schlanker als meine eigenen. Sie hatten etwas von dem ein wenig unheimlichen androgynen Charakter der Beine von Tänzern.

Das Rasieren ist etwas, worüber wenig gesprochen wird, und doch zugleich etwas, was alle Radrennfahrer vereint. Ich dachte an die Teilnehmer der Tour. Sie mussten das auch kennen, es sei denn, sie bekamen die Beine von ihrem *soigneur* rasiert – einem Betreuer, dessen Aufgabenbereich außer der physiotherapeutischen Behandlung auch spirituellen Beistand und das Spülen der Trinkflaschen umfasste.

Für Radsportler ist die eigentliche Frage beim Rasieren die, wie weit man dabei geht. Bei Rennen sah man in den Umkleideräumen alle möglichen Ad-hoc-Lösungen für diese Preisfrage. Manche rasierten sich bis kurz über die

Stelle, wo ihre Lycrahose aufhörte. So weit, so gut, könnte man sagen, aber im Umkleideraum sah das lächerlich aus, weil es den lebhaften Eindruck erweckte, dass sie eine Hose aus Haaren trugen. Bei einem besonders stark behaarten Fahrer konnte es aussehen, als trüge er eine blickdichte Strumpfhose, die über den Knien abgeschnitten war. Andere rasierten sich bis weiter hinauf, aber das eine, was ein Radsportler nie tun durfte, war, sich bis zur »Bikini-Linie« zu rasieren. Die Auswirkungen, die es hatte, wenn das Innenleder der Hose an Stoppeln innen am Oberschenkel scheuerte, schlossen diese Möglichkeit radikal aus.

Ich fand schließlich einen Kompromiss, mit dem ich glücklich war: Außen am Bein rasierte ich mich den ganzen Oberschenkel hinauf, während ich an der Innenseite oben noch einen Streifen stehen ließ. Das Ritual des Rasierens wurde zu einem angenehmen Teil meines Samstagabendbades, sodass ich mit glatten, makellosen Beinen zum sonntäglichen Rennen antrat. Mit einiger Übung konnte ich den Zeitaufwand auf fünfzehn bis zwanzig Minuten reduzieren, was nicht viel länger war, als ich auch sonst in der Wanne lag.

Zumindest das Ins-Bett-Gehen war ein beglückendes Erlebnis. So auf der bloßen Haut fühlten sich die kühlen Laken wie eine Liebkosung an – ein Gefühl, wie wenn man ins Wasser eintaucht. Auch mit rasierten Beinen in einen Swimmingpool zu springen war ein Erlebnis von schockierend neuer sinnlicher Direktheit. Es war, wie wenn man eine Melodie, die man von einer knisternden alten Analogaufnahme kennt, plötzlich in der frischen, digitalen Klarheit einer CD hört.

Außer auf dem Fahrrad trug ich ungern Shorts, nicht nur weil meine Beine rasiert waren, sondern auch wegen der merkwürdig begrenzten Bräune, die man durch das Tragen von Fahrradhosen bekam. Wenn man normale Shorts trug, musste man welche finden, die bis zum Knie reichten, wenn man nicht einen lächerlichen weißen Ring von sonst bedeckter Haut entblößen wollte. Doch sosehr ich mich unter Zivilisten für meine rasierten Beine genierte, fühlte ich mich doch geschmeichelt, wenn sie jemandem auffielen. Es gab mir Gelegenheit zu verkünden, dass ich Radfahrer war – nicht nur Radfahrer, sondern Radrennfahrer. Mir die Beine zu rasieren war, wie das Abzeichen einer erlesenen Gemeinschaft zu tragen.

Es war dasselbe, wie wenn jemand sieht, dass in deiner Brieftasche die Mitgliedskarte der Partei steckt. Es erfüllte mich mit Stolz.

Eines erlesenen, aber nicht exklusiven Kreises. Auch Bodybuilder und Schwimmer rasieren sich, und zwar nicht nur die Beine, sondern den ganzen Körper. Bei Schwimmern hat das einen offensichtlichen hydrodynamischen Effekt: Durch Haare halten sich dicht an der Haut Luftblasen, die den Strömungswiderstand erhöhen. Wasser ist tausendmal viskoser als Luft: Bei einem Wettkampf, bei dem Hundertstelsekunden entscheidend sein können, ist jede eliminierbare Quelle von Strömungswiderstand von potenzieller Bedeutung. Zudem behaupten Schwimmer, durch das Rasieren bekämen sie mehr »Gefühl« für das Wasser. Matt Bionis Trainer ließ ihn bei der Vorbereitung auf die Olympiade in Seoul mit Delfinen schwimmen, damit er sich in ihre mühelose Art der Fortbewegung einfühlte. Im Englischen verwenden Schwimmer den Ausdruck *catching the water*, als würden sie mit ihren Zügen das Wasser überlisten und einfangen. Sie lernen, sich mehr mit Gefühl als mit Gewalt einen Weg durch das Wasser zu bahnen. Anscheinend braucht man als Schwimmer außer Schnelligkeit, Kraft und Ausdauer auch diese enge Vertrautheit mit seinem Element.

Radsportler haben keine derartige Beziehung zu der Luft, durch die sie sich bewegen. Nicht, dass die Aerodynamik keine Rolle spielt: Ab dreißig Stundenkilometern besteht die Arbeit, die ein Radfahrer leistet, fast ausschließlich darin, die Geschwindigkeit gegen den Luftwiderstand aufrechtzuerhalten. Man braucht nur einmal gegen den Wind zu fahren, um herauszufinden, was für einen Unterschied das macht. Nichts ist frustrierender, als gegen starken Gegenwind anzukämpfen, durch den man in einem niedrigen Gang dahinkriecht. Es fühlt sich an, als quäle man sich eine endlose Steigung hinauf, wobei noch das psychologisch vernichtende Wissen hinzukommt, dass man auf flacher Strecke fährt.

Unter diesen Umständen ist der Nutzeffekt rasierter Beine zu vernachlässigen, auch wenn sich im Volk hartnäckig die Meinung hält, dass sich Radrennfahrer vor allem aus aerodynamischen Gründen die Beine rasieren. Außer vielleicht bei einer kleinen Zahl von hoch spezialisierten Bahnveranstaltungen, wie etwa beim olympischen Sprintrennen (einem Ein-Kilometer-Spurt gegen die Uhr), ist das nicht der Fall. Bei Straßenrennen gibt es zu viele Variablen, die von weit größerer Bedeutung sind.

Doch da die Antworten der Radsportler selbst auf die Frage, warum sie sich die Beine rasieren, so vielfältig sind, ist es verständlich, dass hier eine gewisse Verwirrung herrscht. Manche Fahrer behaupten, an rasierten Beinen ließen sich Wunden leichter reinigen und verbinden. Wenn man bei vierzig oder fünfzig Stundenkilometern stürzt, schürft der Asphalt einem die Haut auf wie in Beton eingelassenes Schmirgelpapier. Stürze oder *chutes*, wie die Franzosen sie nennen, sind das Berufsrisiko des Rennfahrers. Man bekommt keine Rennlizenz ohne den Nachweis regelmäßiger Tetanusimpfungen. Manche Fahrer verstehen sich darauf,

Unfälle zu vermeiden, andere dagegen scheinen so anfällig dafür zu sein, dass man den Eindruck hat, es laste ein Fluch auf ihnen. Erfahrung hilft. In meinen ersten beiden Saisons endeten für mich allzu viele Rennen mit einem Sturz, und ich musste lernen, mit dem zu leben, was man unter Eingeweihten »Tapete lassen« nennt. Es ist oft nicht leicht einzuschlafen, wenn man wegen einer offenen Stelle und dem tiefen Bluterguss darunter auf einer Seite nicht liegen kann. Manchmal eiterten solche Schürfwunden tagelang in den Mull, bevor sie endlich trockneten und zu heilen begannen. Vielleicht bildete ich mir das nur ein, aber manchmal hatte ich an solchen Tagen schrecklichen Durst, als verlöre mein Körper Flüssigkeit wie bei starken Verbrennungen. (...)

Eine andere Begründung für das Rasieren ist, dass viele Fahrer ihre Beine gern mit einem Wärmemittel einreiben, besonders vor den Rennen zu Saisonbeginn, wenn es draußen noch kalt und nass ist. Das Einreibemittel soll die Durchblutung fördern und kalte Muskeln aufwärmen. Zumindest fühlen sich die Beine durch das orangefarbene, mentholhaltige Zeug, das in spezialisierten Fahrradläden verkauft wird, ein wenig anästhesiert an. Der Sinn des Rasierens besteht in diesem Fall darin, dass es eine ziemliche Schmiererei wäre, behaarte Beine mit dem Mittel einzureiben, und eine noch undankbarere Aufgabe, sie nach dem Rennen zu reinigen. Nach drei oder vier Stunden auf nassen Straßen klebt einem aller mögliche Dreck an den Schienbeinen, erst recht, wenn man sie zuvor mit einem schmierigen Wärmegel eingerieben hat.

Diese Argumentation scheint mir ein wenig mehr Gewicht zu haben als die anderen. Zu Anfang der Saison benutzten fast alle dieses Zeug. Es gehörte mit zum Ritual der Vorbereitung auf ein Rennen. Man brauchte nur an einem kühlen Sonntagmorgen im März das schäbige Gemeindehaus des Ortes zu betreten, und schon stachen einem die Dämpfe der Einreibemittel mit ihrer ganzen medizinischen Macht in Nase und Augen. Es war, als hätte jemand ein riesiges Fass Wick VapoRub als Bohnerwachs benutzt. Dieser Mentholgeruch gehört ebenso sehr mit zur Atmosphäre des Umkleideraums wie das gespreizte Gerede der Fahrer, ihr gezwungenes Gelächter und das angespannte Schweigen. Mehr noch als der Gestank der Klohäuschen, vor denen die Fahrer Schlange standen, um ihre Eingeweide zu entleeren, war der Einreibemittelgeruch synonym mit der Nervosität vor einem Rennen.

Der wahre Grund, warum Radsportler sich die Beine rasieren, ist ein sehr einfacher: weil alle anderen es auch tun. Niemand gibt das gern ohne Umschweife zu, doch letztlich hat das Rasieren der Beine für alle in erster Linie eine ästhetische Dimension: Ein Radrennfahrer hat einfach so auszusehen.

Sich zum ersten Mal die Beine zu rasieren kommt einem Initiationsritus gleich, den man an sich selbst vollzieht. Mehr als alles andere bedeutet es, dass man beschlossen hat, Radrennfahrer zu werden. Jetzt gehört man mit dazu. Und weil sich alle, die Radrennen fahren, fast ohne Ausnahme und unabhängig von dem jeweiligen Level und Können die Beine rasieren, wirken behaarte Beine in Fahrradhosen bald unfein und lächerlich. Nur jemand, dem es nichts ausmacht, wie ein blutiger Anfänger, ein völliger Außenseiter oder ein totaler Versager auszusehen, würde mit behaarten Beinen zu einem Rennen erscheinen.

Oft hat das, was beim Radfahren ästhetisch ist, auch einen konkreteren Zweck. In einer Gruppe fährt man immer am Hinterrad. Es ist nur natürlich, dass man registriert, wie die Beine des Vordermanns aussehen – wie ausgeprägt zum Beispiel seine Wadenmuskeln sind. Unbewusst versucht man, an ihnen abzulesen, wie fit und wie stark der Fahrer sein mag. Da steht es, man braucht sich nur seine rasierten Beine von hinten anzusehen. Hat er sehr definierte Muskeln, dann heißt das, dass sein Körperfett sehr weit abgebaut ist. Es bedeutet, dass er hart trainiert hat. Doch wenn seine Muskeln sehr massiv sind, kann man darauf wetten, dass der Fahrer ein guter Sprinter ist, aber Schwierigkeiten haben wird, wenn es bergauf geht.

Bei einem Rennen sind das wichtige Informationen. Es sagt einem nicht alles, und es gibt viele aussagekräftigere Kriterien, an denen sich ablesen lässt, welche Fahrer sich nur an andere dranhängen wollen und welche wirklich bereit sind zu arbeiten. Dennoch stellt man Beobachtungen an, schaut, wer »die Beine hat«. Als eines der obligatorischen Dinge beim Radsport, als Teil seines Geheimwissens, wird einem das bald zur zweiten Natur. (…)

ANDREA CAMILLERI

Tante Concettinas Fahrrad

Seit über zwei Wochen hatten wir nichts mehr von meinem Vater gehört, den wir in Porto Empedocle zurücklassen mussten. Meine Mutter wurde fast verrückt vor Sorge. Nach der Landung der Alliierten hatte ich Marinesoldaten auf dem Rückzug vorbeikommen sehen und den einen oder anderen von ihnen nach Neuigkeiten ausgefragt. Sie hatten mir alle die gleiche Antwort gegeben: Porto Empedocle war von den heftigen Bombenangriffen völlig zerstört, und zahllose Menschen waren umgekommen.

Da hielt ich es nicht mehr aus. Ich bat meine Tante Concettina, mir ihr Fahrrad zu leihen, und fuhr mit meinem um wenige Jahre jüngeren Cousin Alfredo los. Er war ebenfalls ohne jede Nachricht von seinen Verwandten geblieben. Aifredo besaß ein eigenes Fahrrad, das er mitgebracht hatte, als er uns vor der Landung einmal besuchen gekommen war. Es war ein teures Fahrrad von einer berühmten Marke, und er war stolz darauf. Meins dagegen war ein einfacher Drahtesel der Firma Montante.

Dass die Reise von fast fünfzig Kilometern nicht leicht würde, begriffen wir schon auf den ersten hundert Metern. Es gab praktisch keine Straßendecke mehr, dafür zahlreiche Löcher und Vertiefungen. Man fuhr über Blechstücke, Schrauben, Reifen, die von Panzern platt gedrückt worden waren, zerborstene Fensterscheiben, Gewehrstücke, Splitter, kurz gesagt: all die Reste der italienischen und deutschen Lastwagen und sonstigen Fahrzeuge, die während des Rückzugs getroffen worden waren und deren ausgebrannte Karkassen nun an den Straßenrändern lagen.

Nach ungefähr zwei Kilometern hatte Alfredo den ersten Platten.

»Wenn der ganze Weg so ist, kommen wir nie an«, sagte ich entmutigt.

Nachdem das Rad repariert war, fuhren wir weiter. Doch das Schlimmste sollte erst noch kommen. Kurze Zeit später befanden wir uns vor einer Mauer, die aus Jeeps und Panzern bestand. Sie kamen aus der entgegengesetzten Richtung und hätten nicht mal mehr Raum für eine Stecknadel gelassen, so dicht nebeneinander fuhren sie. Ich fuhr vorn und dachte, sie würden mich schon vorbeilassen, doch sie rückten keinen Zentimeter zur Seite. Um nicht zermalmt zu werden, steuerte ich schnell auf den Straßenrand zu, verlor das Gleichgewicht und purzelte mitsamt dem Fahrrad in den Graben. Alfredo erging es nicht anders. Nur dass er danach, anders als ich, wieder einen Platten hatte. Wir verloren erneut kostbare Zeit. Als dann die Militärkolonne etwas weniger dicht wurde, schwangen wir uns wieder auf unsere Sättel, doch wir landeten abermals am Straßenrand.

Nachdem wir ungefähr ein Viertel des Weges zurückgelegt hatten, hatte Alfredo seinen dritten Platten. Das war der Punkt, an dem ich beschloss, ihn seinem Schicksal zu überlassen, zumal ich problemlos vorankam. Mein Rad war unversehrt, ich hatte noch keinen einzigen Platten gehabt, die Kette blieb immer fest an ihrem Platz, und die Speichen gingen bei den Stürzen nicht zu Bruch. Auch das Lenkrad war noch um keinen Millimeter verbogen, ein wahres Wunder. Ich machte mich also allein auf den Weg. Hin und wieder sprach ich mit meinem Fahrrad, streichelte die Querstange, als wäre sie die Mähne eines Pferdes: »Los, tüchtig, weiter so!«

Gelegentlich hielt ich an, weil ich müde war oder um irgendetwas, das meine Aufmerksamkeit erregte, genauer zu betrachten. Einmal fuhr ich durch eine Gegend, die mir wie ein Bild aus Dantes Hölle vorkam: herausgerissene und vom Feuer verkohlte Bäume, Stoppelfelder, die zu dunklen Flecken auf der gleichmäßig verbrannten Erde geworden waren, nirgends ein Grashalm, nichts, was noch lebendig schien. Hier musste ein Panzergefecht stattgefunden haben, fünf oder sechs von unseren Fahrzeugen waren noch zu sehen. Vom offenen Turm eines Panzers hing der Körper eines Insassen herunter, der es offensichtlich nicht mehr rechtzeitig geschafft hatte herunterzuspringen. Die nach außen gestülpte Jacke verdeckte sein Gesicht, aus seiner Tasche war ein Stapel Briefe gefallen. Ich sammelte sie auf und nahm mir vor, sie später seinen Angehörigen zukommen zu lassen, auch wenn ich nicht genau wusste, wie. Bei den anderen Panzern lagen weitere Leichen, ihr Geruch war unerträglich. Es war schon fast Ende Juli, die Sonne versengte Menschen, Tiere und Pflanzen.

Ich stieg wieder auf mein Rad, und als ich ein paar Meter gefahren war, zog ich mich aus und warf alles von mir: Hose, Hemd und Unterhemd. Am Schluss hatte ich nur noch meine Unterhose an und Sandalen an den Füßen.

Obwohl ich die Kleider von mir geworfen hatte, weil mir so schrecklich heiß war, fühlte ich, dass es auch noch einen anderen Grund gab, der mir aber erst später klar wurde. Es war weniger die Angst um meinen Vater, die mir die Kraft gab weiterzustrampeln, als vielmehr jener verborgene Grund, trotz der Müdigkeit, die eher geistiger als körperlicher Natur war, und trotz des Durstes. Die Feldflasche war schon seit einer Weile leer und hatte das Schicksal meiner Kleidungsstücke geteilt. Ich hatte nur einmal angehalten, um einen Bauern um etwas zu trinken zu bitten, danach wollte ich keine Zeit mehr verlieren. Kurz vor den Toren von Agrigent sah ich, dass auf der Wand eines kleinen Hauses in riesigen grünen Lettern geschrieben stand: »Es lebe die Freiheit!« Da begriff ich den eigentlichen Grund, weshalb ich mich auf dem Weg ausgezogen hatte. Heute mag es rhetorisch wirken, aber das war es nicht. Ich spürte, dass ich mich einer neuen und lang erwarteten Realität nackt stellen musste, als würde ich ein zweites Mal geboren werden. Wäre es mir möglich gewesen, hätte ich auch noch die alte Haut abgeworfen.

Kaum war ich in Agrigent, sah ich einen Verwandten von uns und rief ihn bei seinem Namen. Ich glaube, wir hatten uns nie richtig gemocht, doch im nächsten Augenblick umarmten wir uns wie Brüder, die einen Schiffbruch überlebt hatten.

«Hast du was von meinem Vater gehört?», fragte ich, und mein Herz stand still, während ich die Antwort abwartete.

»Ja, gestern Nachmittag war ich am Hafen, da habe ich ihn gesehen.«

Ich fühlte mich, als hätte ich Pudding in den Knien. Meine Beine schienen mich nicht mehr zu tragen, ich war völlig kraftlos. Kurz nachdem ich wieder auf mein Fahrrad gestiegen war, stürzte ich ohne ersichtlichen Grund. Es war der erste Sturz von vielen auf dem langen Weg, der mir richtig wehtat. Ich ging zu Fuß bis zur Passeggiata weiter, von der aus man das Meer sieht.

Nur dass das Meer nicht mehr da war. An seine Stelle war ein Haufen Stahl und Eisen getreten, Hunderte von Schiffen, die sich schließlich am Horizont verloren. Sie warteten, bis sie an der Reihe waren, den Kriegsnachschub für die Alliierten zu löschen. Ich war bestürzt. Jemand, der die ganze Zeit schweigend neben mir gestanden hatte, sagte plötzlich:

»Von hier aus könnte man zu Fuß bis nach Tunesien gelangen.«

Die Autoren

Der Kanadier *Colin Angus*, 1971 geb., verfolgte immer schon konsequent sein Ziel, die Welt zu entdecken. »National Geographic« wählte ihn 2006 zum »Adventurer of the Year«. Für das Magazin »Outside« zählt er zu den 25 Persönlichkeiten, die die Welt verändern werden. 2008 paddelten er und seine Partnerin Julie Wafaei von Schottland nach Syrien, u. a. auf dem Rhein und der Donau durch Deutschland und Österreich. Auf Deutsch erschienen »Amazonas Extrem« und »Einmal um die ganze Welt«. Mehr zum Autor: www.angusadventures.com und www.colinangus.com

Roberto Benigni, 1952 bei Arezzo geb., ist Regisseur, Drehbuchautor und Schauspieler. Als Darsteller wurde er u. a. mit Jim Jarmuschs »Down by Law« und »Night on Earth« bekannt. Benignis Meisterwerk »Das Leben ist schön«, das von der Deportation einer toskanischen Familie im faschistischen Italien erzählt und teilweise auf den Erfahrungen von Benignis Vater basiert, wurde mit über 40 Filmpreisen ausgezeichnet, u. a. mit dem Großen Preis der Jury von Cannes, dem César und mit drei Oscars.

Heinrich Böll, geb. 1917 in Köln, gest. 1985 in Langenbroich, Buchhandelslehre und Studium der Germanistik, 1939–1945 Soldat, dann Gefangenschaft; nach dem Krieg

Student und Hilfsarbeiter in der Tischlerei des Bruders. Seit 1947 veröffentlichte er Erzählungen, Romane, Hör- und Fernsehspiele und Theaterstücke und war auch als Übersetzer aus dem Englischen tätig. Präsident des bundesdeutschen und des internationalen PEN-Clubs. Für sein Werk (u. a. »Ansichten eines Clowns«, »Billard um halb zehn«, »Gruppenbild mit Dame«, »Die verlorene Ehre der Katharina Blum«) erhielt Böll 1967 den Büchner-Preis und 1972 den Nobelpreis für Literatur.

Axel Brümmer, geb. 1967 in Thüringen, Ehrenbürger von Samaipata/Bolivien, Pädagoge, Fotojournalist und Autor. Gemeinsam mit Peter Glöckner startete er im Sommer 1990, einen Tag vor der Währungsunion, zu einer Weltreise mit Fahrrädern; bis 1995 umrundeten die beiden die Erde und legten mehr als 80 000 km mit dem Rad zurück. Weitere Reisen in insgesamt 94 Länder folgten. Träger des Weitsichtpreises. Zahlreiche TV-Produktionen und Veröffentlichungen, u. a. »Weltsichten. Fünf Jahre mit dem Fahrrad unterwegs«. Mehr zum Autor: www.weltsichten.de

Andrea Camilleri, geb. 1925 auf Sizilien in Porto Empedocle, lebt heute in Rom. Er ist Schriftsteller, Drehbuchautor und Regisseur und lehrte über zwanzig Jahre an der Accademia d'Arte Drammatica Silvio D'Amico. Seine eigenwilligen Charaktere, sein Witz und das unnachahmliche sizilianische Lokalkolorit machten ihn zu einem der erfolgreichsten Schriftsteller Italiens. Mit seinem Humor und seinem Scharfsinn prägt er dort das öffentliche Leben. Auch international sind seine Bücher Bestseller.

Vincenzo Cerami, geb. 1940 in Rom, Schüler u. a. von Pier Paolo Pasolini, Schriftsteller, Journalist, Bühnen- und

Drehbuchautor, arbeitete viele Jahre mit Roberto Benigni zusammen; für dessen größten Erfolg »Das Leben ist schön« zeichnet Cerami als Coautor verantwortlich.

Lynette Chiang, geb. 1962 in Sydney, Australien, kehrte mit 34 Jahren ihrem Job, Haus, Auto und Freund den Rücken, um, ausgestattet mit einem angeborenen schlechten Orientierungssinn, die Welt mit dem Klapprad zu erkunden. Sie lebte und arbeitete bereits in England, Irland, Nicaragua, Costa Rica, Panama, Kuba, Mexiko, Peru und den USA. Ihr Film »Die Route 66 mit dem Fahrrad« wurde gemeinsam mit »Race Across America«-Legende Lon Haldeman produziert.

Maria Coffey ging nach dem Geografie- und Anglistikstudium zunächst als Lehrerin nach Peru. Nach ihrer Rückkehr nach England war sie mit Joe Tasker liiert, der 1982 am Everest ums Leben kam. Seit 1995 lebt sie mit ihrem Mann, dem Tierarzt und Fotografen Dag Goering, in Vancouver. Über ihre abenteuerlichen Reisen hat Coffey zahlreiche spannende Bücher veröffentlicht. Auf Deutsch erschienen zuletzt: »Ein Kajak im Gepäck« und »Mond über Vietnam«, in dem sie ihre dreimonatige Reise mit Boot und Fahrrad durch Vietnam schildert. Weiteres zur Autorin: www.hiddenplaces.net

Régine Deforges, 1935 in Montmorillon im Poitou geb., gründete 1968 als erste Frau in Frankreich einen eigenen Verlag. Die dreifache Mutter schrieb zahlreiche Kinderbücher und Romane. »Das blaue Fahrrad« war auch international ihr größter Erfolg, zuletzt erschien »Das rote Leuchten«.

Philippe Delerm, geb. 1950, studierte Philosophie und arbeitete als Lehrer, bevor er Schriftsteller wurde. 1997 gewann er in Frankreich den Preis der Buchhändler, im gleichen Jahr gelang ihm mit »Ein Croissant am Morgen« (»Der erste Schluck Bier«), das den kleinen Genüssen im Leben nachspürt, ein Überraschungserfolg. Delerm lebt mit seiner Familie in Beaumont in der Normandie.

Peter Glöckner, geb. 1968 in Sachsen, Schlosser, Fotojournalist und Autor. Gemeinsam mit Axel Brümmer startete er im Sommer 1990 zu einer Weltreise mit Fahrrädern; bis 1995 umrundeten die beiden die Erde und legten mehr als 80 000 km mit dem Rad zurück. Weitere Reisen in insgesamt 94 Länder folgten. Träger des Weitsichtpreises. Zahlreiche TV-Produktionen und Veröffentlichungen, u. a. »Weltsichten. Fünf Jahre mit dem Fahrrad unterwegs«. Mehr zum Autor: www.weltsichten.de

Thomas Grasberger, 1964 in Altötting/Oberbayern geb., studierte Politik, Philosophie und Geschichte in Bangkok und München, wo er heute als freier Journalist lebt. Von ihm erschien der etwas andere Stadtführer »Gebrauchsanweisung für München«.

Maarten 't Hart, geb. 1944 in Maassluis als Sohn eines Totengräbers. Studium der Biologie und Dozent für Ethologie in Leiden. Nach seinen Jugenderinnerungen »Ein Schwarm Regenbrachvögel« erschien sein Roman »Das Wüten der ganzen Welt« und wurde zu einem überragenden Erfolg mit vielen Auszeichnungen. Es folgten u. a. »Die Netzflickerin«, »Die schwarzen Vögel«, »Gott fährt Fahrrad« und zuletzt sein Roman »Der Schneeflockenbaum«.

Henry Miller, geb. 1891 in New York, gest. 1980 in Pacific Palisades/Kalifornien. Nach abgebrochenem Studium arbeitete er in verschiedenen Berufen und lebte 1930–1939 in Paris, wo die Schriftstellerin Anaïs Nin zu Millers engsten Freunden gehörte. Als seine bedeutendsten Werke, die in den USA lange als »Pornografie« verboten waren und erst in den 1960er-Jahren erscheinen durften, gelten die autobiografischen Romane »Wendekreis des Krebses« (1934) und »Wendekreis des Steinbocks« (1939).

Tim Moore, 1964 in Chippin Norton geb. Seine Karriere als Reisejournalist und -schriftsteller nahm ihren Anfang, nachdem er sich eher zufällig zu einer Reise in die Arktis eingeschifft hatte. Er veröffentlichte bislang u. a. im »Daily Telegraph«, im »Observer« und in der »Sunday Times« sowie mehrere Bücher, darunter »Alpenpässe und Anchovis« über seine persönliche Tour de France und den humoristischen Bericht seiner Wanderung auf dem Camino de Santiago »Zwei Esel auf dem Jakobsweg«. Tim Moore lebt mit seiner Frau und drei Kindern in London.

Andreas Münzner, geb. 1967, ist bei Zürich aufgewachsen und lebt heute in Hamburg. Sein Debüt, der Roman »Die Höhe der Alpen«, wurde u. a. mit dem Literaturförderpreis der Jürgen-Ponto-Stiftung ausgezeichnet.

Goffredo Parise, geb. 1929 in Vicenza, war Schriftsteller, Drehbuchautor, Lektor und Journalist. Er arbeitete vorwiegend für den »Corriere della Sera«. Seit 1960 bis zu seinem Tod 1986 lebte er in Rom. Für sein Meisterwerk »Das Alphabet der Gefühle«, das zu den Klassikern der modernen italienischen Literatur zählt, erhielt er 1982 den Premio Strega. 2002 erschien auf Deutsch sein Roman »Der Geruch des Blutes«.

Dirk Rohrbach, 1968 in Hanau geb., ist Arzt und Radiomoderator. Als passionierter Radfahrer unternahm er viele Touren auf deutschen Fernwanderwegen, ehe er sich seinen größten Traum erfüllte und zur halbjährigen Reise durch Amerika aufbrach, von der er in seinem ersten Buch »Americana. In 180 Tagen mit dem Rad einmal um die USA« berichtet. Dirk Rohrbach ist mit sehr erfolgreichen Diavorträgen auf Tour (»Americana«, »Der letzte Häuptling«). Er lebt bei München. Mehr zum Autor unter www.weltgeschichten.com

Hubert Schwarz, 1954 bei Nürnberg geb., Sozialpädagoge und Extremsportler, hat als erster Deutscher 1991 das Ziel des 5000 km langen »Race Across America« erreicht. Zahlreiche Langstreckenrekorde und Marathons, u. a. 1996 in 80 Tagen um die Welt. Mit seinen Touren erradelte Schwarz rund 1,5 Millionen Mark zugunsten verschiedener Kinderhilfseinrichtungen. Er lebt mit seiner Frau und seinen beiden Kindern in Mittelfranken. 2001 erschien »Bike the Future. Ein Radsportler trifft die Menschen dieser Welt«. Mehr zum Autor: www.hubert-schwarz.com

Matt Seaton, 1965 in Brighton geb., arbeitet als Autor und Redakteur, v. a. für den »Guardian« und »Esquire«. Seine Leidenschaft für das Zweirad wurde zur Obsession und Seaton vom Amateur zum Rennrad-Junkie. Matt Seatons Frau war die Journalistin Ruth Picardie, mit der er zwei Kinder hat und die 1997 starb. Gemeinsam veröffentlichten sie den Bestseller »Es wird mir fehlen, das Leben«. Über seine Fahrradpassion schrieb Seaton das Buch »Der Ausreißer. Meine Rennradjahre«.

Bettina Selby, geb. in London, ging als Fünfzehnjährige zur britischen Armee, arbeitete später als Fotografin und studierte dann Religionswissenschaften. Selby schrieb zahlreiche Bücher über ihre abenteuerlichen Radtouren, die sie u.a. nach Schwarzafrika, Nepal, Sikkim und Kaschmir führten. Ihr Buch »Der Jakobsweg. Mit dem Fahrrad nach Santiago de Compostela« ist ein moderner Klassiker der Pilgerliteratur.

Christof Siemes, 1964 in Mönchengladbach geboren, studierte Germanistik, Philosophie und Kunstgeschichte in Bonn und Freiburg. Seit 1993 arbeitet er bei der »Zeit« in Hamburg, für die er sich u. a. auf einer Alpenetappe der Tour de France, in den Bergen Gran Canarias und im Windschatten Jan Ullrichs abstrampelte.

Antonio Skármeta, geb. 1940 in Antofagasta/Chile, verließ 1973 nach dem Putsch Pinochets seine Heimat und verbrachte viele Jahre im Exil in Berlin. 1989 kehrte er zurück nach Chile und wurde 2000 als Botschafter seines Landes nach Berlin berufen. Für sein literarisches und filmisches Werk erhielt er zahlreiche internationale Preise. Sein größter Bucherfolg, »Mit brennender Geduld«, wurde mehrfach verfilmt, zuletzt unter dem Titel »Il Postino«.

Mart Smeets hat als Chefmoderator des wichtigsten niederländischen TV-Sportprogramms Bücher sowie Kolumnen für verschiedene Zeitungen und Zeitschriften verfasst. Er gilt als intimer Kenner der Radsportszene und hat sein Wissen u.a. in dem Roman »Die Spitzengruppe« verarbeitet.

Christian Ude, geb. 1947, ist gelernter Redakteur und Rechtsanwalt und passionierter Radfahrer. 1990 wurde er Bürgermeister, 1993 Oberbürgermeister der bayerischen Landeshauptstadt. Verschiedene Buchveröffentlichungen, u. a. »Chefsache« und »Stadtradeln«.

Tilmann Waldthaler, 1942 in München geb., ist eine lebende Radlegende. Nach seiner Ausbildung als Koch und Konditor unternahm er von 1977 bis 1981 seine erste Fahrradreise von der Antarktis bis in die Arktis. Während der vergangenen 30 Jahre hat er 430 000 Kilometer mit dem Rad zurückgelegt, eindrucksvoll dokumentiert in seinem Buch »Sieh diese Erde leuchten«, und ist immer noch unterwegs zu neuen Zielen. Er arbeitet als Journalist, Produkttester, Buchautor, Fotograf, Vortragender und Radreiseprofi. Mehr zum Autor unter www.tilmann.com

Quellennachweis

*Die Titel mit einem * stammen von der Herausgeberin. Auslassungen sind mit (…) kenntlich gemacht.*

Colin Angus, »Zwischen Tschita und Irkutsk«*. Aus: Colin Angus, »Einmal um die ganze Welt. Wie uns die erste Erdumrundung allein mit Muskelkraft gelang«. Aus dem Englischen von Thomas Bertram, S. 164–173. © 2007 Colin Angus. © der deutschsprachigen Ausgabe: Piper Verlag GmbH, München 2008.

Roberto Benigni und Vincenzo Cerami, »Das Leben ist schön«. Aus: Roberto Benigni und Vincenzo Cerami, »Das Leben ist schön«. Aus dem Italienischen von Sigrid Vagt, S. 105–112. © 1998 Giulio Einaudi editore s. p. a., Turin. © Suhrkamp Verlag, Frankfurt am Main 1998.

Heinrich Böll, »Wenn Seamus einen trinken will …«. Aus: Heinrich Böll, »Werke. Kölner Ausgabe Band 10. Irisches Tagebuch«. Herausgegeben von Viktor Böll, S. 117–123. © 2005 by Verlag Kiepenheuer & Witsch GmbH & Co. KG, Köln.

Axel Brümmer und Peter Glöckner, »Radsafari zwischen Giraffen und Massai«. Aus: Axel Brümmer und Peter Glöckner, »Weltsichten. Fünf Jahre mit dem Fahrrad unterwegs«, S. 39–52. © Verlag Weltsichten, Axel Brümmer & Peter Glöckner GbR, 2000. www.weltsichten.de.

Andrea Camilleri, »Tante Concettinas Fahrrad«*. Aus: Andrea Camilleri, »Von der Liebe zum Radfahren«. Deutsche Übersetzung von Moshe Kahn, S. 30–46. © Sellerio editore, Palermo 2008. Copyright der deutschen Ausgabe: 2009 by Rowohlt Verlag GmbH, Reinbek bei Hamburg.

Lynette Chiang, »Auf dem Weg nach Westen«. Aus: Lynette Chiang, »Cuba particular. Eine Inseltour mit Faltrad, Zug und Kleintransporter«. Aus dem Englischen von Andrea O'Brien, S. 30–39. © 2007 Lynette Chiang. © der deutschen Ausgabe: 2008 Frederking & Thaler Verlag GmbH, München.

Maria Coffey, »Reisen wie die Einheimischen«*. Aus: Maria Coffey, »Mond über Vietnam. Streifzüge mit Boot und Fahrrad«. Aus dem Englischen von Ingrid Price-Gschössl. Mit Fotos von Dag Goering, S. 158–175. © 1996 Maria Coffey. © der deutschsprachigen Ausgabe: Piper Verlag GmbH, München 2009.

Régine Deforges, »Eine Menge Verehrer«*. Aus: Régine Deforges, »Das blaue Fahrrad«. Aus dem Französischen von Sylvia Strasser und Claus Sprick, S. 443–451. © 1993 by Librairie Arthème Fayard. © 2001 für die deutsche Ausgabe by Ullstein Verlag, München.

Philippe Delerm, »Das Surren des Dynamos«. Aus: Philippe Delerm, »Der erste Schluck Bier«. Aus dem Französischen von Hinrich Schmidt-Henkel, S. 19–21, 26/27 und 86/87.

© Éditions Gallimard, 1997. © der deutschen Übersetzung beim Scherz Verlag, Bern, München, Wien, für den Fretz & Wasmuth Verlag.

Thomas Grasberger, »Trendsport? – Schon!«. Aus: Thomas Grasberger, »Gebrauchsanweisung für München«, S. 88–92. © Piper Verlag GmbH, München 2001.

Maarten 't Hart, »Gott fährt Fahrrad« (»Henoch«). Aus: Maarten 't Hart, »Gott fährt Fahrrad oder Die wunderliche Welt meines Vaters«. Aus dem Niederländischen von Marianne Holberg, S. 238–282. © 1979 Maarten 't Hart. Copyright der deutschsprachigen Ausgabe: Piper Verlag GmbH, München 2006.

Henry Miller, »Mein bester Freund«. Aus: Henry Miller, »Mein Fahrrad und andere Freunde«. Deutsche Übersetzung von Hermann Stiehl, S. 115–121. © 1982 by Rowohlt Verlag GmbH, Reinbek bei Hamburg.

Tim Moore, »Meine exzentrische Tour de France«*. Aus: Tim Moore, »Alpenpässe und Anchovis. Eine exzentrische Tour de France«. Aus dem Englischen von Olaf Bentkämper und Jens Kirschneck, S. 19–38. © Tim Moore, 2001. © der deutschsprachigen Ausgabe: Covadonga Verlag, Bielefeld 2003.

Andreas Münzner, »Die Höhe der Alpen«. Aus: Andreas Münzner, »Die Höhe der Alpen«, S. 23–33. Copyright © 2002 by Rowohlt Verlag GmbH, Reinbek bei Hamburg.

Goffredo Parise, »Libertà – Freiheit«. Aus: Goffredo Parise, »Alphabet der Gefühle«. Zweiter Band. Aus dem Italienischen von Dirk J. Blask, S. 196–201. © RCS Libri & Grandi Opere S. p. A. © Verlag Klaus Wagenbach, Berlin 1996, NA 2000.

Dirk Rohrbach, »Die zermürbendste Küstenstraße der Welt«. Aus: Dirk Rohrbach, »Americana. In 180 Tagen mit dem Rad einmal um die USA«, S. 110–124. © Piper Verlag GmbH, München 2009.

Hubert Schwarz, »China – Aufbruch ins Reich der Gegensätze« (gekürzt). Aus: Hubert Schwarz, »Bike the Future. Ein Radsportler trifft die Menschen dieser Welt«, S. 87–97. © Hubert Schwarz, Ungerthal 2001.

Matt Seaton, »Dritte Etappe« (gekürzt). Aus: Matt Seaton, »Der Ausreißer. Meine Rennradjahre«. Aus dem Englischen von Karen Lauer, S. 61–75. © Matt Seaton 2002. © der deutschsprachigen Ausgabe Piper Verlag GmbH, München 2003.

Bettina Selby, »Pilger zu sein«. Aus: Bettina Selby, »Der Jakobsweg. Mit dem Fahrrad nach Santiago de Compostela«. Aus dem Englischen von Barbara Heller, S. 25–45. © Bettina Selby, 1994. Deutsche Ausgabe: © Piper Verlag GmbH, München 2002.

Christof Siemes, »Wie stürze ich richtig?«. Aus: »Die Zeit«, Nr. 27/27. Juni 2002, S. 65. © Die Zeit, Hamburg 2002.

Antonio Skármeta, »Der Radfahrer vom San Cristóbal«. Aus: Antonio Skármeta, »Der Radfahrer vom San Cristóbal«. Erzählungen. Aus dem Spanischen von Willi Zurbrüggen, S. 9–29. © Antonio Skármeta, 1984. © der deutschen Übersetzung: Willi Zurbrüggen.

Mart Smeets, »Col de la Madeleine«. Aus: Mart Smeets, »Die Spitzengruppe«. Aus dem Niederländischen von Egon Boesten, S. 82–89. © 2001 Mart Smeets/Uitgeverij L.J. Veen. © Moby Dick Verlag, Kiel 2002.

Christian Ude, »Stadtradeln«. Aus: Christian Ude: »Stadtradeln. Kleine Philosophie der Passionen«, S. 17–22, 61–67 und 94–97. © 2000 Deutscher Taschenbuch Verlag, München.

Tilmann Waldthaler, »Die indische Wirklichkeit«*. Aus: Tilmann Waldthaler, »Sieh diese Erde leuchten«, S. 132–145. © BVA Bielefelder Verlag 2008.

Abenteuer Orient

Bruno Baumann

Abenteuer Seidenstraße

Auf den Spuren alter Karawanenwege

Entlang einer der geschichtsträchtigsten Handelsrouten der Welt: Bruno Baumann lädt uns ein zu einer großen Reise auf den verzweigten Pfaden der legendären Seidenstraße.

Oss Kröher

Das Morgenland ist weit

Die erste Motorradreise
vom Rhein zum Ganges

Zwei junge Pfälzer brechen 1951 mit dem Seitenwagen-Motorrad auf ins Ferne Indien: »ein Zeitdokument von großem Wert« (Elke Heidenreich), mitreißend erzählt und reich bebildert.

Philippe Valéry

Der verheißungsvolle Weg

Zu Fuß von Marseille bis nach Kaschgar

Philippe Valéry erliegt dem Zauber des Orients und wandert von Frankreich bis nach China: 2 Jahre, 10 000 Kilometer und zahllose unvergessliche Begegnungen und Erlebnisse.

MALIK NATIONAL GEOGRAPHIC

10/1012/02/35

Die Erkundung der Welt

Dieter Kreutzkamp
Das Blockhaus am Denali
Leben in Alaska

Auf das Angebot einer Freundin, ihr Blockhaus am majestätischen Mount Denali für eine Auszeit zu nutzen, folgen Dieter Kreutzkamp und seine Frau Juliana dem Ruf der Wildnis.

Carmen Rohrbach
Im Reich der Königin von Saba
Auf Karawanenwegen im Jemen

Nach Erfahrungen auf allen Kontinenten beschließt Carmen Rohrbach, sich den großen Traum ihrer Kindheit zu erfüllen: Allein durch den geheimnisvollen Jemen, mit viel Intuition und wachem Blick.

Fergus Fleming /Annabel Merullo
Legendäre Expeditionen
50 Originalberichte

Die großen Entdecker der Geschichte in Originalberichten und -illustrationen: eine buntgemischte Gruppe aus Forschern, Seefahrern, Wanderern und Abenteurern, die Außerordentliches leisteten.

MALIK NATIONAL GEOGRAPHIC

10/1050/02/3s